中国知网（CNKI）来源集刊
复旦大学“学术期刊质量提升支持计划”资助立项

# Journal of China's Neighboring Diplomacy

Volume 6, Issue 1 (2020)

# 中国周边外交研究

第十一辑

复旦大学中国与周边国家关系研究中心 编

世界知识出版社

**图书在版编目（CIP）数据**

中国周边外交研究．第十一辑／复旦大学中国与周边国家关系研究中心编．—北京：世界知识出版社，2021.11

ISBN 978-7-5012-6431-5

Ⅰ．①中… Ⅱ．①复… Ⅲ．①中外关系—研究 Ⅳ．①D822

中国版本图书馆CIP数据核字（2021）第228916号

| | |
|---|---|
| **书　　名** | 中国周边外交研究·第十一辑<br>Zhongguo Zhoubian Waijiao Yanjiu · Di–shiyi Ji |
| **编　　者** | 复旦大学中国与周边国家关系研究中心 |
| **责任编辑** | 罗庆行 |
| **责任出版** | 赵　玥 |
| **责任校对** | 张　琨 |
| **出版发行** | 世界知识出版社 |
| **地址邮编** | 北京市东城区干面胡同51号（100010） |
| **网　　址** | www.ishizhi.cn |
| **电　　话** | 010-65265923（发行）　010-85119023（邮购） |
| **经　　销** | 新华书店 |
| **印　　刷** | 北京虎彩文化传播有限公司 |
| **开本印张** | 710毫米×1000毫米　1/16　14⅝印张 |
| **字　　数** | 290千字 |
| **版次印次** | 2021年11月第一版　2021年11月第一次印刷 |
| **标准书号** | ISBN 978-7-5012-6431-5 |
| **定　　价** | 98.00元 |

# 《中国周边外交研究》(半年刊)

Journal of China's Neighboring Diplomacy


**主　管**　复旦大学国际问题研究院

**主　办**　复旦大学中国与周边国家关系研究中心





**编辑部联系方式**

投稿电邮:ccrnc@fudan.edu.cn

电　　话:86 21-6564 2939

传　　真:86 21-6564 2939

地　　址:上海市邯郸路220号复旦大学文科楼307室复旦大学中国与周边国家关系研究中心

邮　　编:200433

# 目录

CONTENTS

## 书　评



## 会议综述



## 附　录

# Contents



## Research on the Belt and Road Initiative



## Research on Neighboring Countries



## China's Boundary and Ocean Affairs

## Views on the China-U.S. Rivalry in Southeast Asia



## Book Review



## Reviews on Symposiums



## Appendix

# 卷首语*

薛　松

2019—2020年，国际局势不确定性进一步增加。牵动全球的中美关系继续恶化，似乎将瓦解现有国际秩序，使世界陷入未来秩序何以构建的不确定之中。中美关系从贸易摩擦演变为全方位的“战略竞争”，出现了两国关系将部分“脱钩”的倾向，一些专家甚至做出中美之间将出现“新冷战”的悲观判断。作为全球第一和第二大经济体，中美如何应对双边关系的挑战将深刻影响未来国际秩序的走向。

美国自二战以后主导建立的国际体系受到美国自己的否定。优化资源配置的贸易自由化带来了某些国家的制造业空心化和贫富分化。20世纪80年代开始的最新一波全球化受到强烈质疑和抵制，人们习以为常的一些价值观念受到强烈冲击。这不仅是特朗普政府肆意为之和示范效应产生的后果，也是因为不少国家受各种因素掣肘，无力解决国内经济困境和社会矛盾。

在国际大环境的剧烈变动下，地区秩序也不免受到波及。新形势给中国周边外交和“一带一路”合作提出了新挑战。本期稿件聚焦中国周边外交的重点区域——东南亚。东南亚地区处在大国关系变迁的风暴眼，看似平静，稍有不慎就会卷入狂风暴雨之中。面对不稳定的国际和地区环境以及突如其来的新冠肺炎疫情，东南亚国家仍然坚守中立的传统、多边合作的理念和东盟中心地位原则，同时针对新的挑战拟定了灵活应对之法。本辑文章涉及领域包括周边外交中的非传统安全合作、“一带一路”顶层设计和国别战略对接、东南亚区域和国别对外政策、援助和投资合作等多个主题，为深入理解东南亚国家的对外

* 本文是《中国周边外交研究》第十一辑（2020年第一辑）卷首语。

政策和中国—东南亚关系提供了多个视角。

本辑收录了6篇学术论文、6篇笔谈、1篇书评和1篇会议综述。

"'一带一路'研究"栏目收录的祁怀高所著《"一带一路"与东南亚沿线枢纽国家发展战略对接思考》一文，针对中国深化与东南亚发展战略对接的目标提出了宏观思考。作者在文章第一部分选择国内生产总值、人口、军费开支和与中国双边经贸关系作为定量指标，辅以地区影响力、经济潜力、与中国战略利益一致性及国家代表性作为定性指标，分析认为印度尼西亚应成为东南亚沿线枢纽国，马来西亚应成为潜在枢纽国。第二部分探讨中国与印度尼西亚"全球海洋支点"战略对接，指出两国可在基础设施和海洋产业领域开展合作。第三部分探讨中国与马来西亚"经济转型计划"的对接，指出中马战略对接可聚焦"两国双园"、双向直接投资和铁路建设。通过推进中国与东南亚沿线枢纽国发展战略对接，可推动印尼和马来西亚成为印太海洋互联互通的枢纽，维护南海和平与稳定，化解美日对"一带一路"倡议的阻力。

"'一带一路'研究"栏目还收录了薛松所著《印度尼西亚的海洋战略和海洋经济》一文。该文分析了印尼的海洋战略，提出"21世纪海上丝绸之路"倡议与印尼的"全球海洋支点"战略对接的政策方向。2017年，印尼颁布了第一部综合海洋战略和短期行动计划（2016—2019）法案，以岛屿间互联互通为重点，以可持续发展海洋经济为目标。该文件为"全球海洋支点"战略提供了制度稳定性和机构稳定性，但同时也有国防和海洋外交的目标模糊、领导力低、缺少新项目等不足之处。作者重点介绍了印尼海洋战略的三项发展计划，即海上高速公路、海洋旅游业和海洋经济特区。"21世纪海上丝绸之路"与"全球海洋支点"战略具有目标的一致性。本着理念契合和互惠互利的原则，作者提出印尼的滨海产业园升级成为经济特区或自贸区，并与港口联动是未来两国海洋合作具有潜力的方向。

"'一带一路'研究"栏目的第三篇文章是宋凌宇和宋秀琚共同撰写的《印尼—南太岛国跨区域合作与"21世纪海上丝绸之路"南线建设新路径》。该文分析了印尼和南太平洋岛国发展跨区域主义的地理、文化和历史基础，勾勒了印尼—南太跨区域合作发展的历史脉络。文章指出中国、印尼和南太岛国具有发展程度上的"梯度性"，表现在资源禀赋、现代化水平、城市化水平、国家治理能力、对国际社会依赖程度等方面。这种发展程度的"梯度性"是在三方之间形成资源互补、产品互补和产业互补式经济传递的前提。中国—印尼—南太岛国的跨区域合作可以选择“跨境经济合作区”和“经济走廊”等合作模式。

“周边国情研究”栏目收录的包霞琴和李文悦共同撰写的《日本对东南亚ODA外交中的基础设施投资及特点》一文，介绍了日本对东南亚的政府开发援助向高品质基础设施投资转型的情况，并对中日实现第三方市场合作提出政策建议。作者指出日本革新ODA模式的背景是中国崛起和东亚地区经济秩序转型。日本在维护高质量建设的传统基础上，提出增加海外项目数量的目标，并对战略理念和机构建设进行了调整。作者以泰国曼清高铁、曼谷城市铁路建设项目和缅甸迪洛瓦经济特区为例，论述了日本新基础设施ODA外交的特点。作者指出中日在东南亚基础设施建设上各具优势：中国强于融资能力，日本胜在投资风险控制，两国在高铁技术和工业园区建设风格上各具特点，有互补合作潜力，但也不应忽视中日地缘政治博弈和美国干预这两个阻碍第三方市场合作的难点。

“周边国情研究”栏目还收录了杨鲁慧和袁淑贞共同撰写的《冷战后新加坡的大国平衡外交成因分析——“威胁平衡理论”的研究视角》。该文从“威胁平衡理论”视角出发，运用小国身份、权力格局和精英对威胁的认知三个变量构建了理论分析框架，分析了新加坡大国平衡外交传统的根源。作者将冷战后新加坡大国平衡外交的历史演变分为三个阶段，即拉拢美日，消解冷战残留阶段（1991—1997年）；借力中国，构建新的地区格局阶段（1998—2010年）；攀附美日，稀释中国的影响力阶段（2011—2016年）。作者还指出新加坡大国平衡外交具有利己性、以经促政和目标倾向性三个特点。新加坡在东南亚构建了中、美、日三国动态平衡关系，为自身赢得了生存发展空间，发挥了与其小国身份不对称的政治影响力。

“中国边海事务”栏目收录了董一所著《菲律宾外交决策模式视角下的中菲南海共同开发研究》一文。作者观察到菲律宾对于中菲南海共同开发的态度有进退反复的现象。作者建立了总统个人外交决策模式的分析框架，将菲律宾总统个人作为主要决策者，将菲律宾国内政治机制、家族政治和利益集团（军人集团和能源利益集团）作为影响总统决策的主要因素，并从总统个人决策动机、总统私人决策圈的建立和实现既定政策的阻碍三个方面分析菲律宾对南海共同开发态度的变化原因。结论指出，在菲律宾总统享有高度执政合法性的情况下，其他因素对总统外交决策的限制较小；反之，总统执政合法性越低，其他因素对总统外交决策的限制越大。

本辑增设"'中美在东南亚的竞争'笔谈"栏目，刊登了祁怀高、薛松、卢西奥·布兰科·皮特洛三世、刘若楠、周方冶、何氏红芸6位学者的6篇笔谈文章。6篇笔谈文章摘录于《中美"战略竞争"背景下东南亚的政策调整与趋势》报告，并做了内容上的更新。该报告是复旦大学中国与周边国家关系研究中心从2019年起创立的"复旦中国—东盟关系专题报告"系列第一辑。此报告是中国和东南亚学者合作的共同成果，参与撰写此报告的作者包括7位中国学者（5位来自复旦大学）和来自印尼、马来西亚、菲律宾和越南的5位学者。作者们分别从中国和东南亚国家的视角，针对"地区战略""防务政策""区域经济一体化政策"和"中美'战略竞争'对东南亚国家内政和经济的外溢效应"四个主题进行深入分析，展示了相同主题上的思维碰撞。报告指出，在中美均试图扩大在东南亚影响力的背景下，两国在东南亚呈现竞争性共存态势。东南亚仍将努力维护东盟中心地位，在整体地区战略上避免选边站队。在具体合作领域，东南亚国家会有差异化的应对方式，以平衡中美的东南亚地区影响力。

"书评"栏目刊登了虞群所著《中国周边外交研究集成之作——评〈新中国周边外交史研究（1949—2019）〉》一文。作者评价石源华教授领衔撰写的《新中国周边外交史研究（1949—2019）》是"中国周边外交研究之集成之作"。该书系统总结梳理了新中国历代领导人的周边外交思想，科学划分了新中国周边外交的7个阶段，大力推动具有中国风范的"中国周边学"学科体系和话语体系构建。该书全景式再现了70年中国与周边国家关系的发展历程，对中国周边外交演进历程的各个阶段和维度进行了全面深入的剖析、总结与反思。该书以史鉴今，新见迭出，个性鲜明，反映了作者扎实的学术功底与炙热的家国情怀。

"会议综述"栏目刊载了陆吉整理的《第九届中国周边外交研讨会综述》。中国周边外交研讨会是复旦大学国际问题研究院主办、复旦大学中国与周边国家关系研究中心承办的品牌学术活动。中国周边外交研讨会对当年中国周边外交情况进行梳理，并对未来短期内中国周边国别和地区发展情况及对外政策变此著作化进行研判。该篇综述展示了本次会议的概貌，对参会学者的核心观点进行了总结。

《中国周边外交研究》第十一辑（2020年第一辑）的出版离不开各位作者、评阅人和编辑的辛勤工作。杨健、祁怀高、包霞琴、赵卫华等老师参与了组稿和审读工作。复旦大学中国与周边国家关系研究中心科研秘书胡旸昱老师、张泽宇老师承担了部分编辑工作。复旦大学国际关系与公共事务学院硕士研究生陆吉、董一、杨喆，复旦大学外国语言文学学院硕士研究生王筱珊等同学参与了部分章节的整理、采访和翻译工作。复旦大学“学术期刊质量提升支持计划”（复旦大学文科“双一流”建设项目）资助了本刊的编辑和出版。在此一并对他们的贡献表示感谢！

薛 松

2020年6月30日

# “一带一路”研究

# “一带一路”与东南亚沿线枢纽国家发展战略对接思考*

祁怀高

【内容提要】东南亚是“一带一路”沿线的重要次区域。地处印度洋与太平洋通衢位置的印度尼西亚可被视为“一带一路”在东南亚的沿线枢纽国家。促进“一带一路”倡议中“21世纪海上丝绸之路”与印尼“全球海洋支点”战略的对接，可在基础设施建设和投资海洋产业两个领域开展重点合作。曾是古代海上丝绸之路上重要国家的马来西亚可被视为“一带一路”在东南亚的潜在沿线枢纽国家。中马发展战略对接可聚焦“两国双园”、相互直接投资、铁路基础设施建设这三个重点合作领域。中国与东南亚沿线枢纽国家发展战略对接的三方面整体思考包括：推动印尼和马来西亚成为印太海洋互联互通的“枢纽”；维护南海地区的和平与稳定；化解美日对“一带一路”倡议的阻力。

【关键词】“一带一路”；沿线枢纽国家；印度尼西亚；马来西亚；发展战略对接

【基金项目】本文是国家社会科学基金一般项目“‘一带一路’沿线支点国家与我国发展战略的衔接研究”（批准号：15BGJ012）的研究成果。

【作者简介】祁怀高，复旦大学国际问题研究院副院长、研究员。

* 感谢上海社会科学院国际问题研究所吴其胜助理研究员、复旦大学国际关系与公共事务学院硕士生陆吉对数据的收集整理；感谢中国地图出版社李安强、邸香平的绘图（见第14页图1）。

东南亚是中国在经济和政治上的“首要”周边次区域。东南亚包含中国的一些极其重要的贸易伙伴，中国绝大部分的全球贸易必须经过南海和马六甲海峡，东南亚的海外华人也比世界上任何地区都要多。根据中国政府公布的官方文件，[①] 东南亚是“一带一路”沿线的重要次区域。“一带一路”倡议在东南亚的成功推进，有赖于中国与东南亚沿线国家发展战略的政策沟通，尤其是与东南亚沿线枢纽国家发展战略的对接。考虑到“一带一路”东南亚沿线国家有11个之多，中国重点对接沿线枢纽国家的发展战略，可使“一带一路”倡议在东南亚的推进起到“以点带面”的效果。

本文将在借鉴既有研究成果的基础上，试图在以下领域展开创新性研究。一是科学识别和测量东南亚沿线枢纽国家。二是在梳理东南亚沿线枢纽国家发展战略基础上，分析中国与东南亚沿线枢纽国家发展战略的对接。三是提出中国与东南亚沿线枢纽国家发展战略对接的总体思考，从而为“一带一路”倡议在东南亚的顺利推进提供启示。

## 一、“一带一路”东南亚沿线枢纽国家的测量与选取

为了在东南亚11国中选取合适的“一带一路”沿线枢纽国家，笔者将用四类数据来测量。一是东南亚国家的国内生产总值（GDP）。本文同时采用了按当年市场汇率（MER）计算的名义GDP和按购买力平价（PPP）计算的GDP。数据来自国际货币基金组织（IMF）的世界经济展望数据库（*World Economic Outlook Database*）。[②] 二是东南亚国家的人口规模。人口数据来自联合国经社理事会人口司（UN DESA, Population Division）。[③] 三是东南亚国家的军费开支规模。2018年军费开支的数据来自斯德哥尔摩国际和平研究所

① 中国政府公布的官方文件包括：国家发展改革委、外交部、商务部：《推动共建丝绸之路经济带和21世纪海上丝绸之路的愿景与行动》，2015年3月28日发布；推进“一带一路”建设工作领导小组办公室：《共建“一带一路”：理念、实践与中国的贡献》，2017年5月10日发布；国家发展改革委、国家海洋局：《“一带一路”建设海上合作设想》，2017年6月20日发布。

② 数据来源：IMF, *World Economic Outlook Database*, April 2019, https://www.imf.org/external/pubs/ft/weo/2019/01/weodata/index.aspx，访问时间：2019年11月17日。

③ United Nations Department of Economic and Social Affairs (UN DESA), Population Division, *World Population Prospects 2019*, Rev. 1, August 2019, https://population.un.org/wpp/Download/Standard/Population/.

（SIPRI）的军费开支数据库。① 四是中国与东南亚国家的双边经贸密切程度。用中国与东南亚国家的双边贸易额（2018年度）② 和中国对东南亚国家的直接投资额（截至2018年的投资存量）③ 这两个数据来进行测量。

此外，在东南亚11国中选取合适的沿线枢纽国家还需重点满足以下四个标准：第一，应具备中等强国的国家实力和较强的地区影响力。在由主权国家组成的国际体系中，一国的影响力主要由其经济和军事实力来决定。因此，沿线枢纽国家应该是中等强国，不仅能够在地区发挥较大的影响力，同时在地区事务上愿意与地区外国家进行合作。第二，具有较大经济潜力，与中国的经济合作空间大。“一带一路”倡议的核心内容是沿线各国间的经济合作。经济和市场规模较大的国家，不仅能够在地区经济要素的整合上发挥较大的作用，而且在与中国的经贸合作上存在较大的合作空间。第三，在战略利益上与中国不存在直接的、涉及根本国家利益的冲突。政治和安全关系是影响国家间经济合作的重要外部因素。良好的政治和安全关系有利于稳定企业的预期，提高双方市场主体的合作意愿，也有助于解决由经贸合作所带来的各种负面“外部性”问题。第四，“一带一路”沿线的东南亚国家仅选取1个沿线枢纽国家和1个潜在沿线枢纽国家。沿线枢纽国家不在于多，而在于能够通过沿线枢纽国家身份起到“以点带面”的效果。

根据上述四类数据（定量）和四个标准（定性）的综合分析，本文选取了一个沿线枢纽国家（印度尼西亚）和一个潜在沿线枢纽国家（马来西亚）。在“一带一路”沿线的东南亚次区域，印尼的经济总量、人口规模、军费开支等数据都要远高于东南亚其他国家，并且预计该趋势一直持续到2030年（参见表1和表2）。印尼是沟通印度洋和太平洋的通衢国家，是二十国集团中唯一的东南亚国家。印度尼西亚可以作为中国优先考虑的“一带一路”沿线枢纽国家。同时，考虑到东南亚是“21世纪海上丝绸之路”的重点区域，需要选取另外一个国家作为潜在沿线枢纽国家。鉴于马来西亚处于“21世纪海上丝绸之路”沿线重要位置，传统上与中国关系比较友好，两国经济合作水平比较高，可以

① 数据来源：Stockholm International Peace Research Institute, SIPRI Military Expenditure Database (1949–2018), https://www.sipri.org/databases/milex，访问时间：2019年11月17日。

② 中国海关总署：《2018年12月进出口商品国别（地区）总值表（美元值）》，发布时间：2019年1月23日，http://www.customs.gov.cn/customs/302249/302274/302276/2278978/index.html。

③ 中国对外直接投资额统计的是截至2018年的直接投资存量。数据来源：中国商务部、国家统计局、国家外汇管理局编《2018年度中国对外直接投资统计公报》，中国统计出版社，2019，第56—61页。

考虑将马来西亚作为潜在沿线枢纽国家。

**表1　2018年东南亚国家经济、人口、军费、贸易、投资数据及其所占地区比重**

| 类别<br>国家 | GDP（亿美元） | | 人口数量（万） | 军费开支（百万美元） | 双边经贸（亿美元） | | GDP（%） | | 人口数量（%） | 军费开支（%） | 双边经贸（%） | |
|---|---|---|---|---|---|---|---|---|---|---|---|---|
| | GDP (MER) | GDP (PPP) | | | 双边贸易额 | 中国投资额 | GDP (MER) | GDP (PPP) | | | 双边贸易额 | 中国投资额 |
| 文莱 | 135.7 | 346.6 | 42.9 | 346.6 | 18.40 | 2.20 | 0.46 | 0.40 | 0.07 | 0.85 | 0.31 | 0.21 |
| 柬埔寨 | 244.4 | 706.6 | 1625.0 | 543.2 | 73.88 | 59.74 | 0.83 | 0.83 | 2.48 | 1.33 | 1.26 | 5.80 |
| 印度尼西亚 | 10224.5 | 34959.4 | 26767.1 | 7437.2 | 773.71 | 128.11 | 34.66 | 40.84 | 40.85 | 18.22 | 13.16 | 12.44 |
| 老挝 | 181.2 | 536.2 | 706.1 | 30.0 | 34.75 | 83.10 | 0.61 | 0.63 | 1.08 | 0.07 | 0.59 | 8.07 |
| 马来西亚 | 3585.8 | 10140.2 | 3152.8 | 3469.8 | 1086.25 | 83.87 | 12.16 | 11.85 | 4.81 | 8.50 | 18.47 | 8.14 |
| 缅甸 | 686.7 | 3289.7 | 5370.8 | 2030.5 | 152.40 | 46.80 | 2.33 | 3.84 | 8.20 | 4.97 | 2.59 | 4.54 |
| 菲律宾 | 3309.1 | 9532.9 | 10665.1 | 3769.7 | 556.68 | 8.30 | 11.22 | 11.14 | 16.28 | 9.24 | 9.47 | 0.81 |
| 新加坡 | 3641.4 | 5716.9 | 575.8 | 10841.0 | 828.80 | 500.94 | 12.34 | 6.68 | 0.88 | 26.56 | 14.10 | 48.62 |
| 泰国 | 5049.3 | 13208.8 | 6942.8 | 6829.2 | 875.25 | 59.47 | 17.12 | 15.43 | 10.59 | 16.73 | 14.88 | 5.77 |
| 东帝汶 | 27.5 | 63.1 | 126.8 | 20.6 | 1.36 | 1.67 | 0.09 | 0.07 | 0.19 | 0.05 | 0.02 | 0.16 |
| 越南 | 2412.7 | 7105.5 | 9554.6 | 5500.0 | 1478.58 | 56.05 | 8.18 | 8.30 | 14.58 | 13.47 | 25.15 | 5.44 |

资料来源：作者整理。

注：GDP数据来源：IMF, *World Economic Outlook Database*, October 2019, https://www.imf.org/external/pubs/ft/weo/2019/02/weodata/index.aspx，访问时间：2020年1月6日；人口数量数据来源：United Nations Department of Economic and Social Affairs (UN DESA), Population Division, *World Population Prospects 2019*, Rev. 1, August 2019, https://population.un.org/wpp/Download/Standard/Population/；老挝的军费数据为2017年数据，数据来源为：U.S. Department of State, *World Military Expenditures and Arms Transfers 2019*, https://www.state.gov/world-military-expenditures-and-arms-transfers-2019/；军费开支数据来源：Stockholm International Peace Research Institute, *SIPRI Military Expenditure Database (1949—2018)*, https://www.sipri.org/databases/milex，访问时间：2019年11月17日；双边贸易额数据来源：中国海关总署:《2018年12月进出口商品国别（地区）总值表（美元值）》，发布时间：2019年1月23日，http://www.customs.gov.cn/customs/302249/302274/302276/2278978/index.html；中国对外投资额统计的是截至2018年的直接投资存量。数据来源：中国商务部、国家统计局、国家外汇管理局编《2018年度中国对外直接投资统计公报》，中国统计出版社，2019，第56—61页；相关国家的GDP占整个东南亚国家GDP总和的百分比，占比不足0.01%，按0.01%计算；相关国家的人口占整个东南亚国家人口总和的百分比，占比不足0.01%，按0.01%计算；相关国家的军费开支占整个东南亚国家军费开支总和的百分比，占比不足0.01%，按0.01%计算；中国与相关国家的双边贸易额占中国与整个东南亚国家双边贸易额总和的百分比，占比不足0.01%，按0.01%计算；中国对相关国家的直接投资额（存量）占中国对整个东南亚国家直接投资额（存量）总和的百分比，占比不足0.01%，按0.01%计算。

表2　2030年东南亚国家经济、人口、军费数据及其所占地区比重（预计）

| 国家 | GDP（亿美元） | | 人口数量（万） | 军费开支（百万美元） | GDP (%) | | 人口数量（%） | 军费开支（%） |
|---|---|---|---|---|---|---|---|---|
| | GDP (MER) | GDP (PPP) | | | GDP (MER) (%) | GDP (PPP) (%) | | |
| 文莱 | 225.7 | 398.9 | 47.1 | 594 | 0.4 | 0.37 | 0.06 | 0.63 |
| 柬埔寨 | 402.6 | 977.8 | 1878.1 | 785.1 | 0.72 | 0.91 | 2.58 | 0.84 |
| 印度尼西亚 | 23184.8 | 44646.6 | 29919.8 | 23291.2 | 41.57 | 41.39 | 41.14 | 24.77 |
| 老挝 | 318.7 | 748.3 | 822.6 | 295 | 0.57 | 0.69 | 1.13 | 0.31 |
| 马来西亚 | 7188.8 | 12466.3 | 3609.5 | 11745.5 | 12.89 | 11.56 | 4.96 | 12.49 |
| 缅甸 | 2204.2 | 5359.7 | 5847.8 | 9842.5 | 3.95 | 4.97 | 8.04 | 10.47 |
| 菲律宾 | 7574.5 | 14233.2 | 12369.8 | 13230.3 | 13.58 | 13.19 | 17.01 | 14.07 |
| 新加坡 | 4387.9 | 5861.2 | 626.2 | 15037.6 | 7.87 | 5.43 | 0.86 | 15.99 |
| 泰国 | 6285.6 | 13650.6 | 7034.6 | 9824.2 | 11.27 | 12.65 | 9.67 | 10.45 |
| 东帝汶 | 29 | 56.1 | 157.4 | 27.6 | 0.05 | 0.05 | 0.22 | 0.03 |
| 越南 | 3971.4 | 9469.6 | 10416.4 | 9342 | 7.12 | 8.78 | 14.32 | 9.94 |

资料来源：作者整理。

注：预计2030年的相关数据来源：GDP数据来自美国丹佛大学的国际趋势数据库（International Futures, Ifs）；人口数据来自联合国经社理事会人口司（UN DESA, Population Division）的《世界人口展望2019》（*World Population Prospects 2019*）的中等变量（medium variant）预测数据；军费开支的预测数据来自丹佛大学国际趋势项目数据库（Version 7.31）。

## 二、中国与印尼“全球海洋支点”战略的对接

“全球海洋支点”（Global Maritime Fulcrum, GMF）战略是由印尼总统佐科·维多多（Joko Widodo）提出的。2014年10月，佐科在总统就职演讲中提出“海洋大国”主张，呼吁“重塑印尼作为海洋大国的荣耀”，认为“大洋大海、海峡海湾是印尼文明的未来”。[①] 2014年11月第九届东亚峰会上，佐科阐述了其“全球海洋支点”概念，内容包括重建印尼海洋文化、保护和经营海洋资源、优先发展海上交通基础设施、开展海洋外交、提升印尼海上防御力量等

① “Jokowi’s Inaugural Speech as Nation’s Seventh President,” *Jakarta Globe*, October 20, 2014, http://jakartaglobe.beritasatu.com/news/jokowis-inaugural-speech-nations-seventh-president.

领域。[①]

“海上高速公路”发展规划是印尼佐科政府建设“全球海洋支点”战略的重要组成部分。“海上高速公路”发展规划包括5个大型枢纽港和19个集散港（参见图1）。5个大型枢纽港从西至东依次为：吉拉丹绒港（Kuala Tanjung）、丹绒帕里港（Tanjung Priok）、丹绒皮拉克港（Tanjung Perak）、望加锡港（Makasar）、比通港（Bitung）。19个集散港从西至东依次为：马拉哈亚缇（Malahayati）、特鲁克 · 巴友尔（Teluk Bayur）、巴图 · 安培尔（Batu Ampar Batam，位于巴淡）、占碑（Jambi）、巨港（巴邻旁，Palembang）、班让（Panjang）、坤甸（庞提纳克，Pontianak）、丹绒恩马斯（Tanjung Emas Semarang，位于三宝垄）、桑皮特（Sampit）、马辰（Banjarmasin，斑贾尔马辛）、巴厘巴板的卡里昂高（Kariangau）、沙马林达的帕拉兰（Samarinda）、班同罗安（Pantoloan）、肯达里（Kendari）、特瑙古邦（Tenau Kupang）、特尔纳特（Ternate）、安汶（Ambon，安波那）、纱笼（Sorong）、查亚普拉（Jayapura）。[②]

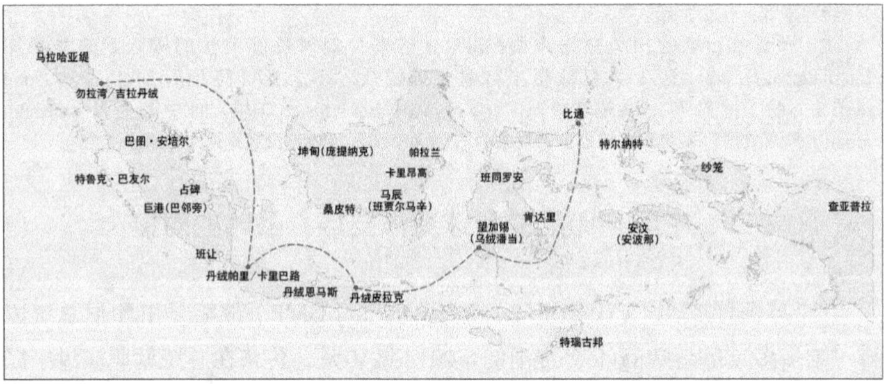


**图1　印尼“海上高速公路”海港建设示意图**

资料来源：祁怀高：《中国与“一带一路”沿线支点国家发展战略对接研究》，世界知识出版社，2019，插页18。审图号：GS（2019）200号。（部分港口的中文名称做了更新）

① Rendi A. Witular, “Jokowi Launches Maritime Doctrine to the World,” *The Jakarta Post*, November 13, 2014, http://www.thejakartapost.com/news/2014/11/13/jokowi-launches-maritime-doctrine-world.html.

② 港口的中文译名来源：印尼法律与人权部：《〈关于对获得免签的外国人的来访目的和条件进行检查的指定边境站点〉的法律与人权部部长规定》，2016年第17号，http://id.chineseembassy.org/chn/lsfw/zytz/P020161205463740181627.docx。

中印尼推动“21世纪海上丝绸之路”与“全球海洋支点”战略对接，可在基础设施建设和投资海洋产业两个领域开展重点合作。

发展基础设施建设是印尼佐科政府执政的优先关注点。印尼政府《2015—2019年“海上高速公路”建设规划》包括开发建设24个大型商业港口（5个大型枢纽港和19个集散港）、超过1000个非商业港口和采购船舶，总投资为699万亿印尼盾（约合574亿美元）。印尼要完成这些基础设施建设，面临巨大的资金缺口。根据亚洲开发银行的数据，仅用于兴建和升级改造24个大型商业港口就需要约500亿美元的投资。[①] 而印尼政府的投资预算仅为243.6万亿印尼盾（约合200亿美元），[②] 仅兴建24个大型商业港口这一项就存在约300亿美元的资金缺口。目前，印尼的陆路运输量占交通运输的80%左右。印尼也需要继续大力发展陆路运输，据印尼《2015—2019年中期建设发展规划》介绍，未来5年，印尼将建设2650公里公路、1000公里高速公路、3258公里铁路。[③] 单靠印尼国家预算难以完成上述陆路基础设施建设。因此，印尼基础设施建设亟须“一带一路”倡议下的中国融资投入。

中国通过“21世纪海上丝绸之路”倡议加大了对印尼基础设施建设的融资投入。2018年度，中国内地对印尼投资额为23.8亿美元（占比8.2%）、中国香港对印尼投资额为20.1亿美元（占比6.8%），中国内地和香港外资合计份额占比为15%。[④] 一系列由中方承建或投资、象征着中印尼合作果实的基建合作项目近年来在印尼逐一落地，包括西爪哇加蒂格迪大坝、泗水—马都拉大桥、加里曼丹塔扬桥项目等。其中，中印尼合作建设雅加达至万隆之间的高速铁路（雅万高铁）是两国基础设施合作的大事。雅万高铁一期工程全长142公里，最高设计时速350公里，2018年6月开始全面实施推进工程建设。

海洋产业对于中印尼两国而言都意味着新的经济增长点，中印尼可加大对海洋渔业、海洋船舶产业、海洋油气业等海洋产业的合作投资力度。“21世

---

① Kang Hang Leung, *Indonesia's Summary Transport Assessment*, ADB Papers on Indonesia, No. 15, August 2016, p. 8.

② 《雅加达邮报》2014年11月22日报道。转引自中国驻印尼大使馆经济商务参赞处:《印尼颁布“海上高速公路”投资计划》，2014年11月24日，http://id.mofcom.gov.cn/article/dzhz/201411/20141100811116.shtml。

③ 中新社:《综述：印尼基础设施建设未来5年需约4245亿美元》，中国新闻网，2015年6月14日，http://www.chinanews.com/gj/2015/06-14/7342528.shtml。

④ 中国驻泗水总领事馆经济商务室:《2018年印尼投资情况概述》，2019年2月15日，http://surabaya.mofcom.gov.cn/article/jmxw/201902/20190202834497.shtml。

纪海上丝绸之路”和“全球海洋支点”战略都包含海洋产业的内容。2015年，印尼的渔业总产量为2399万吨；2015年，渔业占印尼GDP的比重为2.53%。① 印尼海洋渔业发展滞后，98%的印尼渔民仍采用传统作业方式，也缺少冷链物流设施。② 据印尼渔业产品加工和销售协会评估，印尼现有海产品生产规模尚未达到潜在生产能力的30%。③ 2016年9月，佐科在局部内阁会议上指出，印尼作为海洋大国，但海洋和渔业部门对GDP的贡献低于30%，仍有巨大潜力有待开发。佐科要求积极发展渔业加工业、罐头业和捕捞业等劳动密集型产业，扩大就业，促进经济增长。佐科同时指出，要去除那些阻碍渔业投资的烦琐规章或程序，建立现代渔业工业。④ 印尼政府允许外国投资者投资鱼类加工工业，在印尼西部，外国投资可占不超过40%的比例；在印尼东部，外国投资可占不超过60%的比例。⑤ 印尼简化渔业投资程序和允许外国投资渔业领域，这将为中印尼两国带来渔业经济合作的新契机。

印尼海洋船舶产业前景看好，中国企业可积极投资印尼船舶产业。目前，印尼每年需要1000艘客船、渔业运输船和巡逻艇，印尼本地造船业产能只能满足当地市场30%的需要。⑥ 由于钢铁工业薄弱、缺乏完整的零部件及原料等辅助工业、融资成本高昂、征地困难等问题，印尼造船业发展较为缓慢，造船企业的技术能力相对偏低，因此需要进口大量船舶，提高印尼国内海上运输能力。⑦ 印尼政府还出台了新的税收补贴计划，允许投资者减少应税所得额，最

---

① German-Indonesian Chamber of Industry and Commerce, *Fisheries and Aquaculture, 2017*, http://indonesien.ahk.de/fileadmin/ahk_indonesien/Publications/EIBN/Fisheries_and_Aquaculture_Sector_Report_2017_FULL.pdf，访问时间：2018年8月11日。

② German-Indonesian Chamber of Industry and Commerce, *Fisheries and Aquaculture*, 2017, http://indonesien.ahk.de/fileadmin/ahk_indonesien/Publications/EIBN/Fisheries_and_Aquaculture_Sector_Report_2017_FULL.pdf，访问时间：2018年8月11日。

③ 田原:《印尼着力发展海洋产业》,《经济日报》2015年7月28日，第4版，http://paper.ce.cn/jjrb/html/2015-07/28/content_251080.htm，访问时间：2018年10月27日。

④ Sekretariat Kabinet Republik Indonesia, "President Joko Widodo Asks to Develop Fishing Industry As Soon As Possible," September 13, 2016, http://setkab.go.id/en/president-joko-widodo-asks-to-develop-fishing-industry-as-soon-as-possible/.

⑤ Global Business Guide (GBG) Indonesia, "Indonesia's Fisheries Sector: Under a New Paradigm," *Global Business Guide Indonesia 2016*, http://www.gbgindonesia.com/en/agriculture/article/2016/indonesia_s_fisheries_sector_under_a_new_paradigm_11566.php，访问时间：2018年8月11日。

⑥ 张洪:《日本船企看好印尼船舶产业前景》,《珠江水运》2015年第S1期，第57页。

⑦ 沈铭辉、张中元:《“一带一路”背景下的国际产能合作——以中国—印尼合作为例》,《国际经济合作》2017年第3期，第9页。

高减幅可达总投资额的30%，减税期为6年，该计划也将适用于造船和海洋产业。① 预计印尼每年将有3293艘船舶需要维修，② 印尼船舶修理业务的前景也很广阔。中国已成为全球造船第一大国，中国造船业在国际上处于较为领先地位，具有技术、资金、成本等整体优势，是印尼船舶进口的理想合作伙伴。同时，中国企业也可积极投资印尼的船舶修复业务。

海洋油气业是中印尼可开展合作的潜在领域。印尼是全球石油和天然气资源丰富的国家。2019年6月英国石油公司发布的《BP世界能源统计年鉴》显示，截至2018年底，印尼石油资源证实贮量为32亿桶（4亿吨），占世界已探明石油储量的0.2%；截至2018年底，印尼天然气资源证实储量为2.8万亿立方米（97.5万亿立方英尺），占世界已探明天然气储量的1.4%。③ 中国石油天然气股份有限公司于2002年进入印尼并成立中油国际(印尼)公司。15年（2002—2017年）来，该公司油气产量实现年均11%的增长，成为印尼第七大石油公司。目前，该公司在印尼拥有9个合同区块，生产的油气产品涵盖原油、凝析油、液化石油气和天然气等，并销往东南亚各国。2017年11月，中国石油天然气股份有限公司和印尼国家石油公司签署谅解备忘录，两公司将在现有合作基础上深化中国和印尼两国以外地区的油气合作。④

## 三、中国与马来西亚发展战略的对接

马来西亚是古代海上丝绸之路上的重要国家，是“一带一路”沿线国家和潜在沿线枢纽国家。近年来，马来西亚政府提出了一些发展规划，试图增加其国民收入和提升其国际地位。

2010年10月，马来西亚政府推出《经济转型计划》(*Economic Transformation Programme, ETP*)。⑤ 2015年5月，马来西亚政府公布第十一个

---

① 张洪:《日本船企看好印尼船舶产业前景》,《珠江水运》2015年S1期，第57页。

② 张洪:《日本船企看好印尼船舶产业前景》,《珠江水运》2015年S1期，第57页。

③ British Petroleum (BP), *BP Statistical Review of World Energy 2019*, June 2019, p. 30, https://www.bp.com/content/dam/bp/business-sites/en/global/corporate/pdfs/energy-economics/statistical-review/bp-stats-review-2019-full-report.pdf.

④ 马莹莹:《中国石油和印尼国家石油公司签署谅解备忘录》，中国石油网，http://news.cnpc.com.cn/system/2017/11/15/001668455.shtml，访问时间：2018年10月27日。

⑤ Malaysian Performance Management & Delivery Unit, “Overview of ETP,” http://etp.pemandu.gov.my/About_ETP-@-Overview_of_ETP.aspx，访问时间：2018年8月11日。

马来西亚计划（Eleventh Malaysian Plan, 2016–2020），主题是“以人为本的成长”。[①] 2016年10月，时任马来西亚总理纳吉布在国会公布了《2050年国家转型计划》（*Transformasi Nasional 2050*, TN50），其目标是让马来西亚30年后成为全球经济排名前20的国家。[②] 2018年10月，马来西亚政府对第11个马来西亚计划进行中期审议。第11个马来西亚计划的中期审议提出了六大政策支柱：通过治理改革迈向更高透明度以及增强公共服务效率；强化包容性发展和福祉；追求区域平衡发展；强化人力资本；通过绿色增长提高环境可持续性；强化经济增长。[③] 2019年5月，马来西亚政府提出《2030年共享繁荣》愿景（Shared Prosperity 2030），“共享繁荣”的意思是，努力使马来西亚可持续地发展，在供应链、阶层、种族和地区等各方面实现公平发展，在2030年之前为马来西亚人民创造和谐和稳定。[④] 2020年6月，马来西亚总理穆希丁宣布，马政府将推出总额高达350亿林吉特（约合83亿美元）的重振国家计划（National Economic Recovery Plan），以应对新冠病毒对马来西亚经济的冲击。这项短期经济复苏计划将注重三项主要目标，即强化人民、促进商业活动和刺激经济。此外，马政府将向该计划直接注入100亿林吉特（约合24亿美元）的资金。[⑤]

2013—2020年，尽管马来西亚政府多次更迭，马发展战略也多次更换名称，但是中国和马来西亚仍始终确保两国发展战略的对接。

共建“一带一路”倡议与马来西亚发展战略对接的重点领域包括以下三个方面。

第一，继续加强“两国双园”同步建设和互动发展。中马钦州产业园区和

---

① Prime Minister's Office of Malaysia, "Eleventh Malaysian Plan, 2016-2020: Speech by the Prime Minister in the Dewan Rakyat on 21 May 2015," May 21，2015, https://www.pmo.gov.my/dokumenattached/speech/files/RMK11_Speech.pdf.

② Lee Hwok Aun, "Malaysia's Transformasi Nasional 2050 Brings Bold New Style, but to What End?" *Perspective*, May 11, 2017, https://www.iseas.edu.sg/images/pdf/ISEAS_Perspective_2017_31.pdf.

③ Malaysian Ministry of Economic Affairs, *Mid-term Review Eleventh Malaysia Plan 2016-2020: New Priorities and Emphases*, October 18, 2018, https://www.epu.gov.my/sites/default/files/2020-08/Mid-Term%20Review%20of%2011th%20Malaysia%20Plan.pdf.

④ Prime Minister's Office of Malaysia, "Keynote Address by Prime Minister of Malaysia of Malaysia Yab Tun Dr Mahathir Bin Mohamad First-Year Anniversary of the Pakatan Harapan Government," May 9, 2019, https://www.pmo.gov.my/wp-content/uploads/2019/05/Keynote-Address-by-YAB-Prime-Minister-First-year-Anniversary-of-the-Pakatan-Harapan-Government-on-9-May-2019-at-PICC.pdf.

⑤ The Star, "PM Unveils Short-term Recovery Plan to Boost Economy," June 5, 2020, https://www.thestar.com.my/news/nation/2020/06/05/pm-unveils-short-term-recovery-plan-to-boost-economy.

马中关丹产业园区分别于2012年4月和2013年2月开园，形成了“两国双园”的合作架构。中马钦州产业园区规划面积55平方千米。钦州产业园区正逐步形成生物医药产业集群、光电产业集群、北斗卫星应用产业集群、传统优势产业集群、跨境服务业集群等五大产业集群。马中关丹产业园区毗邻关丹港，园区总面积为14.2平方千米，包括一期（约4.9平方千米）、二期（约4.0平方千米）和三期（约5.3平方千米）。[①] 在园区功能上，马中关丹产业园区一期和二期作为重工业区和中型工业区；而三期作为物流枢纽区、轻工业区、住宅和商业区。[②] 截至2019年6月，已签约项目共有10个，项目计划投资金额超过300亿元人民币，将为当地创造两万个就业岗位。[③] 未来，中马两国需继续推动“两国双园”同步建设，并打造成“中马两国投资合作旗舰项目”和“中国—东盟合作示范区”。

第二，促进相互投资。2016年，中国首次跃升成为马来西亚最大的制造业投资国，最显著的投资项目包括钢铁业、非金属矿业及太阳能行业。马来西亚政府乐见该国公司与中资企业达成高价值投资项目。中国对马来西亚的高价值投资项目若涉及技术创新与转移，将有助于马来西亚推动本地金属、化工与石油化工、电子和电气等关键行业的需求。[④] 但中国在马来西亚的投资额仍偏小，中国对马来西亚投资有待进一步加强。截至2019年底的直接投资额（存量）数据显示，中国对马来西亚的直接投资额（79.24亿美元）排在中国对新加坡（526.37亿美元）、印度尼西亚（151.33亿美元）、老挝（82.50亿美元）等东南亚国家直接投资额之后。[⑤] 马来西亚公司积极到中国投资经商，至今有

---

① Malaysia-China Kuantan Industrial Park, “Introduction of MCKIP: About Us,” https://www.mckip.com.my/，访问时间：2021年8月15日。

② Malaysia-China Kuantan Industrial Park, “Introduction of MCKIP: About Us,” https://www.mckip.com.my/，访问时间：2021年8月15日。

③ Malaysian Ministry of International Trade and Industry, “The 4th Joint Cooperation Council (JCC) Meeting on Malaysia-China Kuantan Industrial Park (MCKIP) and China-Malaysia Qinzhou Industrial Park (CMQIP),” June 14, 2019, https://www.miti.gov.my/miti/resources/Media%20Release/Media_Release_The_4th_Joint_Cooperation_Council_(JCC)_Meeting_on_Malaysia-China_Kuantan_Industrial_Park_(MCKIP)_and_China-Malaysia_Qinzhou_Industrial_Park_(CMQIP).pdf.

④ 黄家泉：《马来西亚相遇中国“一带一路”倡议——背景与机遇的探讨》，《文化软实力》2017年第2期，第7页。

⑤ 中国对外直接投资额统计的是截至2019年的直接投资存量。数据来源：中国商务部、国家统计局、国家外汇管理局编《2019年度中国对外直接投资统计公报》，中国统计出版社，2020，第55—56页。

逾6000家马来西亚公司到中国投资，如百盛、吉隆坡甲洞等上市集团。[①] 截至2020年8月，马来西亚实际对华投资累计达78亿美元。[②] 未来，中国要力促马来西亚公司与中资企业在华达成高价值投资项目。

第三，推进铁路等基础设施建设合作。马来西亚东海岸铁路项目是中马两国之间最大的经贸合作项目。该项目建成后将成为马来西亚东西海岸之间的主要交通干线，促进铁路沿线商业、物流、贸易和旅游业的发展。马来西亚东海岸铁路项目合同于2016年11月签订，2017年8月开工，由中国交建承建。2018年5月马来西亚新政府上台后，提出要对东海岸铁路项目进行重新谈判和严格审查。2019年4月，中国交建与马来西亚衔接铁道公司就重启东海岸铁路项目达成了一项补充协议。根据补充协议，东海岸铁路项目总造价从原本的655亿林吉特降至440亿林吉特（约合104亿美元），线路全长640千米，计划于2026年底前完工。[③] 2016年11月，中国中铁与中国铁建、中国交建组成的中国企业联合体中标马来西亚南部铁路工程项目。南部铁路工程项目位于金马士与新山之间，全长191.14千米，合同金额约144.69亿元人民币（约合34亿美元）。[④] 2018年5月马来西亚新政府上台后，南部铁路工程项目总造价降低了约20%，从原本的94.3亿林吉特（约合22亿美元）降至75亿林吉特（约合18亿美元）。[⑤] 2018年4月，南部铁路工程项目在马南部柔佛州的昔加末正式开工。南部铁路工程项目预计将于2022年10月完工。[⑥] 南部铁路工程项目完工后，从新山经金马士再往北到巴丹勿剎的列车将全部实现双轨运行。马来西亚

---

① 《星洲日报》2017年5月15日报道。转引自中国驻马来西亚大使馆经济商务参赞处:《马贸工部第二部长黄家泉:“一路”商机巨大》，2017年5月22日，中国驻马来西亚经商参处网站，http://my.mofcom.gov.cn/article/sqfb/201705/20170502579180.shtml。

② 《中国同马来西亚的关系》，2021年2月，中国外交部网，https://www.fmprc.gov.cn/web/gjhdq_676201/gj_676203/yz_676205/1206_676716/sbgx_676720/。

③ 《马来西亚东海岸铁路项目补充协议签署》，中国交建网，2019年4月16日，http://www.ccccltd.cn/news/gsyw/201904/t20190416_96245.html；Malaysian Prime Minister's Office, “An Improved Deal on The East Coast Rail Link (ECRL) Project,” April 12, 2019, https://www.pmo.gov.my/2019/04/an-improved-deal-on-the-east-coast-rail-link-ecrl-project/。

④ 《中国企业联合体中标马来西亚南部铁路项目》，新华网，2016年11月2日，http://www.xinhuanet.com/2016-11/02/c_1119838221.htm，访问时间：2018年3月11日。

⑤ Francis E. Hutchinson and Kevin Zhang, “The Gemas-Johor Bahru Railway Electrified Double-Tracking Project: Steady Progress towards Completion,” *Perspective*, July 3, 2020, https://www.iseas.edu.sg/wp-content/uploads/2020/06/ISEAS_Perspective_2020_72.pdf.

⑥ Rizalman Hammim, “Gemas-JB Double Tracking Project to be Completed by Oct 2022,” June 21, 2020, https://www.nst.com.my/news/nation/2020/06/602265/gemas-jb-double-tracking-project-be-completed-oct-2022-nsttv.

东海岸铁路和南部铁路建成后将成为中马企业投资合作的旗舰项目。

## 四、中国与东南亚沿线枢纽国家发展战略对接的三方面总体思考

中国与东南亚沿线枢纽国家发展战略对接三方面的总体思考包括推动印尼和马来西亚成为印太海洋互联互通的“枢纽”，维护南海地区的和平与稳定，化解美日对“一带一路”倡议的阻力。

### （一）推动印尼和马来西亚成为印太海洋互联互通的“枢纽”

印尼利用其沟通印度洋和太平洋的通衢位置，积极推进“全球海洋支点”战略，建设5个大型枢纽港和19个集散港。中印尼可合作将勿拉湾/吉拉丹绒、丹绒帕里/卡里巴路、丹绒皮拉克、望加锡（乌绒潘当）、比通这5个大枢纽港建设成为“21世纪海上丝绸之路”的重要枢纽港口。中国企业已开始投资建设印尼港口项目，比如2016年7月河北港口集团投资的印尼占碑钢铁工业园综合性国际港口项目进入全面实质性推进阶段。2017年5月，宁波舟山港公司等5家投资联合体拟斥资59亿美元投资丹绒帕里港的卡里布鲁（Kalibaru）港扩建项目。[①] 此外，中印尼两国正在积极推进雅万高铁项目。2019年以来，雅万高铁工程进度快速推进、全面提速。截至2019年9月11日，征地进度已经完成99%；截至2019年9月初，工程总进度完成32.8%；中印尼高铁公司已开始建设四座车站。[②] 建成后的雅万高铁不仅将带动雅加达—万隆沿线城市的商业开发并拉动印尼经济增长，而且将对中国与东盟其他成员国的高铁合作产生积极的示范作用。

马来西亚处于“21世纪海上丝绸之路”沿线重要位置，也是中国—中南半岛经济走廊的重要沿线国家。中马正在推进铁路等基础设施建设合作，比如东海岸铁路和南部铁路。这两个铁路项目建成后将成为中国—中南半岛经济走廊的重要铁路运输通道。中国—中南半岛经济走廊以中国西南为起点，连接中

---

① Farida Susanty, “China Offers $5.9 Billion Investment in Priok Port,” *The Jakarta Post*, May 12, 2017, https://www.thejakartapost.com/news/2017/05/12/china-offers-59-billion-investment-priok-port.html.

② “Pembebasan Lahan Kereta Cepat Jakarta-Bandung Capai 99 Persen,” CNN Indonesia, September 11, 2019, https://www.cnnindonesia.com/ekonomi/20190911112931-92-429404/pembebasan-lahan-kereta-cepat-jakarta-bandung-capai-99-persen.

国和中南半岛各国，[①] 中国—中南半岛经济走廊是“一带一路”规划的“六廊”之一。中国企业正在投资建设马来西亚的港口项目，比如2015年4月北部湾港集团完成对关丹港（Kuantan）40%的股权收购，2017年7月中国电力建设集团签约马六甲皇京港（Melaka Gateway）一期填海造地项目。中马可合作将关丹港和马六甲皇京港建设成为“21世纪海上丝绸之路”的重要枢纽港口。

### （二）维护南海地区的和平与稳定

南海局势保持稳定与“一带一路”在印尼和马来西亚的顺利实施密切相关。如果南海争端加剧，将对中国与这两个国家的双边关系以及“一带一路”的顺利实施构成潜在挑战。

中国与印尼在南海不存在岛礁主权归属争端，但印尼以纳土纳群岛为基础主张的专属经济区和大陆架部分伸入到中国南海断续线范围内，产生了重叠海域。[②] 在与中国就低调处理两国在南海专属经济区的争议达成默契的同时，印尼声称在南海问题上保持中立并积极充当调停者。值得注意的是，印尼国内对于南海问题存在不同声音，尤其是军方对中国还是具有相当的疑虑。[③]

中马两国对南沙群岛部分岛礁的领土主权和相关海域划界存在争议。中马双方表示将共同致力于维护南海地区的和平与稳定，积极寻求以双边友好协商和谈判的方式解决有关争议。但马来西亚政界中有人担心中马经济合作会让马来西亚执政当局无法维护好其南海权益。纳吉布政府时期，马反对党曾指出，在中马经济合作如此紧密的情况下，马来西亚能否维护其南海权益值得怀疑。[④]

在维护南海地区和平与稳定方面，中国与印尼、马来西亚有着共同的利益。海洋油气产业是中印尼、中马可开展合作的潜在领域。无论是非争议海域的油气合作开发还是争议海域的共同开发，中印尼和中马都可积极推进。

---

① 推进“一带一路”建设工作领导小组办公室:《共建“一带一路”：理念、实践与中国的贡献》，新华网，2017年5月10日，http://news.xinhuanet.com/silkroad/2017-05/10/c_1120951928.htm。

② 张海文:《南海及南海诸岛》，五洲传播出版社，2014，第92页。

③ 张洁:《“一带一路”与“全球海洋支点”：中国与印尼的战略对接及其挑战》，《当代世界》2015年第8期，第40页。

④ Adrian Wong, “We Fear for Nation’s Sovereignty, Not Votes, MPs Tell Salleh,” *Malaysiakini*, November 8, 2016, https://www.malaysiakini.com/news/362039#ixzz4Q3fQ11RQ；张赛群:《马来西亚“一带一路”差异化认同：原因、风险及启示》，《国外社会科学》2018年第4期，第25页。

### （三）化解美日对“一带一路”倡议的阻力

美国政府把东南亚视为“印太战略”的重要组成部分和美中“战略竞争”的重要地区。2017年11月，特朗普亚洲之行后美国政府开始积极倡导“印太战略”和印太经济倡议。2018年7月，美国国务卿蓬佩奥提出“印太区域投资计划”和“基础设施交易及援助网络”（Infrastructure Transaction and Assistance Network）倡议。[①]2019年6月，美国国防部的《印太战略报告》把越南、印尼和马来西亚这三个国家视为东南亚的三个关键国家，并把发展与这三个东南亚国家之间的关系作为美国“印太战略”的优先考虑。[②]美国政府的上述举措有抵消中国“一带一路”倡议，尤其是“21世纪海上丝绸之路”倡议的意图。

日本政府对“一带一路”持警惕和防范心态，但也表达了与中国合作的愿望。2015年5月，日本首相安倍晋三宣布，将在未来5年为亚洲提供“高质量的基础设施投资”，规模达1100亿美元。其主要方式包括提高亚洲开发银行（亚开行）的贷款额度，以及日本政府提供的日元贷款额度。[③]日本通过亚开行为亚洲基础设施投资提供资金，与亚投行保持了一定的距离。与此同时，2017年以来安倍政府也表示日本有兴趣参加“一带一路”合作。2018年5月，中日双方签署《关于中日第三方市场合作的备忘录》，同意加强两国第三方市场合作。2018年10月，中日两国在北京举办了第一届中日第三方市场合作论坛。

要有效化解美日对中国与“一带一路”沿线枢纽国家发展战略对接的疑虑和阻力，以下两点值得重视。一是积极推动“一带一路”倡议与美日发展倡议之间的相互对接。尽管中美在东南亚的“战略竞争”日趋激烈，但是美国考虑到“一带一路”建设带来的巨大经济潜力，会采取一种务实参与的政策。中国可积极与美国分享信息和增信释疑，如中美分享各自在“一带一路”与“印太区域投资计划”的相关信息。中日“战略竞争”呈增长态势，两国在东南亚等“一带一路”沿线次区域存在竞争关系，但中国也可通过具体合作项目将日本转化为合作对象。如中日两国可以开展合作，应对不断扩大的东南亚基础设施

---

① Michael R. Pompeo, “Remarks on ‘America’s Indo-Pacific Economic Vision’,” U.S. State Department, July 30, 2018, https://www.state.gov/secretary/remarks/2018/07/284722.htm.

② U.S. Department of Defense, *Indo-Pacific Strategy Report*, June 1, 2019, p.36, https://media.defense.gov/2019/Jul/01/2002152311/-1/-1/1/DEPARTMENT-OF-DEFENSE-INDO-PACIFIC-STRATEGY-REPORT-2019.PDF.

③ Ministry of Foreign Affairs of Japan, “Announcement of ‘Partnership for Quality Infrastructure: Investment for Asia’s Future’,” May 21, 2015, http://www.mofa.go.jp/policy/oda/page18_000076.html.

建设需求。中国可与日本及时交换两国在亚投行、亚开行向亚洲国家进行基础设施投资的信息。中日可将福建省打造为“一带一路”中日合作的模范。[①] 二是积极推进第三方市场合作以创新合作形式。中美、中日在东南亚地区存在激烈的投资竞争，中国与美日通过开展第三方市场合作可以实现风险共担、利益共享。为了顺利推进与美日企业的合作活动，中国需要在制度、人事等方面对接国际化和实现规范化。

## 五、结语

地处印度洋与太平洋通衢位置的印尼可被视为“一带一路”在东南亚的沿线枢纽国家，曾是古代海上丝绸之路上重要国家的马来西亚可被视为“一带一路”在东南亚的潜在沿线枢纽国家。中印尼推动“一带一路”尤其是“21世纪海上丝绸之路”与“全球海洋支点”战略对接，可在基础设施建设和投资海洋产业两个领域开展重点合作。中马发展战略对接可聚焦“两国双园”、相互直接投资、铁路基础设施建设这三个重点合作领域。

“一带一路”与东南亚沿线枢纽国家发展战略的对接，对于“一带一路”倡议在东南亚的推进和中国东南亚外交的拓展有着现实意义。第一，在中国资源有限的情况下与沿线枢纽国家重点对接能够确保资源的重点投入。共建“一带一路”倡议规模宏大，东南亚沿线国多达11个，而中国的经济战略资源和外交战略资源是有限的，需要确保资源的重点投入。第二，中国与东南亚沿线枢纽国家发展战略对接有助于共建“一带一路”倡议的成功实施。共建“一带一路”倡议的成功实施，不只取决于中国的发展战略设计，还取决于中国与“一带一路”沿线国家发展战略的政策沟通，尤其是中国与沿线枢纽国家在发展战略上的对接。如果“一带一路”建设能在印尼和马来西亚这两个沿线枢纽和潜在沿线枢纽国家进展顺利，则将对“一带一路”在东南亚其他国家的推进起到示范和带动作用。

---

① 《安倍称将逐条判断一带一路项目能否合作》，日经中文网，2018年1月11日，https://cn.nikkei.com/politicsaeconomy/politicsasociety/28754-2018-01-11-09-27-41.html。

# Insights on Integration between the Belt and Road Initiative and Development Strategies of the Pivot Countries in Southeast Asia along the Belt and Road Initiative

QI Huaigao

**Abstract** Southeast Asia is a significant sub-region along the Belt and Road Initiative (BRI), while Indonesia, with its central location in the Indian and Pacific oceans, can be considered as the pivot along the Belt and Road Initiative corridors. To promote the integration of BRI and Global Maritime Fulcrum, the two countries can deepen cooperation on infrastructure construction and the maritime industry. Besides, Malaysia, the most important country along the ancient Maritime Silk Route, can be regarded as a potential pivot along the BRI corridors. The integration of China and Malaysia's development strategies can focus on three key areas: Malaysia-China Guandan Industrial Park, direct investment and railway infrastructure construction. Overall, there are three pieces of advice on the integration of China's development strategies with the two vital countries, including promoting Indonesia and Malaysia as the hub of the Indo-Pacific Ocean, maintaining peace and stability in the South China Sea and defusing Japan and America's resistance to the BRI.

**Keywords** the Belt and Road Initiative; Pivot Gountries in Southern Asia along the Belt and Road; Malaysia; Indonesia; integration of strategies

**Funding** “China' s Integration Strategies with Fulcrum Countries along the Belt and Road” funded by the National Social Science Fund of China (No. 15BGJ012).

**Author** Qi Huaigao, vice dean and researcher at Institute of International of Fudan University.

# 印度尼西亚的海洋战略和海洋经济

薛　松

【内容提要】印度尼西亚是世界上最大的群岛国家，海洋资源丰富、开发潜力大。印尼扼守马六甲海峡，有三条繁忙的国际航线穿过其领海。海洋是印尼安全和繁荣的生命线，印尼的海上安全也直接影响到全球贸易和战略物资的流动。2014年，印尼总统佐科提出“全球海洋支点”战略。经过三年的实践，2017年印尼颁布了历史上第一个综合海洋战略和短期行动计划（2016—2019年），即《2017年第16号关于海洋政策的总统规定》以岛屿间互联互通为重点，以可持续发展海洋经济为目标。该文件为“全球海洋支点”战略提供了制度稳定性和机构稳定性，但同时也有国防和海洋外交的目标模糊、核心领导机构的领导力低、缺少新项目等不足之处。本文就印尼海洋战略的三项重要发展计划进行介绍，即海上高速公路、海洋旅游业和海洋经济特区。中国的“21世纪海上丝绸之路”倡议与印尼的“全球海洋支点”战略在方向上具有相似性。本着理念契合、互惠互利的原则，本文提出产业园升级经济特区或自贸区并与港口联动的未来合作方向。

【关键词】海洋战略；海洋经济；“全球海洋支点”战略；“一带一路”；“21世纪海上丝绸之路”

【作者简介】薛松，复旦大学国际问题研究院助理研究员。

# 一、引言

印度尼西亚不仅海上战略位置极其重要，而且海洋资源丰富。印尼扼守马六甲海峡，3条重要的国际航线穿过其领海，拥有1.7万多个岛屿和58万平方公里海域，海底油气、海洋生物等资源种类丰富、开发潜力高。海洋不仅是印尼安全和繁荣的生命线，其海上安全也直接影响全球贸易和战略物资的流动。

2014年，印尼总统佐科提出“全球海洋支点”战略构想，此后在实践中不断丰富海洋战略的内涵。印尼政府在2017年颁布了该国历史上第一个综合海洋战略和行动计划，即《2017年第16号关于海洋政策的总统规定》（Perpres 16/2017）。该文件从海上边界、海洋空间和海洋外交，海洋产业和海上连通性，自然资源产业、海洋服务业和海洋环境管理，海上防御与安全和海洋文化5个方面对海洋战略的长期目标和短期行动计划（2016—2019年）进行了全面、详细的阐述。该文件与2014年印尼《海洋法》一道成为海洋战略的政策和法律基础。

印尼海洋战略涉及的内容十分广泛，本文仅聚焦于其海洋战略的3个关键方面。第一，海洋战略的基本制度框架。本文以《2017年第16号关于海洋政策的总统规定》的文本为基础简要介绍印尼海洋战略的制度框架，包括长期目标、行动原则、7个支柱、实施规则和管理结构。第二，讨论印尼海洋经济的3个重点建设项目，即海上高速公路计划、海洋旅游业和海洋经济特区。第三，阐述中国与印尼海洋合作的机遇和对策，提出产业园经济特区或自贸区与港口联动的模式有潜力成为未来中印尼深化海洋合作的方向。

# 二、印尼海洋战略的制度框架

2014年佐科竞选期间提出“全球海洋支点”战略后，因其缺乏整体战略规划和具体的行动计划而被诟病。印尼战略与国际问题研究中心指出，印尼海洋战略缺乏战略自恰性、政治确定性和制度稳定性。[①] 基于2014年印尼《海洋法》第13条的规定，“政府制定长期、中期和短期的综合海洋建设政策”，印尼政府经过3年的酝酿和实践，出台了海洋权益保护和开发的首部战略性政策

① “CSIS Advocates a Unified Approach to Maritime Policy,” *The Jakarta Post*, March 8, 2016.

文件《2017年第16号关于海洋政策的总统规定》，为印尼的海洋发展提供了亟须的制度稳定性。

《2017年第16号关于海洋政策的总统规定》分为长期战略和短期行动计划两部分。第一部分全面规定了海洋发展的战略性内容，包括长期目标、行动原则、7个支柱、实施规则和管理结构等纲领性的制度框架。在此基础上拓展的第二部分制定了2016—2019年短期行动规划，提出了具体、可量化的短期行动目标，将76项战略目标细化成425项活动和330项短期目标。这种“长期战略加短期目标”的框架使海洋战略既具有目标上的开放性又具有实践上的可行性。

《2017年第16号关于海洋政策的总统规定》明确了海洋战略的长期战略目标，即“使印尼成为主权完整、先进、自主、强大且能够顺应国家利益为地区和世界带来安全与和平的海洋国家”。[①] 其具体战略目标涉及海洋资源的开发和管理，提升人力资源水平，强化海洋安全和主权，强化海洋管理秩序，实现滨海和小岛居民的平等和繁荣，培育海洋产业，建设海上基础设施，完善海上空间规划，加强海洋环境保护，实践海洋外交和培育海洋文化。[②] 从《2017年第16号关于海洋政策的总统规定》的文本和佐科政府的政策看，印尼海洋战略的首要目标是国内目标，即维护主权和领土完整，促进经济发展和社会平等。其次要目标是使印尼成为地区秩序的协调者甚至领导者。协调的方式是通过东盟机制帮助中、美、印等大国形成合力，在不威胁印尼国家利益的前提下促进地区和平。[③]

印尼海洋战略的基本原则是服务于国家利益和最广泛的印尼人民。《2017年第16号关于海洋政策的总统规定》没有清晰定义何为国家利益。至于“最广泛的印尼人民”的概念，基本原则下六项子原则[④] 中的第一条，重新强调了苏加诺时期提出的努山塔拉观念（Wawasan Nusantara），即印尼群岛的政治、经济、社会、文化、国防和安全形成统一的整体，那么服务于最广泛的印尼人

① 见《2017年第16号关于海洋政策的总统规定》第1条，参见“Perpres Nomor 16 Tahun 2017,” https://peraturan.bpk.go.id/Home/Details/62168。

② 见《2017年第16号关于海洋政策的总统规定》附件一第4章第1条，参见“Perpres Nomor 16 Tahun 2017-Lampiran,” https://peraturan.bpk.go.id/Home/Details/62168。

③ 见《2017年第16号关于海洋政策的总统规定》附件一，参见“Perpres Nomor 16 Tahun 2017-Lampiran,” https://peraturan.bpk.go.id/Home/Details/62168。

④ 见《2017年第16号关于海洋政策的总统规定》附件一第4章第2条，参见“Perpres Nomor 16 Tahun 2017-Lampiran,” https://peraturan.bpk.go.id/Home/Details/62168。

民的意思不等于为绝大多数国民（如爪哇人或穆斯林）服务，而是应考虑到不同族群、宗教、阶层、地区等全体国民，在此文件中海洋短期发展政策尤其向偏远岛屿的贫困居民倾斜。其他五项子原则包括可持续发展原则、蓝色经济原则、综合透明的管理原则、广泛参与原则以及公平和均等原则。印尼海洋战略的原则体现了“平衡”的核心思想，即东西部平衡（努山塔拉观念）、发展与环境平衡（可持续发展原则）、陆海平衡（蓝色经济原则）、贫富平衡（公平和均等原则）、决策者与参与者平衡（综合透明的管理原则以及广泛参与原则）。

基于2014年11月13日佐科在东盟峰会上阐述的5个支柱，《2017年第16号关于海洋政策的总统规定》增加了“海洋管理和机构”与“海洋空间管理和海洋环境保护”两个支柱，形成了结构较为完整的海洋战略内容。7个支柱是指：（1）管理海洋资源、发展人力资源；（2）海上国防、安全和执法；（3）完善海洋管理和机构；（4）发展海洋经济、海洋基础设施和促进繁荣；（5）海洋空间管理和海洋环境保护；（6）普及海洋文化；（7）进行海洋外交。

印尼海洋战略的实施规则由法律法规、筹集资金、行动计划、实施机构和监督评估五方面构成。执行海洋战略应遵循现行法律法规，特别是与海洋战略相关的法律法规。自2013年至2018年8月，印尼国会、中央政府、总统、相关部委等共出台了约370项涉海法律、法规、条例，其中涉及渔业管理的规定数量最多。最重要的涉海法律是2014年通过的《海洋法》。该法案从瓦希德执政时期开始讨论，直到苏西洛卸任前期才得以批准。《海洋法》是制定印尼海洋战略和行动计划的法律基础，《海洋法》第13条规定政府应“制定长期、中期和短期的综合海洋建设政策”，正是2017年海洋战略和短期行动规划的基础。

印尼海洋战略的项目资金源于中央政府和地方政府预算、银行贷款、私营部门和社会资源。《2017年第16号关于海洋政策的总统规定》特别强调企业的社会责任、国企和市政发展资金向合作单位直接借贷等多种筹款方式。[①]

行动计划是指围绕7个支柱设定的具体执行计划。印尼海洋战略的第一个行动计划（2016—2019年）与海洋战略在一个法律文件（《2017年第16号关于海洋政策的总统规定》）中同时推出。各执行部门对政策实施的评估结果将

① 见《2017年第16号关于海洋政策的总统规定》附件一第6章第10条，参见“Perpres Nomor 16 Tahun 2017-Lampiran,” https://peraturan.bpk.go.id/Home/Details/62168。

成为日后修订政策和行动计划的基础。

印尼海洋战略的执行采用跨部门、多层次的网状执行结构。为此中央政府对海洋相关部门结构进行了调整。《2017年第16号关于海洋政策的总统规定》明确了海洋政策设计、执行和监督的横纵分权框架。分权包括两种，一种是依据不同领域和职能向各部门分配政策制定和执行权利的横向分权。《2017年第16号关于海洋政策的总统规定》第6条将制定和修订具体政策的权利下放给各相关部门的部长或机构领导，将执行政策的权利赋予相关行政部门或机构。佐科政府在2014年组建了海事统筹部作为海洋战略的顶层统筹机构，统筹能矿部、交通部、海洋和渔业部以及旅游部4个与海洋战略联系最密切的部门。海事统筹部下设4名副部长，分管海洋主权、自然资源和服务、基础设施、人力资源与科技文化。《2017年第16号关于海洋政策的总统规定》规定，海事统筹部负责监督和评估各部门出台的海洋政策，并在与其他统筹部门协调后，至少每年向总统汇报一次。[①]

另一种分权是指中央政府与地方政府之间的纵向分权。目前，省级政府拥有管理12海里内领海中自然资源的权利，因此领海自然资源的开发必须得到省政府的许可。此外，海岸保护、禁渔期、恢复海洋生态等政策还需要省级和县级政府协作才能执行。行动计划将任务分配给相应的职能部门（部级单位）后，部级单位通过省级/县级地方办公室传达任务，通过地方办公室与地方政府合作完成任务。职能分权（横向）和央地分权（纵向）构成了执行海洋战略的基本网络框架。跨部门、多层次的网状执行结构是国际上比较先进的整合模式（integrated approach）的海洋战略执行架构，较少有国家能够达到这种结构设计的要求，让这套架构能顺利运转则更为困难。

印尼海洋战略的重要意义在于将“全球海洋支点”战略制度化，对此后的海洋开发具有奠基性意义和纲领性作用。印尼海洋战略涵盖内容全面、管理结构合理，推出之后在印尼国内的反响较为正面。2019年佐科总统连任，未来印尼发展战略应基本延续他第一任期的大方向，“全球海洋支点”战略仍然是重头戏。

印尼海洋战略也有一些不足之处。第一，战略和短期行动规划提出的国防和海洋外交的目标模糊，这是“全球海洋支点”战略从提出之日起直到现在

① 见《2017年第16号关于海洋政策的总统规定》第6条和第7条，参见“Perpres Nomor 16 Tahun 2017,” https://peraturan.bpk.go.id/Home/Details/62168。

一直被诟病的地方，在新战略规划中仍没有加以强调。① 第二，海洋战略的核心领导机构的领导力低。整合模式的海洋战略执行结构要求存在一个强有力的中心部门整合各部门的工作并起到监督作用，印尼海事统筹部就处于这样一个核心地位。然而因为部长卢胡特深得总统信任，他经常被指派去承担与海洋事务关系不大的任务，如承担与中国合作的“三北一岛”区域综合经济走廊项目对接的任务，负责芝塔龙河修复工作，担任雅加达—泗水中速铁路项目的赴日特使等，与海洋关系不大的事务占用了海事统筹部的大量行政资源。第三，2016—2019年海洋行动计划缺少新项目。大部分出现在文件中的项目是过去已经提出和正在执行的项目，因此整个短期计划显得四平八稳，缺乏自信和亮点。

## 三、印尼海洋经济的重点建设项目

印尼海洋战略有三个重要的海洋经济发展计划，即海上高速公路、海洋旅游业和海洋经济特区。

### （一）海上高速公路

印尼海上高速公路是“全球海洋支点”战略中优先级最高的基础设施项目。海上高速公路是指“有效的海上联通性，从印尼西部到印尼东部有日常的、有计划安排的通航船只”。② 其基本要求是有存量（availability）、可获得（accessibility）和成本可担负（affordability），即照顾到偏远、落后和边界地区的交通和物流需求，降低东西部交通和物流的价格差异，以改善偏远地区人员和物资交流不畅的问题。海上高速公路项目由若干个产业和环节构成，包括航道维护、海港建设、船舶制造、航行安全和投资环境。

在维护航道航运权利方面，印尼政府通过立法维护国内载运权，即制定和实施航道法律法规的排他性权利。2005年印尼政府制定了若干关于国内载运权的法律法规。2005年第5号关于发展国家航运业的总统指示中首次定义了国内载运权。2008年第17号《航运法》第八条规定，自2010年起载客和载货的

---

① Muhibat, Shafiah F., “Indonesia’s New Ocean Policy: Analysing the External Dimension,” Maritime Affairs, *Journal of the National Maritime Foundation of India* 13, no.2 (2017): 50-61.

② 资料源于2017年8月印尼海事统筹部主办的海洋基础设施论坛上印尼交通部海上交通司代表发言的幻灯片。

沿海航行权仅属于印尼船只。2011年第22号政府规定和2011年第48号交通部长规定对国外船只的沿海航行权进行了更清晰的规定。对国内载运权的规定保障了印尼船只在本国河流和领海的载运权利。印尼维护航道的另一项措施是增加海上公共交通航线。在2016—2019年短期行动计划中，印尼期望建成9条海上公共交通航线，并增加百余艘新船增加海上公共交通航线的频率。印尼计划每年计划新增96条先锋航道和一条运送牲畜的转运航道，以提升偏远岛屿的交通便利性。

在海港建设方面印尼面临多重问题，主要表现为海港的驻留时间过长，陆海交通衔接不畅，缺乏优秀的深水港和海港收费高。印尼海港建设的远期目标是建成枢纽港—集散港—次级集散港的三层港口系统。建成后的系统将拥有5座深海枢纽港，即吉拉丹绒港（Kuala Tanjung）、丹绒帕里港（Tanjung Priok）、丹绒皮拉克港（Tanjung Perak）、望加锡港（Makassar）和比通港（Bitung）。19座集散港（feeder port，见图1和表1）和100座次级集散港（sub-feeder port）。2016—2019年短期行动计划提出以下目标：建设24个战略海港，包括19个集散港和5个枢纽港；完成100座非商用港的新建和续建工作；建设大雅加达周边地区、三宝垄、泗水等城市周边的陆港；建设保税物流中心；继续通过填海建设卡里巴鲁—雅加达海港；建设通往港口的公路和铁路；加强海港硬件和软件管理，与国家单一（服务）窗口（INSW）接轨；建设3个国防战略港，即纱笼港、比通港和萨温拉基港（Saumlaki）。

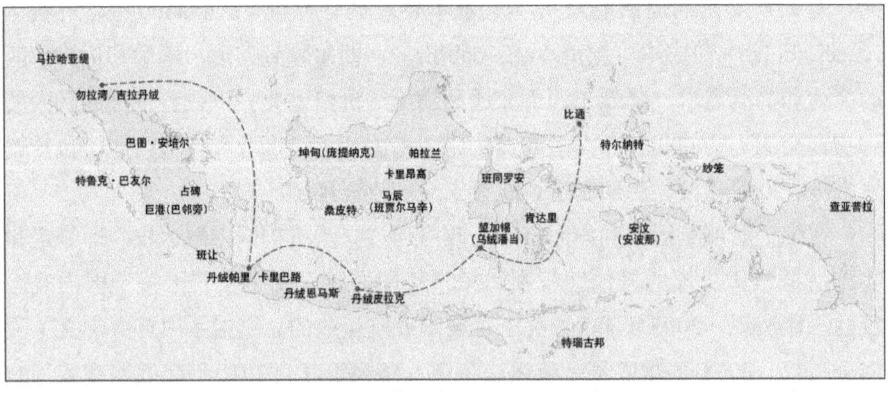


**图1　印尼“海上高速公路”海港建设示意图**

资料来源：祁怀高：《中国与“一带一路”沿线支点国家发展战略对接研究》，世界知识出版社，2019，插页18。审图号：GS（2019）200号。

注：本文的港口中文译名参考印度尼西亚共和国法律与人权部下发《〈关于对获得免签的外国人的来访目的和条件进行检查的指定边境站点〉的法律与人权部部长规定》（2016年第17号）

http://id.chineseembassy.org/chn/lsfw/zytz/P020161205463740181627.docx。

表1　印尼19座集散港

| 编号 | 集散港 | 编号 | 集散港 |
|---|---|---|---|
| 1 | 马拉哈亚缇 | 11 | 巴厘巴板的卡里昂高 |
| 2 | 巴淡的巴图·安培尔 | 12 | 沙马林达的帕拉兰 |
| 3 | 特鲁克·巴友尔 | 13 | 班同罗安 |
| 4 | 占碑 | 14 | 肯达里 |
| 5 | 巨港（巴邻旁） | 15 | 特瑙古邦 |
| 6 | 班让 | 16 | 特尔纳特 |
| 7 | 三宝垄的丹绒恩马斯 | 17 | 安汶 |
| 8 | 坤甸（庞提纳克） | 18 | 纱笼 |
| 9 | 桑皮特 | 19 | 查亚普拉 |
| 10 | 马辰（斑贾尔马辛） | | |

资料来源：作者整理。

在船舶制造方面，印尼面对的主要问题是船舶制造工业技术水平较低，成本控制不佳，以及东西部造船业水平差距过大，其结果是每年全国的船厂只能建造200—300艘新船，[①] 新船中只有约1/10为完全国产，零部件国产率低且没有能力建造远洋渔船。印尼政府提出3个努力方向：建设新的造船厂，在新法律法规框架下建立国有造船厂，出台行业振兴计划和配套政策鼓励船舶制造业发展。2016—2019年短期行动计划提出了一些切实可行的目标，如将造船工艺和零件规格标准化，提升15种配件的国产比例，为国内技术进入市场培育良好环境，培训760名造船专家等。这些目标虽然定量化、易于实现和考核，但是相比其雄心勃勃的港口建设计划，印尼政府在提升船舶制造业方面显得缺乏信心、资本投入和长远规划。

在航行安全方面，印尼主要通过提升海上通信质量、提升救援速度和能力，疏通繁忙航道来应对和预防航行中出现的危险。2016—2019年短期行动计划要求增加548个导航援助设备，建设和升级29个船舶交通系统，建设和升

① Bambang Prihartono, “Pengembangan Tol Laut Dalam RPJMN 2015-2019 dan Implementasi 2015,” BAPPENAS，2015, p.34.

级121个全球海上遇险与安全系统（global maritime distress and safety system），建设72个航行通信系统，设立天气预报系统，采购搜救船、直升飞机等设备，进行搜救演习，还要求在主要海港确定航道，在龙目海峡和巽他海峡确定分道航行制（traffic separation scheme）等。

在投资环境方面，印尼面对的主要问题是船舶制造行业的贷款利率过高①和海港基础设施的巨额投资难以担负的问题。为此，印尼政府倡议国有资产部门与私营部门合作融资，并降低相关产业的准入门槛，吸引更多外资到印尼投资，同时承诺减少投资准证的申请程序和时间。

在佐科第一任期中，海上高速公路建设取得了初步效果。2014年印尼位于物流表现指数（LPI）第53名，2018年提升到第46名，然而基础设施仍有较大的提升空间。

### （二）海洋旅游业

印尼拥有漫长的海岸线，蕴含丰富的海洋旅游资源，潜力巨大但开发不足，只有巴厘岛和巴淡岛是享誉国际的海洋旅游圣地。印尼政府在《2015—2019年中期建设发展规划》中提出发展“自然旅游、文化旅游、创意旅游”的目标。自然旅游包括海洋旅游、生态旅游和探险旅游，其中设定海洋旅游产业占自然旅游产业的35%。在印尼海洋旅游资源中，60%属于海岸资源，25%属于海景资源（如游船），15%属于海底资源（如浮潜和潜水）。②2017年印尼海洋战略对发展海洋旅游业的一项政策革新是将海洋旅游与海洋环境保护与可持续发展合并成为一个类目。

印尼发展旅游业的整体政策被称为“3A”，即精彩的景区（ATRAKSI）、交通与通信接入（AKSES）和便利的服务（AMENITAS）。在建设精彩的景区方面，印尼政府在2016年确定建设10个“新巴厘岛”（即新印尼旅游景观）的国家规划，它们是北苏门答腊省的多巴湖（Danau Toba）、勿里洞岛的丹绒克拉杨（Tanjung Kelayang）、万丹省的丹绒乐宋海湾（Tanjung Lesung）、日惹附近的婆罗浮屠（Borobudur）、爪哇岛的布罗莫—腾格尔—斯摩鲁火山

① Tulus Warsito, “Geostrategi Maritim Indonesia Dalam Perspektif Diplomasi,” in Jalan Kemandirian Bangsa, Jakarta, *Kompas Gramedia, 2014*, pp.149-56.

② Kemenpar, “Menteri Pariwisata: Wisata Bahari Ditargetkan Hasilkan Devisa 4 Miliar Dolar Amerika Di 2019,” Kemenpar, July 31, 2015, http://www.kemenpar.go.id/post/menteri-pariwisata-wisata-bahari-ditargetkan-hasilkan-devisa-4-miliar-dolar-amerika-di-2019.

（Bromo—Tengger—Semeru）、西努沙登加拉省的漫达丽佳（Mandalika）、东努沙登加拉省的纳闽巴霍（Labuhan Bajo）、雅加达北部的千岛（Kepulauan Seribu）、中南苏拉威西省的瓦卡托比（Wakatobi）和北朋古鲁县的摩罗泰岛（Morotai）。其中，瓦卡托比、摩罗泰岛、丹绒克拉杨、千岛4个景点同时出现在2015—2019年国家旅游产业重点扶植的海洋旅游目的地名单中，得到交通部、公共工程和住房部和国企部的联合支持。

建设10个“新巴厘岛”预计将花费500兆印尼盾（约合2438亿元人民币）。2019年，印尼中央政府各部门、国企和地方政府共为旅游业出资170兆印尼盾（约合830亿元人民币）。[①] 在巨大的投资压力下，印尼希望与国外政府、国外投资者和国内投资者合作加快旅游区建设。2019年，印尼提出与菲律宾、马来西亚、新加坡等周边国家共同推出海洋主题特色旅游，推出如马尼拉—美娜多、达沃—美娜多的潜水旅游路线。[②]

在建设交通和通信设施方面，中央和地方政府将承担起主要责任。目前，许多印尼景区交通基础设施情况不佳，机场、铁路、公路、航运都有待提高，通信网络覆盖率和速度也比较落后，成为制约旅游业发展的最大障碍。旅游产业竞争力指数显示，印尼旅游业得分较低的方面是医疗、公共卫生设施和通信网络基础设施。中央政府已确认出资1兆印尼盾（约合4.9亿元人民币）用于建设10个新印尼旅游景点的基础设施。[③] 公共工程和住房部已经着手修缮景区的道路、给排水、垃圾处理站和绿地等公共设施。完善基础设施是提升海洋旅游质量的最紧迫需求，但是由于基础设施投资大、资金回收慢、无政府担保的特点，政府想吸引私营部门投资比较困难。目前，印尼中央和地方政府尝试的一种创新模式是将旅游景区批准建设成为经济特区，用减免税收的办法吸引私营部门投资到基础设施建设中。

在提升旅游服务方面，印尼政府邀请私营部门一起合作，提升景区的服务体验。印尼政府推出旅游准入便利政策和营商便利政策。根据2016年第21号

① Hiramsyah S.Thaib, “Strategi Pengembangan Kepariwisataan Indonesia,” Kemenkeu, accessed July 5, 2019.

② Aji Cakti, “Kemenpar ingin kembangkan wisata bahari sebagai ‘dual destinations’,” *Antara News*, June 18, 2019, https://www.antaranews.com/berita/918072/kemenpar-ingin-kembangkan-wisata-bahari-sebagai-dual-destinations.

③ Melisa Riska Putri, “Pemerintah Tenderkan Infrastruktur 10 Kawasan Wisata Strategis,” Republika, May 29, 2017, https://www.republika.co.id/berita/ekonomi/makro/17/05/29/oqpc75383-pemerintah-tenderkan-infrastruktur-10-kawasan-wisata-strategis.

总统规定，169个国家获得落地免签待遇，而2013年仅有15个国家有落地免签待遇。为了支持海洋旅游业，政府简化了游艇到达手续，进入准证申请时间由过去的3周缩短为3个小时。政府撤销了游轮国内航行权原则，允许外国游轮在5个主要海港停靠。

佐科第一任期的旅游产业发展很快，但可能达不到预期水平。在吸引国外游客方面，印尼成效显著、成绩斐然。2017年，英国《每日电讯报》称印尼进入全球旅游产业发展最快国家前20名。① 2018年全年到印尼旅行的国外游客达到1581万人次，② 比2014年增加了约680万人次。截至2019年4月，到印尼旅游的国外游客仅达到512万人次，③ 距离2000万人次目标还有一定距离。从旅游业营收来看，2019年旅游业成为印尼外汇重要来源行业。然而，世界银行指出外国游客到印尼的消费平均只有165美元，低于马来西亚、越南、斐济、哥斯达黎加等国家，印尼应想办法将快速增加的游客数量转化为外汇营收。④ 尽管如此，印尼旅游业仍然发展势头迅猛，未来可期。

### （三）海洋经济特区

印尼的经济特区是指在具有一定经济优势或地理战略优势的地区，由中央政府批准给予一定政策便利和自主性的物流、商贸、高科技、加工、能源、旅游等产业园区。印尼的海洋经济特区是指依托当地海洋交通、海洋生物和非生物、海洋旅游等资源建成的经济特区。经济特区受全国经济特区管委会和省级经济特区管委会管理，具有一定的政策自主性（见图2）。

---

① Oliver Smith, "The Surprising Places Where Tourism Is Growing Fastest," *The Telegraph*, June 27, 2017, https://www.telegraph.co.uk/travel/lists/the-surprising-places-where-tourism-is-growing-fastest/.

② Kontan, "Jumlah Turis Asing Ke Indonesia Capai 15,81 Juta Kunjungan Selama 2018," Kontan, February 1, 2019, https://nasional.kontan.co.id/news/jumlah-turis-asing-ke-indonesia-capai-1581-juta-kunjungan-selama-2018.

③ Koran Sindo, "BPS Catat Kunjungan Wisatawan Mancanegara Belum Optimal," Okezone, June 11, 2019, https://economy.okezone.com/read/2019/06/11/320/2065186/bps-catat-kunjungan-wisatawan-mancanegara-belum-optimal.

④ Francisca Christy Rosana, "Bank Dunia Soroti Rendahnya Belanja Wisata Bahari di RI," Tempo, June 4, 2019, https://bisnis.tempo.co/read/1220116/bank-dunia-soroti-rendahnya-belanja-wisata-bahari-di-ri.

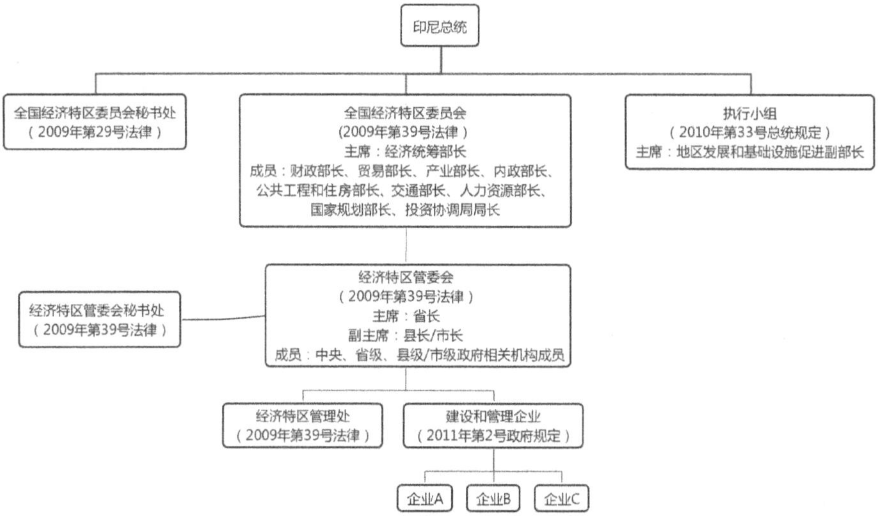


**图2　印尼经济特区管理结构**

资料来源：作者根据网络数据翻译、整理，网站网址：http://kek.go.id/kelembagaan。

开发商和主要产业经营者能得到税务假期的优惠，如投资超过1万亿印尼盾（约合7692万美元），则在10—25年可减免20%—100%的收益税；如投资超过5000亿印尼盾（约合3846万美元），则在5—15年享受20%—100%的收益税减免。其他经营者可以得到税务减免的优惠，如营业前6年的净收益税折扣30%、加速折旧、纯益税税率为10%等。此外，还有免缴进口商品收益税，免缴奢侈品增值税和销售税，免除或延期缴纳进口关税，快速办理移民局许可、土地许可、雇佣许可、投资许可等优惠政策。

目前，印尼政府共批准建立12个经济特区，全部位于滨海地区。其中8个经济特区由前任总统苏西洛批准，4个在佐科第一任期批准。苏西洛批准的经济特区大多是产业型经济特区。仅在2014年5—7月3个月内就批准了5个经济特区，显然与当年总统选举有关。佐科第一任期内批复经济特区较为谨慎，目标也更加明确。他提出经济特区基于3项目标，即加速爪哇岛以外的经济发展，均衡发展全国经济，加强各地互联互通，并通过这种互联互通关系改善全国各地的物流供应系统。[①] 8个经济特区已经基本建设完毕，只有纱笼港和丹绒亚皮—亚皮（Tanjung Api-api）特区还在建设中。

① 中国驻印尼使馆经济商务参赞处:《印尼政府拟再建14个经济特区》，2017年8月2日。

12个经济特区分别为：（1）万丹省丹绒勒松（Tanjung Lesung）：海洋旅游产业型经济特区。它通过2012年第26号政府规定设立，以海上运动、宾馆酒店、高尔夫和旅游专科学校为主要经营项目，面积1500公顷。（2）双溪芒克（Sei Mangkei）：产业型经济特区。它通过2012年第29号政府规定设立，是佐科总统上任后批准运营的第一个经济特区（2015年1月27日），主要产业为棕榈油和橡胶下游制品加工，面积2002公顷。（3）巴鲁（Palu）：产业型经济园区。它通过2014年第31号政府规定设立，面积1500公顷，经营范围包括物流、农业、矿产（镍、铁、金）加工和手工业。（4）比通：海港型经济特区。它通过2014年第32号政府规定设立。比通是北苏拉威西省的国际港口，经济特区占地1101.6公顷，北苏拉威西省政府是管理方。（5）莫罗泰（Morotai）：海洋旅游产业型经济特区。它通过2014年第50号政府规定设立，主要产业包括旅游、渔业、物流。（6）丹绒阿比—阿比（Tanjung Api-api）：海港—产业型经济特区。它通过2014年第51号政府规定设立。该地是南苏门答腊的国际港口，港口腹地是著名的棕榈油和橡胶产地，经济特区占地2030公顷。（7）曼达利卡（Mandalika）：海洋旅游产业型经济特区。它通过2014年第52号政府规定设立，主要产业包括农业和生态旅游，面积1250公顷。（8）跨加里曼丹马雷巴杜达（MBTK）：产业型经济园区。它通过2014年第85号政府规定确立，主要产业是棕榈制品加工，占地面积557.34公顷。（9）丹绒格拉央（Tanjung Kelayang）：海洋旅游产业型经济特区。它通过2016年第6号政府规定设立，位于勿里洞岛，特色是白色沙滩和当地文化，占地324.4公顷。（10）纱笼：海港型经济特区。它通过2016年第31号政府规定设立，位于印尼东部的巴布亚省，占地面积523.7公顷，是缩小东西部差异和实现互联互通的战略性港口和经济特区。该地产业基础比较薄弱，正在发展的产业包括造船厂、采矿和物流业等。（11）阿伦司马威（Arun Lhouksemawe）：产业型经济特区。它通过2017年第5号政府规定设立，位于苏门答腊岛北部、马六甲海峡南部的亚齐特区，主要产业为能源、石化、农产品、物流。（12）卡朗巴塘（Galang Batang）：产业型经济特区。它通过2017年第42号政府规定设立，位于重要的战略咽喉位置，坐落于廖内群岛省民丹岛上，周边有马六甲海峡、民丹自由港、菲利普海峡，主要产业为矿产品（铝土矿）加工和衍生产品加工制造。

## 四、中国与印尼海洋合作的机遇和对策

中国与印尼海洋合作的机遇在于“21世纪海上丝绸之路”与“全球海洋支点”战略具有相似的思想基础。两国都支持发展“蓝色经济”，这是两国海洋合作的思想基础。蓝色经济是指在考虑资源和环境承载能力的基础上统筹和整合陆地与海洋的发展，即“陆海统筹、协调发展”。从20世纪90年代开始，中国的蓝色经济开始快速发展，2015年前在国内生产总值中占比达10%，研发经费占海洋经济总产值的2%。[①] 中国将蓝色经济理念融入了“一带一路”倡议中。在2017年《“一带一路”建设海上合作设想》中，中国政府提出“推动建立全方位、多层次、宽领域的蓝色伙伴关系，保护和可持续利用海洋和海洋资源，实现人海和谐、共同发展，共同增进海洋福祉，共筑和繁荣21世纪海上丝绸之路”。2014年印尼《海洋法》中也将蓝色经济制定为海洋管理的原则。因此，以海洋保护为基础，可持续性开发海洋，造福于广大人民的蓝色经济是中国和印尼两国海洋开发和海洋合作的共同目标。

两国的海洋战略具有互补性是两国合作的必要条件。印尼海洋战略着重于海上交通和岛屿的基础设施建设，这恰好是中国有技术实力且有一定融资能力可以提供帮助的方面。根据印尼2015—2019年建设规划，基础设施需要约5500万亿印尼盾（4万多亿美元），而国家财政预算仅能提供36%，需要国外直接投资和国内私营资本补充，目前资金仍有较大缺口。中国有条件通过亚投行、丝路基金、中国—东盟投资合作基金或省市一级的专项资金提供支持。另外，中国和日本在东南亚国家的第三方合作也是一个可以考虑的协作框架。

中印尼在“一带一路”框架下第一阶段的标志性合作项目是雅万铁路，第二阶段的重点合作领域非海洋合作莫属。2017年中国国家发展改革委和国家海洋局联合发布的《“一带一路”建设海上合作设想》提出推进“东亚海洋合作平台”和“中国—东盟海洋合作中心”建设，共同推进海洋经济发展示范区建设，得到了印尼的欢迎和支持。[②] 2018年，李克强总理访问印尼期间，印尼

---

① 迈克尔·康森、斯科特·摩尔：《中国和美国对蓝色经济的开发》，美国进步中心网站，2015年5月，https://cdn.americanprogress.org/wp-content/uploads/2015/07/22131014/ChinaBlueEcon-report-CN.pdf。

② 《中国与印尼更高水平合作前景光明》，中国驻印尼大使馆网站，2018年2月12日，http://id.china-embassy.org/chn/zgyyn/t1534310.htm。

主推的“三北一岛”区域综合经济走廊项目得到了中方的认可，双方签署了谅解备忘录，一些中国机构和企业已经向以上项目投资。2018年10月，两国政府签署共同推进“一带一路”和“全球海洋支点”战略建设的谅解备忘录，标志着双方对接发展合作迈上新台阶、步入新阶段。①

考虑到印尼海洋战略中互联互通的优先目标和中国企业最关心的投资收益问题，建议发展“经济特区+港口联动”模式。中国是印尼第一大贸易伙伴，货物基本依靠海洋运输，但印尼海港质量和数量都急需提升，因此港口基础设施建设符合两国利益。然而，由于港口建设开发时间长、资本投入多、投资回款慢的特点，以及印尼港口行业被国企垄断的市场现状，中国企业直接参与投资印尼港口的难度很大。为了解决上述问题，可以考虑推动港口型经济特区模式。港口以服务产业园进出口原材料和货物为主要目的，剩余的装卸和仓储能力可以租赁给印尼国企发展公共海上运载服务，或与印尼国企按港口利用的需求比例合资建造港口。如果印尼政府和国企没有足够的资金出资建港，中资企业可与地方政府、国企共同向中央政府提议将港口产业园升级为经济特区或自贸区，通过使投资者享受投资和税务优惠政策进行补偿性投资。

尽管中印尼两国海洋合作前景光明，然而我们也必须看到，许多中国企业满怀诚意到印尼投资，但项目却半途而废、无功而返。印尼虽然急需中国的技术和资金支持海洋战略起飞，但同时又对中国投资者有一些误解和偏见。印尼社会对中国投资常常有如下偏见：中国投资“来得快”（投资评估不谨慎），中国承接的工程造价低但施工质量差，中国劳工抢占本地人工作机会，中国投资者只和印尼华人企业合作，中国投资者不尊重本地宗教或习俗。在未来的两国海洋合作中，应注意以上偏见的来源，在改善中国投资者自身行为的前提下，与印尼官员、企业和媒体等相关方面做好沟通和社会舆论的疏导工作。中资企业也应沉下心来，用扎根本地的心态踏实地生长在印尼的土壤里，增强与本地群众和社会组织的联系，用时间和心意的投入，而不仅仅是金钱的投入，换来投资的安全，与印尼人民携手将“21世纪海上丝绸之路”和“全球海洋支点”战略转化成为和平、繁荣、开放、创新、文明之果。

---

① 王凤娟、王芳：《专访中国驻印尼大使肖千——“一带一路”对接“全球海洋支点”前景光明》，中国报道网，2019年1月7日，http://www.chinareports.org.cn/djbd/2019/0107/7437.html。

# Indonesia's Maritime Strategy and Maritime Economy

XUE Song

**Abstract** As the largest archipelagic country in the world, Indonesia enjoys abundant marine resources and great development potential. Indonesia guards the Strait of Malacca, and there are three busy international shipping lanes cross its territorial waters. Therefore, the ocean is the lifeblood of Indonesia's security and prosperity, while Indonesia's maritime security also has a direct impact on global trade and the flow of global strategic goods. In 2014, Indonesian President Joko Widodo proposed the Global Maritime Fulcrum. In 2017, after three years' practice, Indonesia promulgated its first comprehensive maritime strategy and short-term action plan in history, which focused on the inter-island connectivity and aimed at the sustainable development of the Marine economy. The strategy provides institutional stability for the Global Maritime Fulcrum, but at the same time, it has shortcomings like unclear goals on national defense and maritime diplomacy, weak leadership of core lead agency, and the lack of new projects. This paper introduces three important development plans of Indonesia's marine strategy, including marine highway program, marine tourism, exclusive economic zone. Besides, China's BRI is similar to Indonesia's Global Maritime Fulcrum in strategic direction. Therefore, based on consensus and the principle of reciprocity, this paper points out the direction of future cooperation on promoting industrial parks to exclusive economic zone or free trade areas and the interconnected development of ports.

**Keywords** maritime strategy; marine economy; Global Maritime Fulcrum; the Belt and Road Initiative; 21st Century Maritime Silk Road

**Author** Xue Song, assistant researcher of School of International Studies of Fudan University.

# 印尼—南太岛国跨区域合作与“21世纪海上丝绸之路”南线建设新路径

宋凌宇　宋秀琚

【内容提要】印度尼西亚与南太平洋岛国（南太岛国）日臻成熟的跨区域合作，对我国“21世纪海上丝绸之路”南线建设具有启发意义。一方面，地缘、历史和文化等因素催生的跨区域主义，是印尼—南太岛国跨区域合作的基础。政治、经济与安全层面的密切关联与相互影响，又为其跨区域合作提供了动力。另一方面，印尼—南太岛国跨区域合作依托丰富多元的平台与机制，具有针对性、灵活性和有限性等特征。因此，“21世纪海上丝绸之路”南线建设应对既有的国际合作模式进行调整，寻求中国—印尼—南太岛国跨区域合作的新路径。

【关键词】印度尼西亚；南太平洋岛国；“21世纪海上丝绸之路”；跨区域合作

【作者简介】宋凌宇，华中师范大学政治与国际关系学院硕士研究生；宋秀琚，华中师范大学政治与国际关系学院副教授、中印尼人文交流研究中心（教育部备案）副主任。

2017年，国家发展和改革委员会、国家海洋局制定并发布《“一带一路”建设海上合作设想》，提出经南海向南进入太平洋，共建中国—大洋洲—南太平洋蓝色经济通道，加强与“21世纪海上丝绸之路”沿线国家对接，推动建立蓝色伙伴关系。[①] 目前，“21世纪海上丝绸之路”南线应发挥的“蓝色引

① 国家发展改革委、国家海洋局：《“一带一路”建设海上合作设想》，中国政府网，2017年6月20日，http://www.gov.cn/xinwen/2017-06/20/content_5203985.htm。

擎”作用有待提升。究其原因，有三方面因素。一是“一带一路”建设已形成的“六廊六路多国多港”[①]合作框架，覆盖的国家和地区多集中于北线和中线，而南线的合作机制不足。二是印尼和南太岛国在“21世纪海上丝绸之路”南线建设中的定位有待进一步明晰。印尼是“21世纪海上丝绸之路”首倡地、东南亚区域大国、世界“中等强国”，也是“21世纪海上丝绸之路”建设中的“重点合作国家”。[②]南太岛国常被视为“小岛屿发展中国家”（small islands developing states），但也是“大型海洋发展中国家”。它们在亚太乃至印太区域的战略地位日益提升，对“21世纪海上丝绸之路”南线的影响和作用也日益凸显。三是中国与印尼、南太岛国间已有的合作平台和机制，分别以中国—印尼、中国—南太岛国这种“点对点”的合作形式展开。例如，“中印尼海洋与气候中心”“中国—太平洋岛国经济发展合作论坛”等。在全球化和区域化纵深发展的趋势下，印尼与南太岛国间的跨区域主义特性并未得到重视。

本文将分析印尼—南太岛国跨区域合作的基础和动力，梳理印尼—南太岛国合作的机制与特征，并审视我国“21世纪海上丝绸之路”南线建设的既有路径，以探讨如何改进和完善现存问题，与印尼和南太岛国开展更具针对性和有效性的务实合作。

## 一、印尼—南太岛国跨区域合作的基础和动力

20世纪80年代，随着新区域主义（new regionalism）[③]的兴起（见表1），跨区域主义（trans-regionalism）应运而生，为不同的国际关系行为体营造了更广阔的交往互动空间，在地区聚合中发挥了重要作用。[④]与传统区域主义局限

① “一带一路”倡议六条经济走廊建设，包括“新亚欧大陆桥经济走廊”联通中国沿海、中亚内陆和西欧沿海；“中蒙俄经济走廊”盘活东北亚经济圈；“中国—中亚—西亚经济走廊”，密切中东、中亚与中国内陆的商贸联系；“中国—中南半岛经济走廊”和“孟中缅印经济走廊”联结中国西南和中南半岛内陆，增进太平洋和印度洋之间的联系；“中巴经济走廊”促进中国、巴基斯坦与印度洋西岸多国的进出口转运对接。

② 张洁：《海上通道安全与中国战略支点的构建》，《国际安全研究》2015年第2期，第107页。

③ 日本亚洲研究所研究员滨中慎太郎（Shintaro Hamanaka）区分了新区域主义的五种维度，将任何越过区域边界的国际交往模式都囊括其中。参见Shintaro Hamanaka, “Inter-regionalism in the Developing World Comparison with extra-, cross-, trans-, and pan-regionalism,” *Ide Discussion Paper*, No. 737, February 2019, p. 4.

④ 徐秀军：《地区主义与地区秩序：以南太平洋地区为例》，社会科学文献出版社，2013，第37页。

于特定的地理空间范围不同，跨区域主义涉及超出地区范围的交往与合作，任何两个及以上行为体跨越区域的联系都属于跨区域主义的范畴。[①] 跨区域主义的强化使跨区域化（trans-regionalization）成为国际关系发展的新趋势，引起全球政治、经济空间的分化重组，并建构了“跨区域伙伴关系”“区域全面伙伴关系”等跨区域合作的新模式。

**表1　新区域主义的五种维度**

| 区域间主义 (inter-regionalism) | 超区域主义 (extra-regionalism) | 经区域主义 (cross-regionalism) | 跨区域主义 (trans-regionalism) | 泛区域主义 (pan-regionalism) |
|---|---|---|---|---|
| 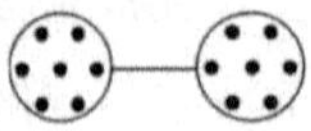 | 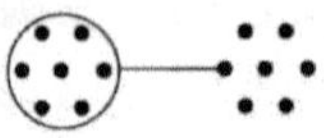 |  | 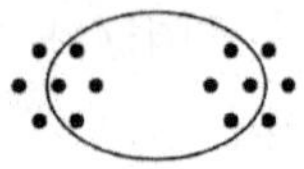 | 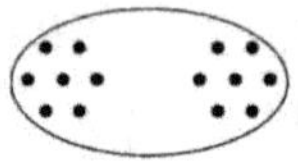 |

资料来源：Shintaro Hamanaka, “Inter-regionalism in the Developing World Comparison with extra-, cross-, trans-, and pan-regionalism,” *Ide Discussion Paper*, No. 737, February 2019, p. 4。

根据地缘政治学理论，海洋和大陆是地球的两个主要自然与人文地理环境，这两个环境衍生出不同的地缘政治结构。[②] 印尼与南太岛国虽然在地理上分属亚洲和大洋洲，但它们同为太平洋上相互连接的群岛国家，具有群岛型海洋国家的共同特性，这种共性使它们拥有相似的人文传统、精神和地缘政治面貌。在长期交往互动的过程中，印尼—南太岛国跨区域合作的基础——跨区域主义逐渐形成，日益加深的经济、政治和安全相互依赖与相互影响进一步为印尼—南太岛国跨区域合作提供了动力。

## （一）印尼—南太岛国跨区域合作的基础

在传统的地理和地缘政治视角下，印尼被划分为东南亚国家，南太岛国是大洋洲的小岛屿国家和地区。但随着传统政治和地理概念的逐渐淡化，这种带有地理区隔的划分不足以充分说明它们之间实际存在的复杂联系。[③] 阿米

① Vinod K. Aggarwal, Edward A. Fogarty (eds.), *EU Trade Strategies: Between Regionalism and Globalism* (Basingstoke: Palgrave Macmillan, 2004), p. 5.

② 索尔·伯纳德·科恩:《地缘政治学：国际关系地理学》上，严春松译，上海社会科学院出版社，2011，第39页。

③ Amitav Acharya, *Constructing Global Order: Agency and Change in World Politics* (Cambridge University Press, 2018), pp. 2-3.

塔·阿查亚（Amitav Acharya）认为，我们对“区域”观念的理解主要依赖于一些不可改变或预先规定的特征，如地理上的邻近、既定的自然位置、文化和语言上的相似性以及共同的历史经验。[①] 因此，我们需要以超越传统地缘政治的视角理解印尼和南太岛国的跨区域主义的产生。

跨区域主义的建构，基于共同的“空间”。国家或非国家行为体的紧密联系，都在“空间”中发挥作用。[②] 共同“空间”包括：经济空间，如建立自由贸易区，统一商业法规、劳动力市场等；商业空间，如跨国企业在跨区域的生产经营活动；政治空间，涉及政府间甚至超国家机构；社会文化空间，如文化和社会的认同、共同体的建构；等等。[③] 印尼—南太岛国跨区域主义的建构，也正基于地缘、文化和历史的共同“空间”。

首先，印尼和南太岛国在地缘上是天然的“近邻”。印尼群岛约由17508个岛屿组成，大部分位于太平洋北部，地跨南北两个半球，横卧两洋（太平洋和印度洋）两洲（亚洲与大洋洲），与南太岛国相接。1982年，印尼的“群岛国家”身份为《联合国海洋法公约》所承认。南太岛国是分散在太平洋南部的国家和地区，既包括独立的民族国家，又包括非主权的政治实体，这些国家和地区约由一万多个岛屿构成。绝大多数南太岛国的陆地面积较小，它们分属3个地理族群，即美拉尼西亚、密克罗尼西亚和波利尼西亚。[④] 南太诸岛国也是“世界小岛屿国家联盟”（AOSIS）的重要成员国。在地缘空间上，印尼最东部的巴布亚省（Provinsi Papua）与巴布亚新几内亚相接壤，在南太平洋的西南和西北部延伸出一座天然的“海路桥”。这使印尼与南太岛国共同构成太平洋岛国群，它们之间并不存在显著的地理分隔。这种地缘“近邻”关系，使它们在生存和发展中共享太平洋的海洋空间，面临相似的自然灾害和环境问题，也决定了印尼在制定外交政策时必须优先考虑与南太岛国的关系。[⑤]

其次，印尼和南太岛国拥有相似的文化血脉。群岛国家地理的破碎性和分

---

① 阿米塔·阿查亚:《建构安全共同体：东盟与地区秩序》，王正毅、冯怀信译，上海人民出版社，2004，第38页。

② Christopher M. Dent, “From Inter-regionalism to Trans-regionalism? Future Challenges for ASEM,” *Asia Europe Journal* 1, no.2 (May 2003): 224.

③ Thomas Renard, “Partnerships for Effective Multilateralism? Assessing the Compatibility between EU Bilateralism, (inter-) Regionalism and Multilateralism,” *Cambridge Review of International Affairs* 29 (2016): 2-19.

④ Greg Fry and Sandra Tarte (eds.), *The New Pacific Diplomacy* (Canberra: ANU Press, 2015): 4.

⑤ Kebijakan Luar Negeri Indonesia di Pasifik Selatan, “Menimbang Etnis Melanesia dalam Diplomasi Indonesia,” *Jakarta: P3K2 Aspasaf*, 2013, p. 8.

散性，以及特殊的历史发展进程，使得印尼和南太岛国在人种、族群、宗教和文化等方面都呈现出别具一格的多元性特征。部分印尼人的祖先是美拉尼西亚人（或南岛人），他们的后裔主要分布在马鲁古省（Maluku）和东努沙登加拉省（Nusa Tenggara Timur），约有1100万人。南太岛国人绝大多数也是美拉尼西亚人的后裔，其中斐济、新喀里多尼亚、巴布亚新几内亚、所罗门群岛和瓦努阿图的美拉尼西亚后裔占整个南太岛国人口的94%。[①] 此外，印尼与南太岛国也存在相似的族群和宗教根源，其中具有海岛特色的“萨满族”对其影响较大。

最后，根据国家政治发展中的历史效应，国家的历史往往决定其现实选择。[②] 印尼和南太岛国都是从落后的、离散的殖民地发展为独立的政治实体，有着极为相似的命运和历史轨迹，这也造就了目前的“动荡之弧”。在二战之前，印尼、南太岛国都遭受了来自荷兰和英国等殖民列强的侵略，国内族群融合受阻，经济发展畸形，社会分裂严重。族群关系的复杂化和矛盾尖锐化，为印尼及南太岛国埋下了社会动荡的种子，也增加了国家治理的难度。二战期间，印尼和南太岛国又受到日本军国主义的占领和剥削。二战结束后，它们中的大部分才逐步取得独立，走上了自主发展道路。它们的建国历史相对短暂，基本上都属国际体系中的新兴国家。在传统区域主义的发展中，印尼与其他东盟国家形成的“东盟方式”，与南太岛国间形成的以平等、和平解决争端、协商一致以及泛太平洋精神等要素为核心的“太平洋方式”有相似之处；印尼与南太岛国的政治和外交理念也兼具包容性和互补性特征。

因此，在地缘、文化和历史等因素的影响下形成的跨区域主义，使印尼和南太岛国既具有一定的文化和身份认同，又在国家生存和发展中面临相同或相似的问题，这为印尼和南太岛国的跨区域合作奠定了基础。

### （二）印尼—南太岛国跨区域合作的动力

随着跨区域化程度加深，印尼与南太岛国在政治、经济和安全等领域的接触日益密切，相互影响增进；在共享和交叠的地理、海洋、政治、经济和安全等“空间”内，印尼与南太岛国的发展条件、发展诉求和发展目标亦具有兼容

---

① Ida Bagus Made Bimantara, “Shared Interests bring Indonesia, South Pacific Closer,” *The Jakarta Post*, January17, 2019, https://www.thejakartapost.com/academia/2019/01/17/shared-interests-bring-indonesia-south-pacific-closer.html.

② 韦民:《小国与国际关系》，北京大学出版社，2014，第148页。

性和互补性，这些都成为印尼—南太岛国跨区域合作的推动因素。

政治上，南太岛国在印尼对外战略中的重要性不断提升。印尼与他国展开外交的方针之一是立足于本国的地理位置和国家特点。虽然直到21世纪初印尼与南太岛国才正式建立互利互信的外交关系，[①] 但早在苏哈托“新秩序时期”，政府就根据国家利益将对外战略重心依次划分为东盟、东南亚其他地区和南太平洋地区，以及世界其他地区三个层次。[②] 其中，南太平洋地区被视为的“印尼主要战略性区域”（Indonesia's main areas of strategic area）。20世纪80年代，时任印尼外长穆赫塔尔·库苏马阿马查（Mochtar Kusumaatmadja）就认识到双方地缘联结对印尼外交政策的影响，认为印尼在制定外交政策时必须优先考虑与南太岛国的关系，不应局限于东南亚地区或只是“向东望”（look east），而应将政策向南太平洋地区推进。[③] 苏西洛时期，印尼秉持“千友零敌”的基本方针处理与周边国家的关系，在应对地区乃至全球性问题中与广大发展中国家“抱团取暖”，拓宽外交渠道。而佐科上台后提出“全球海洋支点”战略以来，印尼更加注重与南太岛国的交往与合作。印尼外长雷特诺（Retno Marsudi）提出，“印尼要与南太岛国建立新的伙伴关系，以拓展和深化互动交流的层次；在公共外交方面，加强与南太岛国的民间交流合作”。2016年底，时任印尼外交部亚太和非洲司总司长佩尔加亚（Desra Percaya）再次强调了这一立场：“我们成为太平洋的一分子是‘命中注定’的，因为‘朋友’可以选择，但‘邻居’无法选择。”因此，印尼致力于在太平洋地区创造一个安全、稳定、友好的交往环境，并加强同南太岛国的经贸合作及文化交流。[④] 更有意义的是，在“21世纪海上丝绸之路”国际合作大背景下，印尼清醒地认识到了自己的作用，即加强互联互通，在东南亚与南太平洋跨区域合作中发挥“桥梁作用”。

经济上，印尼与南太岛国的经济发展具有互补性。佐科上台后，印尼将

---

① Arto Suryodipuro, “Building Relations with Pacific Islands Countries,” *The Jakarta Post*, January 25, 2014, http://www.thejakartapost.com/news/2014/01/25/building-relations-with-pacific-island countries.html.

② Dewi Fortuna Anwar, *Indonesia's Strategic Culture: Ketahanan Nasional, Wawasan Nusantra and Hankamrata* (Griffith University Press, 1996), pp. 33-34.

③ Bantarto Bandoro, *Indonesia dalam Lingkungan Strategis Yang Berubah* (Yogyakarta: GrahaIlmu, 2014), p. 21.

④ Inforial, “RI and the Pacific: A History of Cooperation,” *The Jakarta Post*, December 2, 2016, https://www.thejakartapost.com/adv/2016/12/02/ri-and-the-pacific-a-history-of-cooperation.html.

“中等强国”的身份认知正式写入国家官方文件。[①] 而绝大多数南太岛国当前仍被列为“世界最不发达的国家（地区）”，大都具有经济发展较慢，人均收入偏低，处理自然灾害和经济危机能力不足，过分依赖国际资金、技术援助等特征。[②] 虽然印尼和南太岛国的经济发展存在明显的“梯度性”[③] 差异，但它们的发展需求可在一定程度上相互弥合，经济发展条件和自然资源禀赋也可以优势互补。就资源禀赋而言，印尼素有“千岛之国”和“热带宝岛”的美称，自然资源极为丰富，盛产棕榈油、橡胶等农林产品，富含石油、天然气、煤、锡等矿产资源。[④] 巴布亚新几内亚的矿产和林业资源丰富，同时也是南太地区重要的渔业资源国。[⑤] 斐济、瓦努阿图和萨摩亚的渔业资源丰富，有些南太岛国还拥有具备一定开发价值的森林资源，但矿产资源极为短缺。这恰恰形成各方自然资源的比较优势，易达成经贸往来与合作。就发展目标和诉求而言，南太岛国的首要任务是基础设施建设和现代化；而在佐科的总统第一任期（2014—2019年），印尼的经济发展稳中有进，国民生产总值在2016年位居世界第16位。在第二任期，佐科政府以实现“工业4.0路线”为核心，推动建设“主权独立的、互助合作的、发达的印尼”。[⑥] 据世界银行发布的世界发展指标（WDI），2018年印尼的城市人口占总人口比重约为55.33%，而多数南太岛国城市化水平较低（见表2）。[⑦] 此外，印尼在1989—1993年形成全国公路网。截

① 宋秀琚，王鹏程:《“中等强国”务实外交：佐科对印尼“全方位外交”的新发展》,《南洋问题研究》2018年第3期，第97页。

② PohPoh Wong, “Small Island Developing States,” *Wiley Interdisciplinary Reviews: Climate Change* 2, no.1 (2011): 1-6.

③ 根据区域经济发展梯度转移理论，区域经济的盛衰主要取决于其产业结构优劣和区域分工模式的不同。如果区域的主导专业化部门由正处在创新阶段的部门所组成，则其区域分工处在高梯度地区；相反，如果一个区域的主导专业化部门是由那些正处在缓慢的经济增长和滞后的发展阶段的部门组成，则其属于低梯度地区。参见李中东:《区域经济学》，经济管理出版社，2012，第130页。

④ 中国商务部:《对外投资合作国别（地区）指南：印度尼西亚（2018年版）》，第2—6页。

⑤ 中国商务部:《对外投资合作国别（地区）指南：巴布亚新几内亚（2018年版）》，第10页。

⑥ Devina Heriyanto, “Here Are Jokowi-Maruf’s Nine 'Missions' for 2019’s Presidential Poll,” *The Jakarta Post,* December 4, 2018, https://www.thejakartapost.com/news/2018/12/04/here-are-jokowi-marufs-nine-missions-for-2019s-presidential-poll.html.

⑦ “World Development Indicators,” World Bank Open Data, September 26, 2019, https://data.worldbank.org.cn/country.

至2017年，其境内公路全长约57万千米。[①] 据世界银行数据，2015年印尼铁路总长8357千米。[②] 印尼水运及空运相对陆路运输较为发达，截至2015年，其战略港口数量为1351个，[③] 国际、国内机场数量达291个。[④] 相较而言，南太岛国的基础设施相对薄弱且滞后，其公路以土路和砾石路为主，水运和航运承载能力有限，通信行业的发展状况有限，供电能力弱，清洁用水不足。除巴布亚新几内亚、斐济等国人口较多且分布较广之外，其他10多个岛国人口稀少且居住较为集中，对交通等基础设施的要求不高。

**表2　2018年印尼及主要南太岛国城市化发展比较（单位：%）**

| 国家 | 印度尼西亚 | 巴布亚新几内亚 | 斐济 | 基里巴斯 | 所罗门群岛 | 萨摩亚 | 马绍尔群岛共和国 | 帕劳 | 汤加 | 图瓦卢 | 瓦努阿图 |
|---|---|---|---|---|---|---|---|---|---|---|---|
| 城市人口比重 | 55.33 | 13.17 | 56.25 | 54.06 | 23.75 | 18.24 | 77.03 | 79.93 | 23.13 | 62.39 | 25.27 |
| 农村人口比重 | 44.67 | 86.83 | 43.75 | 45.94 | 76.25 | 81.76 | 22.97 | 20.07 | 76.87 | 37.61 | 74.73 |

资料来源：作者根据世界银行2019年9月26日发布的世界发展指数数据汇制，参见：https://data.worldbank.org.cn/country。

印尼处于国际市场中端，是东南亚地区最大的经济体和地区龙头，其经济保持较快增长，国内消费成为印尼经济发展稳定的动力，各项宏观指标基本保持正面，经济结构较为合理，很有可能成为下一个金砖国家。[⑤] 而大多数南太岛国的经济发展仍处于近代化初级水平，处于国际市场“末端”。因此，具有一定的岛屿基础设施建设能力和现代化发展经验的印尼，可以为南太岛国提供

① “Length of Road By Level of Government Responsibility Indonesia 1987-2017(Km),” *Statistics Indonesia*, March 6, 2015, https://www.bps.go.id/dynamictable/2015/03/06/808/panjang-jalan-menurut-tingkat-kewenangan-1987-2016-km-.html.

② “Length of Railway Road Network In Indonesia, 2011–2015,” *Statistics Indonesia*, May 18, 2018, https://www.bps.go.id/dynamictable/2018/05/18/1334/panjang-jaringan-jalan-rel-kereta-api-di-indonesia-2011–2015.html.

③ “Number of Strategic Ports in Indonesia, 2011–2015,” *Statistics Indonesia*, May 21, 2018, https://www.bps.go.id/dynamictable/2018/05/21/1341/jumlah-pelabuhan-strategis-di-indonesia-2011–2015.html.

④ “Number of Airports In Indonesia By Airport Usage, 2012–2016,” *Statistics Indonesia*, May 21, 2018, https://www.bps.go.id/dynamictable/2018/05/21/1338/jumlah-bandara-di-indonesia-menurut-penggunaan-bandar-udara-2012–2016.html.

⑤ 卢泽回：《印尼产业结构转型升级及国际比较研究》，《对外经贸》2018年第3期，第43页。

发展经验与发展援助，以满足南太岛国发展的需要；而南太岛国也可凭借自然资源和第三产业的发展优势，与印尼达成互惠互补的合作意向。

安全上，印尼与南太岛国的安全合作具有必要性。一是维护国家和地区安全的共同需求。印尼东部的巴布亚省和西巴布亚省（Provinsi Papua Barat）与南太岛国巴布亚新几内亚（以下简称“巴新”）相接，这一地区的分离主义运动是破坏国家和社会稳定的重大隐患，也是影响地区安全的不稳定因素。“自由巴布亚运动”（Organisasi Papua Merdeka）对印尼国家主权和国内秩序造成严重冲击。[①] 维护地区安全和社会稳定的需求，是印尼加强与南太岛国安全合作的主要原因。为防止越界冲突的发生，印尼与巴布亚新几内亚的合作必不可少。为此，两国达成《相互尊重友好合作条约》（*Treaty of Mutual Respect, Friendship and Cooperation*）等若干协议，在两国边界地区设立巡逻部队，加强对分离主义的管控和治理。印尼政府多次强调加强同南太岛国安全合作的必要性，在1983年和1993年的《国家政策指南》（*Guidelines of State Policy*）中明确提出：“南太平洋地区必须成为印尼外交政策的重点关注领域。”[②] 二是维护海洋安全的共同需求。印尼与南太岛国共享太平洋广阔的海洋空间，也共担海洋安全和自然灾害的风险。它们都饱受火山、地震、台风、海啸等海洋自然灾害影响，也受到由于气候变暖和环境恶化导致的海平面上升、清洁水源短缺的威胁，而且面临海盗和海上恐怖主义、跨国犯罪活动等共同的海洋安全问题。根据亚洲开发银行2018年报告，南太岛国的人居环境和自然环境存在很大的风险性和脆弱性。[③] 然而，多数南太岛国能力有限，必须寻求有着相同利益和经验的合作伙伴，印尼正符合这些合作标准。[④] 因此，地区和海洋安全面临的共同隐患和问题，使印尼与南太岛国的安全合作的必要性尤为凸显。

---

① 自1969年西巴布亚并入印尼版图以来，抵抗印尼政府的事件就时有发生；而且巴布亚省与西巴布亚省都是以基督教信仰为主的省份，这与印尼其他多数信仰伊斯兰教的省份不同。长期以来，分裂势力逐渐形成“自由巴布亚运动”的分离主义组织，其成员和部分难民活跃在巴布亚新几内亚，在引发难民问题的同时，也受其他域外分离势力的暗中支持，为印尼的国家统一、社会稳定和地区安全蒙上阴影。

② M. Syaprin Zahidi, Musfiroh, “The Melanesian Spearhead Group in Terms of Indonesia’s Interest,” May 18, 2018, https://orcid.org/0000-0001-8482-7600.

③ Asian Development Bank, *Pacific Risks, Vulnerabilitles, and Key Impacts of Climate Change and Natural Disaste, ADB Support to Small Pacific Countries*, https://www.adb.org/sites/default/files/linked documents/E-Pacific-Risks-Vulnerabilities-Climate Change.pdf.

④ Vrameswari Omega W., Stanislaus Risadi Apresian, and Elisabeth Dewi, “The Collaboration Between Indonesia and Pacific Island Countries in Facing Environmental Challenges,” *Journal Ilmiah Hubugan Internasional* 14, no.1 (2018): 141.

由此可见，印尼与南太岛国的跨区域合作并非一蹴而就，而是具有深厚的跨区域主义基础和诸多动因，这也让印尼—南太岛国跨区域合作在多领域得以开展，并不断走深、走实。

## 二、印尼—南太岛国跨区域合作的机制和特征

跨区域合作促进不同的地区组织、国家间的互动，以形成稳定的功能区。[①] 印尼正积极与南太岛国建立全面、包容、互利和相互尊重的伙伴关系，依托多个跨区域平台和机制，其合作覆盖经济、政治、文化、环境等多个领域，并取得一定成效。

### （一）印尼—南太岛国跨区域合作的平台和机制

印尼与南太岛国跨区域合作的平台和机制主要依托区域性政府间国际组织，也涉及在联合国等全球性国际组织框架下的合作。合作平台的侧重点也有所不同，涵盖经济、政治、安全、文化等多个领域（见表3）。

具体说，太平洋岛国论坛以增进太平洋地区各国政治、经济问题上的协调合作为主要目的。自2001年起，印尼是该论坛的对话伙伴，致力于在全球气候变化、海洋治理、移民、地区安全等共同问题上与南太岛国相互合作，在维护各自主权完整和独立中相互支持，在跨区域发展上携手共进。[②] 美拉尼西亚先锋集团虽然是旨在促进成员国经贸往来和经济发展的地区组织，但印尼出于政治和安全目的力图加入该组织，其主要原因与巴布亚的分离主义运动密不可分。2015年，印尼成为美拉尼西亚先锋集团准成员，除加强经济合作外，印尼与其他成员也在边境安全和信息共享方面达成合作，还利用共同的文化背景，力图增进与美拉尼西亚国家的共识。太平洋岛国发展论坛和西南太平洋对话都关注海洋领域的经济、安全合作，以及可持续发展的相关议题。2019年3月，由印尼发起的印尼—南太平洋论坛最能体现印尼对南太岛国的关注。通过该论坛，印尼致力于提升在南太平洋地区的影响力；寻求建立与斐济、巴布亚

---

① T.V. Luzina, E.A. Dudareva, E.M. Akhmetshin, V.V. Yankovskaya, Y.S. Berdova, and G.E. Emaletdinova, “The International and Legal Framework for Transregionalization of Trade and Economic Cooperation of the BRICS Countries,” *European Research Studies Journal* 21, no.3 (2018): 166-176.

② Ministry of Foreign Affairs of Republic of Indonesia, “Pacific Island Forum (PIF),” September 20, 2019, https://kemlu.go.id/portal/en/read/132/halaman_list_lainnya/pacific-island-forum-pif.

新几内亚之间的优惠贸易协定，减少贸易和投资壁垒；拓宽学界、民间及社会的交流渠道，以期将印尼与南太岛国相似的社会文化特征、历史传统和政治伙伴关系转化为互惠互利的经济效益。①

**表3　印尼—南太岛国跨区域合作的平台与机制**

| 名称 | 性质 | 印尼的参与身份 | 南太岛国的参与身份 | 其他参与国家（地区）/组织 | 关注的问题领域和主要议题 |
|---|---|---|---|---|---|
| 太平洋岛国论坛（Pacific Island Forum, PIF） | 区域性、政府间、一般性国际组织 | 对话伙伴 | 成员国 | 澳大利亚、新西兰 | 以《太平洋区域主义框架》(*Framework for Pacific Regionalism*）为指导，关注地区经济政治领域问题 |
| 美拉尼西亚先锋集团（Melanesian Spearhead Group, MSG） | 区域性、政府间、专门性国际组织 | 准成员 | 成员国（斐济、巴布亚新几内亚、所罗门群岛、瓦努阿图） | 卡纳克社会主义民族解放阵线（Kanak and Socialist National Liberation Front）、西巴布亚联合解放运动（United Liberation Movement for West Papua）、新喀里多尼亚、东帝汶 | 促进美拉尼西亚国家贸易往来和经济增长；促进美拉尼西亚文化、传统和价值观的交流 |
| 太平洋岛国发展论坛（Pacific Islands Development Forum, PIDF） | 区域性、政府间、专门性国际组织 | 合作伙伴 | 成员国 | 太平洋岛国私营部门组织（Pacific Islands Private Sector Organisation）太平洋国非政府组织协会（Pacific Islands Association of NGOs） | 建设太平洋地区南南合作平台；解决南太岛国贫困问题；促进南太岛国经济、社会和环境可持续发展 |
| 西南太平洋对话（South West Pacific Dialogue, WSPD） | 区域性、政府间、专门性国际组织 | 成员国 | 成员国（巴布亚新几内亚） | 澳大利亚、新西兰、菲律宾、东帝汶 | 区域海洋安全合作；海洋资源和环境保护；互联互通和网络安全；自然灾害的应对 |
| 印尼—南太平洋论坛（The Indonesia South Pacific Forum, ISPF） | 区域性国际论坛 | 发起国 | 参与国 | 澳大利亚、新西兰、美拉尼西亚先锋集团 | 提高印尼在南太岛国的地区影响力；发展海洋经济；增进共识，加强印尼与南太岛国的合作；促进非正式对话与民间交流 |

资料来源：作者根据网络资料整理。参见https://www.forumsec.org/who-we-arepacific-islands-

① Retno LP Marsudi, "New Era of Indonesia-South Pacific Engagement," *The Jakarta Post*, March 21, 2019, https://www.thejakartapost.com/academia/2019/03/21/new-era-of-indonesia-south-pacific-engagement.html.

forum/, http://www.pidf.int/, https://www.thejakartapost.com/academia/2019/03/21/new-era-of-indonesia-south-pacific-engagement.html。

除上述区域性机制外，印尼与南太岛国还在联合国等全球性国际组织的框架下开展合作。例如，它们在《联合国气候变化框架公约》和联合国环境规划署会议等机制中，共同致力于改善气候变化和应对自然灾害。印尼还在南南合作多边框架下为斐济、巴布亚新几内亚、萨摩亚、所罗门群岛、汤加和瓦努阿图等国提供资金、技术和人力资源等方面的援助。2018年，印尼援助机构（Indonesian Aid Agency）成立，旨在对南太平洋地区发生的自然灾害、人道主义危机等挑战提供国际援助，与南太岛国进一步开展技术和基础设施建设合作。[①] 目前，几乎所有南太岛国都与印尼建立了外交关系，开展的双边或多边合作涵盖基础设施建设、外交培训、高校合作、共同应对气候变化及自然灾害等领域。印尼和南太岛国的跨区域合作已取得实质性进展。

### （二）印尼—南太岛国跨区域合作的特征

印尼与南太岛国的跨区域合作，在合作的内容、方式和成效方面呈现出以下三种特征。

首先，印尼—南太岛国跨区域合作的内容具有针对性。印尼与南太岛国合作涉及的问题领域和主要议题符合各方共同关切。同为太平洋上的岛国，在国家生存、经济和社会发展中面临共同的机遇和挑战，存在诸多共性问题和共同利益，各方更易展开更精准的合作。如前所述，在基础设施建设、自然灾害治理、海上安全合作等问题上，印尼和南太岛国依其得天独厚的地理位置和优势互补的发展条件因地、因事制宜地开展合作。

其次，印尼—南太岛国跨区域合作的方式具有灵活性。其合作不仅仅局限于双边交往，也依托国际组织、地区论坛等跨区域的平台和机制。它们不仅签订政府间正式条约或协定，还努力拓宽民间、非正式的沟通渠道，增进认同和共识。参与合作的主体涵盖国家机构，也包括非政府组织、宗教团体、企业和学界等非国家行为体。印尼政府鼓励学术界积极同南太岛国进行文化、教育和宗教等的交流对话，印尼高校还为南太地区留学生设立专项奖学金；鼓励企

---

① Ida Bagus Made Bimantara, “Shared Interests Bring Indonesia, South Pacific Closer,” *The Jakarta Post,* January 17, 2019, https://www.thejakartapost.com/academia/2019/01/17/shared-interests-bring-indonesia-south-pacific-closer.html.

业举办商务活动，增进经济伙伴关系。双方合作体现出综合运用双边与多边机制、官方与民间轨道的灵活特点。

最后，印尼—南太岛国跨区域合作的成效存在有限性。一方面受制于分离主义和跨境民族矛盾的干扰，另一方面则由于印尼和南太岛国自身综合实力的局限，其合作的程度和成效尚存在较大上升空间。相较于周边的澳大利亚、新西兰、中国、日本等国，印尼的发展还存在一定差距。而南太岛国则更是被视为美国的"内湖"① 和澳大利亚的"前院"②，长久以来在政治、经济、军事和意识形态等领域受域外大国的控制。这种局限性意味着它们合作的成效有限，即印尼与南太岛国虽能在基础性领域开展合作，但面临更高要求和更复杂的全球性问题时，它们的合作受到限制，效果不足。

上述特征表明，国际合作的开展以国家间的共同利益和利益互补为前提，而合作走向深入和精进的关键在于对合作方式和内容的调整和完善，以及对合作空间的拓展。作为我国"21世纪海上丝绸之路"南线上重要的国家和地区，印尼—南太岛国跨区域主义与跨区域合作在"21世纪海上丝绸之路"南线建设中不容忽视，其跨区域合作的现状和经验对我国进一步完善"21世纪海上丝绸之路"南线建设具有启发意义。

## 三、"21世纪海上丝绸之路"南线建设路径的调整与新探索

根据区际经济传递理论（interregional economic transmission theory）的作用机理，③ 在发展存在梯度性差异的地区，相对发达的地区可采取恰当的方法带动较为落后地区的发展。"21世纪海上丝绸之路"作为中国向世界提供的国际公共产品，其建设的初衷正在于中国通过自身的发展，开展国际合作，带动

① Thomas Lee, George Yu and Kenneth Klinkner, *American Studies in China* (New York: University Press of America, 1993), p. 143.

② Yu Lei, "China-Australia Strategic Partnership in the Context of China's Grand Peripheral Diplomacy," *Cambridge Review of International Affairs* 29, no.2 (2016): 740-760.

③ 区际经济传递理论是区域经济学理论体系中的内容，涉及区域之间的分工协作、生产要素的流动、经济差异变动及其协调、经济利益冲突与协调、经济竞争与联盟、竞争力评价与比较分析等内容，是经典区域经济不平衡增长理论所倡导的一个重要命题。经典区际经济传递理论包括缪尔达尔（G. Mydral）的"回波—扩散效应学说"和赫希曼（Albert O. Hirschman）的"极化—涓滴效应学说"，论证了区域发展规划中，选取位置恰当的"增长极"，相对发达区域可以通过自身的发展带动较为落后区域的发展。参见吴传清:《区域经济学原理》，武汉大学出版社，2008，第224页。

沿线国家和地区的发展，从而真正实现“共商、共建、共享”。然而，“21世纪海上丝绸之路”南线建设在惠及沿线国家及周边地区的同时，也遇到合作的壁垒和挑战。其面临的问题主要体现在与部分国家或地区的战略对接进展缓慢，部分国家对“21世纪海上丝绸之路”倡议的认知存疑，合作的水平和层次有待提升等。对此，需调整和反思既有模式，并进一步探索“21世纪海上丝绸之路”南线国际合作新路径。

### （一）调整和完善“21世纪海上丝绸之路”南线国际合作的既有模式

鉴于我国在“21世纪海上丝绸之路”南线建设中所面临的规划对接、国际认同及合作层次等问题，应对既有的国际合作模式进行调整。

首先，需厘清“21世纪海上丝绸之路”南线各国合作基础的差异性。如前所述，印尼与南太岛国经济发展具有梯度性，中国、印尼和南太岛国的经济发展同样存在梯度性差异。一方面，从经济体量、现代化程度、国土面积和人口规模等指标来看，中国较之印尼和南太岛国都占据优势。根据世界银行发布的世界发展指标，近30年来，中国、印尼及主要南太岛国的国内生产总值状况表明，中国的经济总量及增速表现最为突出。[①] 南太岛国经济总体增速缓慢，2017年主要南太岛国巴布亚新几内亚、斐济、瓦努阿图、密克罗尼西亚、基里巴斯、图瓦卢的国内生产总值之和约为277.396亿美元，仅占中国该年国内生产总值的0.22%左右，占印尼国内生产总值的2.7%。南太岛国的宏观经济发展仍面临着重重制约，即便南太岛国中经济相对发达的国家巴布亚新几内亚和斐济，其财政收入主要来源也依赖于国际援助。另据世界经济论坛2018年发布的全球竞争力指数4.0排名，[②] 在全球140个经济体中，中国位于第28位，印尼居于第45位，而南太岛国则位列140名之外。南太岛国和中国、印尼的经济发展和竞争力差距明显。

另一方面，从产业结构的角度看，中国正在从工业化向信息化阶段发展，现代化水平较高，产业结构持续优化升级（见图1）。[③] 目前，中国经济处于发

---

① “World Development Indicators,” World Bank Open Data, September 26, 2019, https://data.worldbank.org.cn/country.

② “The Global Competitiveness Report 2018,” World Economic Forum, September 20, 2019, http://www3.weforum.org/docs/GCR2017-2018/05FullReport/TheGlobalCompetitivenessReport2017%E2%80%932018.pdf.

③ 数据来源于中国国家统计局网站“中国三次产业产值比重”项目，2019年9月20日，http://data.stats.gov.cn/。

展“新常态”，经济的驱动力正从原有的依赖投资和出口，更多地转向依赖消费和服务驱动。尤其在创新领域，在全球129个国家和经济体中，中国创新指数排名第14位，在科技创新领域发展较快，如在人工智能领域已经超过许多发达国家，基础设施建设及通信技术应用领域也处在世界领先水平。世界知识产权组织总干事弗朗西斯·高锐（Francis Gurry）认为，中国的创新体系日渐成熟。

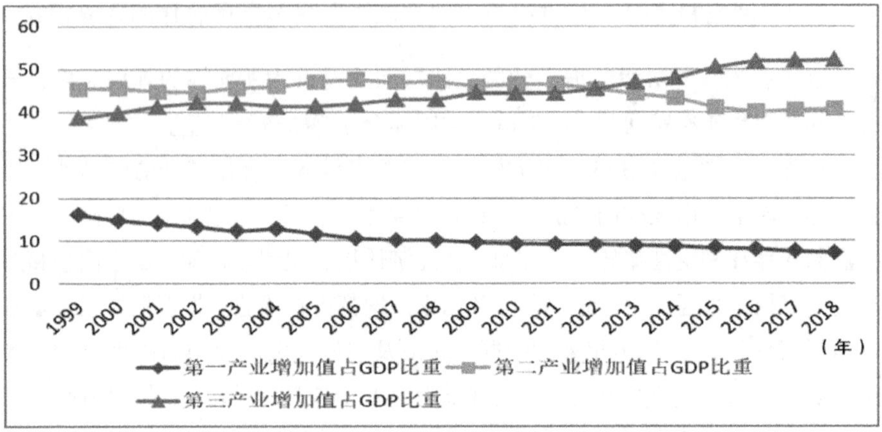


**图1　1999—2018年中国三次产业产值比重变化趋势（单位：%）**

资料来源：中国国家统计局网站“中国三次产业产值比重”项目，2019年9月20日，http://data.stats.gov.cn/。

印尼作为新兴工业化经济体的主要代表，也在积极推行“工业4.0路线”，其产业结构在工业化进程中发生了显著变化（见图2）。近年来在自主创业和商业繁荣的驱动下，印尼经济迎来新的增长点。但其创新能力有限，研发活动停留在较低水平，科研投入经费仅占国内生产总值的0.1%。[①] 由此可见，当前中印尼两国产业结构发展较为均衡，均处在产业结构调整的关键时期。

① *The Global Competitiveness Report 2018*, World Economic Forum, September 20, 2019, http://www3.weforum.org/docs/GCR2017-2018/05FullReport/TheGlobalCompetitivenessReport2017%E2%80%932018.pdf.

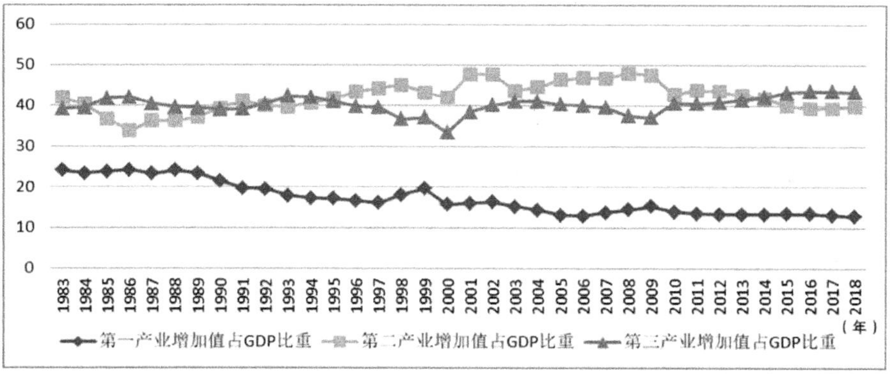


**图2　1983—2018年印尼三次产业产值比重变化趋势（单位：%）**

资料来源：*World Development Indicators*, World Bank Open Data, 26 September, 2019, https://data.worldbank.org.cn/country。

相比之下，南太岛国产业结构失衡明显（见表4）。巴布亚新几内亚的经济支柱产业依次为矿产和石油、农业、林业、渔业等；斐济、瓦努阿图和萨摩亚等国的支柱产业是旅游业，农业和渔业等第一产业也仍占重要地位。总体而言，南太岛国的经济仍以第一产业为主，农业和渔业是传统的经济支柱。除巴布亚新几内亚外，南太岛国的旅游业和金融服务业等第三产业占比高，受国际市场影响较大。南太岛国工业化发展普遍较为滞后，工业基础十分薄弱，加之物价和成本较高，工业生产缺乏竞争力。可见，在产业结构的发展层次和水平上，中国处于工业化与信息化“叠加期”，印尼处于向工业化高速发展的追赶期，而南太岛国基本处于工业化初级阶段，甚至处于前工业化时期。

**表4　2017年中国、印尼与南太岛国三次产业结构构成比较（单位：%）**

| 产业 | 巴新 | 斐济 | 汤加 | 瓦努阿图 | 萨摩亚 | 基里巴斯 | 马绍尔群岛 | 帕劳 | 中国 | 印尼 |
|---|---|---|---|---|---|---|---|---|---|---|
| 第一产业 | 22.1 | 10.6 | 17 | 27 | 10.8 | 26 | 16.8 | 3.1 | 7.6 | 12.82 |
| 第二产业 | 42.9 | 17.9 | 27 | 9.1 | 21.9 | 13 | 13.8 | 17.9 | 40.5 | 40.56 |
| 第三产业 | 35 | 71.5 | 56 | 63 | 67.3 | 61 | 69.4 | 79 | 51.9 | 46.62 |

资料来源：中国国家统计局网站“中国三次产业产值比重”项目，2019年9月20日，http://data.stats.gov.cn/；“World Development Indicators,” World Bank Open Data, September 26, 2019, https://data.worldbank.org.cn/country。

因此，中国、印尼与南太岛国在经济规模和体量、经济结构和国家现代化程度上，均存在明显的“高—中—低”的梯度性差异。这使中国在“21世纪海上丝绸之路”南线建设中有能力同印尼和南太岛国开展更高水平的合作，进而在印尼—南太岛国跨区域合作的基础上更进一步搭建中国—印尼—南太岛国的跨区域合作链条。同时，这也意味着中国在与印尼和南太岛国开展合作时，需对不同国家发展水平和层次进行具体分析和精确定位，并对各自的发展诉求和发展目标做出明确判断。

其次，需注重发挥与“21世纪海上丝绸之路”南线各国的比较优势。由于中国、印尼和南太岛国在资源、产品和产业等方面具有各自的比较优势，可以开展更具针对性的互补式合作。就资源互补合作而言，印尼和南太岛国有着丰富的战略资源和农业资源，如印尼和巴布亚新几内亚等国的能源资源、金属矿产资源以及其他特殊稀有金属材料资源丰富；而萨摩亚、汤加、瓦努阿图等国的农业资源和渔业资源丰富。战略资源型和农业资源型国家或地区有不同的政策取向及偏好，中国需选择适当的合作模式。中国同印尼、巴布亚新几内亚等国，在能源和矿产等战略资源上已经实现互补互利式合作。中国以雄厚的资金、先进的技术及管理经验参与其战略资源的开发利用，使各方效益倍增。同时，中国与农业资源型国家的合作也在有条不紊地进行。2019年3月底在斐济楠迪召开的“中国—太平洋岛国农业部长会议”，推动中国与南太岛国农业发展战略规划对接，通过《中国—太平洋岛国农业合作行动计划（2020—2022年）》文件，开展农业领域人员交流和能力建设合作。

就产品互补合作而言，“21世纪海上丝绸之路”南线的产品互补既包括私人物品领域，又包括公共产品领域。2019年，中印尼双边贸易达794亿美元，较2000年增长10倍，中国在印尼的海外投资居第2位。[①] 中国已经连续9年成为印尼第一大贸易伙伴国和第一大非油气产品进口来源地。[②] 中国对印尼的主要出口产品包括机电、通信产品、矿产品、钢铁制品等，从印尼进口的主要产品有矿产品、棕榈油、橡胶及其制品等。2018年，中国与当时建交的8个南太岛国贸易额达43.2亿美元，中国对南太岛国直接投资增至45.3亿美元，较

① Xiao Qian, “Insight: Work Hand-in-hand for a New Era of China-Indonesia Friendship,” *The Jakarta Post*, April 14, 2020, https://www.thejakartapost.com/academia/2020/04/14/insight-work-hand-in-hand-for-a-new-era-of-china-indonesia-friendship.html.

② 中国商务部：《对外投资合作国别（地区）指南：印度尼西亚（2018年版）》，第8页。

2013年增长400%。[①] 中国对南太岛国的进出口贸易以自然资源和农副产品为主。截至2019年，中国是所罗门群岛的最大贸易伙伴和出口市场，是巴布亚新几内亚、斐济的第二大贸易伙伴，以及萨摩亚的第三大贸易伙伴。同时，作为高梯度国家，中国还积极向印尼、南太岛国区域提供公共产品。中国积极参与区域内基础设施建设，在路桥、港口、民生等领域逐步构筑起了一条通畅的蓝色“海上丝绸之路”经济带。中国参与的项目包括印尼最长跨海大桥泗马大桥和第二水坝加蒂格迪大坝以及目前正在进行中的雅万高铁项目，和区域综合经济走廊政府间合作等。中国港湾、中国土木等央企参与所罗门群岛路桥建设项目，在所罗门群岛首都修建了第一座钢结构混凝土桥梁姆巴拉苏娜大桥，等等。[②] 此外，中国还积极向印尼及南太岛国提供高技术产品，以应对气候变化及自然灾害、跨国犯罪、海洋治理等跨区域公害问题。

就产业互补合作而言，南太岛国由于远离国际市场、经济规模小、经济结构单一，加之人才外流，导致普遍的发展动力不足，因而主要出口初级产品，高精尖设备依赖进口。而印尼正从一个原材料出口国向制造业大国迈进。自2000年以来，中国逐渐从发展劳动密集为主的出口产业转变发展为资本、智力密集型产业，参与国际高端产业分工。中国当前亟须实现产业转型和升级，而印尼和南太岛国以其原材料、劳动力等得天独厚的条件在承接产业转移方面有着巨大的比较优势。中国在印尼和南太岛国的产业发展，坚持本地化用人策略，大量雇佣和培训当地劳工。2018年，中国在南太岛国的产业投资涉及建筑、道桥、机场、水利和电信等多领域，为南太岛国创造了约1.5万个就业岗位。因此，承接产业转移也有利于带动印尼及南太岛国当地就业，刺激经济发展。

综上所述，中国—印尼—南太岛国可形成一个较为完整的“跨区域经济传递链条”。在资源、产品及产业领域中的互补式合作，既存在于中国与印尼、中国与南太岛国之间，也存在于印尼与南太岛国之间。这种灵活合作模式能充分发挥印尼作为“支点”的承上启下作用。以此，充分调动各国互补优势，开展更具针对性的合作，可以使“21世纪海上丝绸之路”南线建设与沿线各国

① 1975年，斐济成为首个与中国建交的南太岛国。此后，14个南太岛国中，巴布亚新几内亚、库克群岛、密克罗尼西亚联邦、纽埃、萨摩亚、汤加和瓦努阿图等8个国家相继与中国建立外交关系。

② 沈予加:《新建交的太平洋岛国，中国有何存在?》,《凤凰周刊》2019年11月15日，http://www.ifengweekly.com/detil.php?id=8749。

战略对接更相契合，以中国带动印尼，印尼带动南太岛国，“以点带面，从线到片”，实现合作共赢。

### （二）探索中国—印尼—南太岛国跨区域合作新路径

在调整和完善“21世纪海上丝绸之路”南线既有合作路径的基础上，需进一步探索中国—印尼—南太岛国跨区域合作新路径。根据历史经验，可以有针对性地选择跨境经济合作区（cross-border economic cooperation zone）[①]和经济走廊（economic corridor）[②]等跨区域层次下更为微观和具体的合作模式，这具有一定的合理性和可行性。

首先，海上交通基础设施是“21世纪海上丝绸之路”南线合作的硬件基础。跨境经济合作区建设旨在降低或消减跨区域合作的地理界限与交通壁垒。经济走廊建设旨在联结沿线经济体，发挥重要的交通枢纽作用，将大量的经济资源和经济体集中起来，联系供需市场。[③]二者都对“21世纪海上丝绸之路”南线的设施联通起重要作用。印尼和南太岛国因群岛独特的地理地貌特征，陆路交通建设基础薄弱，发展缓慢，而海上交通条件便利，港口建设条件优良。因此，可以采用跨境经济合作区或经济走廊的合作模式，以重要港口为节点和支撑，促进中国、印尼与南太岛国交通、基础设施建设等领域的互补合作，打造海洋港口的互联互通。

其次，海洋蓝色经济互补式发展是“21世纪海上丝绸之路”南线建设的重点和关键。如前所述，中国、印尼和南太岛国经济具有梯度性和互补性，建立中国—印尼—南太岛国跨境经济合作区和经济走廊可以更有针对性地开展经济互补式合作。比如，在海洋资源的开发和利用等领域，中国可以为印尼和南

---

① 跨境经济合作区理念成熟于20世纪90年代，指分布于邻国间边境地区，以边境省份、非政府组织等为参与主体的经济合作区。如东南亚众多的“增长三角”（Southeast Asia's Growth Triangles）、法国与意大利的“加泰多尼亚—朗格多克—鲁西荣—南部比利牛斯跨境经济合作区”等。参见李峰、洪邮生:《微区域安全及其治理的逻辑——以“一带一路”倡议下的“大湄公河微区域”安全为例》,《当代亚太》2019年第1期，第118—154页。

② 经济走廊，又称发展走廊，最早由亚洲开发银行（ABD）于1998年第八次大湄公河次区域（GMS）合作会议上提出，是相关国家选择部分毗邻区域参与跨境经济合作的模式。如“一带一路”倡议提出的“六大经济走廊”等。

③ Hans-Peter Brunner, “What is Economic Corridor Development and What Can It Achieve in Asia's Subregions?” *ADB Working Paper Series on Regional Economic Integration*, No.117, 23 October, 2014, https://web.archive.org/web/20141023074630/http://www10.iadb.org/intal/intalcdi/PE/2013/12562.pdf.

太岛国提供经济、技术和人才援助支持。此外，在农渔业、旅游业等领域，印尼和南太岛国与中国也有广泛的合作空间。

最后，维护海洋安全是“21世纪海上丝绸之路”南线建设的保障。20世纪80年代末起，印尼、新加坡和马来西亚逐步建立诸多跨境经济合作区，被认为具有维护安全的重要作用。[①] 当前，海洋非传统安全领域的问题日益突出，涉及跨境污染治理、灾害救援、非法移民、海洋环境和生态安全等多个方面。因此，借助跨境经济合作区和经济走廊在安全领域的外溢作用，中国—印尼—南太岛国可进一步搭建起极具包容性的海洋安全合作平台与机制。中国承担起维护海洋安全的大国责任，提供灾害援助、生态保护等领域的公共产品；印尼也为南太岛国提供环境保护和灾害防治的丰富经验。即使在传统安全领域，建设跨境经济合作区和经济走廊也可缓解甚或化解国家间纷争。根据马来西亚的建设经验，“增长三角”在淡化边界争议、强化海洋经济合作等方面起着重要的推动作用。[②] 目前，中印尼在纳土纳群岛周围海域专属经济区划界重叠问题，以及印尼与巴布亚新几内亚划界之争，都可通过跨境经济合作区和经济走廊合作，探索出一条适合跨区域特点的搁置争议、共同开发的路径。

2013年以来，中国与印尼建立了全面战略伙伴关系，实现了“21世纪海上丝绸之路”与印尼“全球海洋支点”战略构想的深度对接。2018年，中国也与多个南太岛国签署了共建“一带一路”合作谅解备忘录，致力于开展多领域的互利合作。[③] 正如前述，印尼与南太岛国之间也存在一系列对话和合作机制，这些机制相互包容，相互促进。因此，中国—印尼—南太岛国跨区域经济合作，应重视并发挥印尼—南太岛国跨区域联动效应，并立足既有合作机制及框架。在跨区域层次之下，三者可依据各国国情和经济发展的实际条件与需求，开展更有针对性的跨境经济合作区和经济走廊建设。如此，中国—印尼—南太岛国跨区域合作才能降本增效，进而深化“一带一路”建设的“五通发展”目标。

---

① Amitav Acharya, “Transnational Production and Security: Southeast Asia’s Growth Triangles,” *Contemporary Southeast Asia* 17, no.2 (1995): 173-185.

② Fauziah Ismail, “Malaysia: Use ASEAN Spirit as Basis-Anwar,” *Business Time*, June 7, 1994.

③ 《“一带一路”：中汤共同发展的希望之路》，中国驻汤加王国大使馆网站，2019年10月12日，http://to.chineseembassy.org/chn/sgxw/t1657159.htm。

## 四、结论

印尼—南太岛国跨区域合作的发展经验，对我国调整和完善“21世纪海上丝绸之路”南线建设具有启示意义。“21世纪海上丝绸之路”南线国家和地区的发展水平和层次不同，发展需求也存在差异，需要开展互补式合作，搭建灵活的合作平台。因此，充分调动中国、印尼与南太岛国跨区域合作动能，形成跨区域的合作机制，是提升“21世纪海上丝绸之路”南线建设质量和效果的应有之义。

当前，中国—印尼—南太岛国的跨区域合作已具备扎实基础和可观前景。一方面，中国、印尼和南太岛国的政治互信和伙伴关系正不断加深。中印尼建交70年以来，两国坚持以“和平共处，求同存异”为核心的万隆精神，与第三世界守望相助。2013年以来，中印尼全面战略伙伴关系取得长足发展。①20世纪70年代以来，中国与斐济等10个南太岛国相继建交（复交），中国与南太岛国互利共赢的合作关系步入良性发展轨道。平稳向好的伙伴关系为深化“21世纪海上丝绸之路”南线合作打下良好基础。

另一方面，中国—印尼—南太岛国跨区域经贸往来及互利合作已初显成效，前景广阔。共建“一带一路”倡议与印尼和南太岛国的战略对接，在基础设施建设、农渔业、海洋资源开发和利用以及旅游业等领域的合作交流正稳步推进。“21世纪海上丝绸之路”建设与印尼“全球海洋支点”战略对接，实现了各个领域的互利共赢发展。支持南太岛国经济社会发展的“一揽子计划”提出以来，中国给予南太岛国减免关税待遇，也为南太岛国当地发展带来更多机遇；印尼与南太岛国在工业、能源、海洋产业等领域也已建立广泛的合作机制。在气候合作与自然灾害应对等非传统领域，三方开展了广泛的交流合作。这意味着，中国—印尼—南太岛国的跨区域合作具备良好的合作基础和广泛的合作空间。

总之，中国—印尼—南太岛国共建“21世纪海上丝绸之路”南线，需突破传统的合作模式，探索跨区域经济合作新路径。中国应更注重“21世纪海上丝绸之路”与印尼、南太岛国具体的发展基础、发展规划和发展战略的对

---

① Xiao Qian, “Insight: Work Hand-in-hand for a New Era of China-Indonesia Friendship,” *The Jakarta Post,* April 14, 2020, https://www.thejakartapost.com/academia/2020/04/14/insight-work-hand-in-hand-for-a-new-era-of-china-indonesia-friendship.html.

接，以基础设施建设、海洋经济发展和气候环境合作为突破口，搭建更具互补性、针对性和灵活性的合作平台与机制。

# Indonesia-South Pacific Island Countries' Trans-Regional Cooperation and the New Approach to the Construction of Southern Route of the 21st Century Maritime Silk Road

SONG Lingyu and SONG Xiuju

**Abstract** The increasingly mature trans-regional cooperation between Indonesia and South Pacific Island Countries has enlightening significance for constructing the southern route of the 21st Century Maritime Silk Road. On the one hand, trans-regionalism spawned by geopolitical, historical, and cultural factors is the foundation of trans-regional cooperation between Indonesia and South Pacific Island Countries. In terms of politics, economy, and security, the close connection and mutual influence also provide the impetus for such cooperation. On the other hand, the trans-regional cooperation between Indonesia and South Pacific Island Countries relies on diversiform platforms and mechanisms. It is flexible and well-targeted, but also have limitations. Therefore, the construction of the southern route of the 21st Century Maritime Silk Road should adjust the existing international cooperation models and seek new paths for trans-regional cooperation.

**Keywords** Indonesia; south Pacific island countries; 21st Century Maritime Silk Road; trans-regional cooperation

**Authors** Song Lingyu, postgraduate student of School of Politics and International Studies of Central China Normal University. Song Xiuju, associate professor of School of Politics and International Studies of Central China Normal University, deputy director of Indonesian Studies of Central China Normal University.

# 周边国情研究

# 日本对东南亚ODA外交中的基础设施投资及特点

包霞琴　李文悦

【内容提要】近年来，日本对东南亚的ODA外交进行了调整，特别是在基础设施投资领域呈现出“质量与数量”兼顾的“高品质”新特点。日本加速调整基础设施出口战略与ODA政策，深刻反映出其在新地缘经济时代的地区战略及在东亚地区经济秩序转型中的角色定位。以泰国曼清高铁、曼谷城市铁路与缅甸迪洛瓦经济特区为代表，日本对东南亚的高品质基础设施投资虽取得实际成果，但面临诸多问题。中日两国在东南亚地区的第三方市场合作潜力可期，在融资能力、规避投资风险、高铁技术与工业园区建设等方面存在优势互补，但同时在地缘政治风险和美国因素方面面临着挑战。

【关键词】日本ODA外交；高品质基础设施投资；中日第三方市场合作

【作者简介】包霞琴，复旦大学国际关系与公共事务学院教授；李文悦，复旦大学国际关系与公共事务学院博士研究生。

ODA（Official Development Assistance）指政府开发援助。ODA外交是指将ODA作为展开多边外交和双边外交的手段，达到谋求特定战略目标的外交政策与活动。进入21世纪后，亚太地区的地缘政治和地缘经济格局发生急剧变化，日本外交呈现出顺应形势发展的新特点。ODA外交是战后日本东南亚外交的重要基础和战略支柱。作为经济援助外交的载体，ODA为发展日本与东南亚国家的外交关系作出了积极贡献。为了应对近年来日本东南亚外交中面临的问题和挑战，2015年2月安倍政府通过了新的《开发合作大纲：为和平、繁荣，以及每个人更好的未来》以下简称《开发合作大纲》，着力推动日本与东南亚国家构建“高品质基础设施合作伙伴关系”。该大纲是日本新的ODA大纲。可以说，日本推行新东南亚ODA外交的背景正是中国的迅速崛起和新地缘政治经济带来的东亚地区经济秩序的快速转型。日本调整ODA外交政策以对接东南亚国家的基础设施建设需求，深刻反映出日本参与东南亚地区地缘经济竞争的意图及日本对自身在构建未来东亚地区经济秩序中的角色定位。

在新ODA大纲理念下，日本的东南亚外交在基础设施建设层面出现了许多新表现和新特点，本论文着重梳理日本“高品质基础设施投资”（Quality Infrastructure Investment，QII）的提出背景与发展过程，并选取泰国和缅甸为案例，考察日本在东南亚的基础设施领域取得的实际成果和遇到的问题。同时，在中国大力推进“一带一路”互联互通的背景下，东南亚成为中日两国投资基础设施最为密集的地区，如何避免两国在东南亚地区恶性竞争、通过第三方市场合作实现双赢，成为中日两国共同面临的机遇和挑战。

## 一、新ODA大纲颁布后日本对东南亚基础设施投资的新特点

日本对东南亚ODA外交有其独特的理念，日本对相应执行机构做出了调整。新ODA大纲颁布后，日本对东南亚的基础设施投资进入高品质发展阶段。

### （一）日本对东南亚ODA外交的理念与机构调整

日本ODA外交的规模发展与政策目标主要取决于两个因素，一是日本经济战略与实力的发展，特别是贸易收支状况；二是日本外交战略与政策的变化。[①] 日本对东南亚ODA外交政策的调整明显受到日本对东南亚地区形势变化认知的影响。

长期以来，通过基础设施建设推动对象国的经济持续增长是日本以ODA的形式开展国际合作的传统模式。[②] 同时，日本作为发达国家对东南亚ODA外交中的基础设施投资往往强调“高质量”。然而近年来，随着亚洲基础设施市

---

① 乔林生:《日本对外政策与东盟》，人民出版社，2006，第93页。

② 「岸田外務大臣ODA政策スピーチ　進化するODA世界と日本の未来のために」、日本外務省、2014年3月28日、http://www.mofa.go.jp/mofaj/ic/ap_m/page3_000726.html、访问时间：2018年10月16日。

场需求量的急剧增加、具有世界第二大经济体与新兴发展援助国双重身份的中国在该领域影响力不断扩大，日本也开始反思其东南亚ODA外交如何在维持和增强既有“质量”优势的基础上提升“数量”。[①]

根据2009年亚洲开发银行的推算，2010—2020年亚洲基础设施建设资金需求达8万亿美元，地区交通与能源运输的基础设施项目资金需求约为2900亿美元。[②] 2014年1月，安倍在其施政方针演说中也提出，到2020年亚洲地区预计需要8万亿美元的基础设施投资。[③] 根据日本瑞穗研究所的估算，从2015年到2025年，亚洲地区的基础设施投资需求量将超过14万亿美元，到2020年，东亚和东南亚地区所需的电力、通信、交通运输等基础设施在亚洲中的比例普遍超过50%。其中，电力和交通运输类基础设施需求最大，至少分别需要2.3961万亿美元和1.2677万亿美元。[④]

为了回应亚洲庞大的基础设施市场需求，同时拓展日本的国际市场并改善日企在海外的商业环境，日本政府在战略理念与机构建设两个层面都进行了重大的调整，明显体现出在决策与执行机构设置以及资源投入两个维度上重视基础设施海外投资的特点。

首先，2013年3月，日本政府设立了全面统筹和推进基础设施出口的最高机构——经济合作与基础设施战略会议，由内阁官房长官担任议长，成员由财务省、外务省、经济产业省、国土交通省、经济再生本部等相关部门大臣组成。[⑤] 该机构的“司令塔”功能则主要表现为综合规划日本基础设施出口、对

---

① 助川成也「岐路に立つ世界の開発協力(特集「地経学」とは何か：日本国際フォーラム研究プロジェクトの軌跡)」、『JFIR World Review』2018年第2号、118頁、https://www.jfir.or.jp/j/activities/reseach/pdf/181227.pdf、访问时间：2020年2月4日。

② Asian Development Bank and Asian Development Bank Institute, “Infrastructure for a Seamless Asia”, 15 September 2009, p. 4, https://www.adb.org/sites/default/files/publication/159348/adbi-infrastructure-seamless-asia.pdf，last accessed on 16 October 2018.

③ 「第百八十六回国会における安倍内閣総理大臣施政方針演説」、首相官邸、2014年1月24日、https://warp.ndl.go.jp/info:ndljp/pid/11547454/www.kantei.go.jp/jp/96_abe/statement2/20140124siseihousin.html、访问时间：2021年8月13日。

④ 东亚和东南亚各类交通运输类基础设施的需求量由大到小依次是：公路（1.0379万亿美元）、港口（1710亿美元）、机场（461亿美元）、铁路（127亿美元）。参见「リサーチ TODAY アジアのインフラ需要、10 年で 14 兆ドルと試算」、2頁、みずほ総合研究所、2015年8月17日、https://www.mizuho-ri.co.jp/publication/research/pdf/today/rt150817.pdf、访问时间：2018年10月16日。

⑤ 「経協インフラ戦略会議について」、首相官邸、2013年3月13日、https://www.kantei.go.jp/jp/singi/keikyou/dai1/siryou1.pdf、访问时间：2018年10月16日。

外经济合作等重要事项，以确保相关政策的战略性、高效性实施。同年5月，第四次经济合作与基础设施战略会议通过了基础设施建设投资领域的基本方针《基础设施系统出口战略》，首次提出到2020年日本企业在海外基础建设市场中的实际中标额要从10万亿日元（约合915亿美元）增加到30万亿日元（约合2745亿美元）的总体战略目标。[①] 围绕该目标，每年将对基础设施系统出口战略进行修订。同年6月，指导政府开发援助的政策方针《日本复兴战略》也明确指出，东盟地区是实现上述战略目标的重点市场。[②]

其次，除了设立经济合作与基础设施战略会议外，2014年4月18日，日本政府通过《海外交通与城市开发事业支援机构法案》，7月17日该法案正式实施。10月20日，海外交通与城市开发事业支援机构股份有限公司正式成立。[③] 该机构是日本第一个且唯一专门从事海外基础设施建设投资的官民合资机构，主要目的是为日本企业参与海外交通设施和城市建设的基础设施建设项目提供资金、技术、项目运营、人员派遣以及对外业务交涉上的支持。[④]

最后，作为推进《日本复兴战略》的具体手段之一，2015年2月10日，日本内阁会议正式通过了新ODA大纲《开发合作大纲：为和平、繁荣，以及每个人更好的未来》。区别于以往狭义的开发援助，开发合作所指的是广义上以开发发展中国家区域为主要目的并且由政府及政府机构实施的双方地位平等的国际合作活动。在新ODA大纲的基本方针中，基础设施建设则是作为协助对象国经济社会自主发展的首要基础，同时强调灵活运用日本自身的经验与知识以深化双边关系，促进共同成长。具体来看，修建基础设施被纳入新ODA大纲的第一项重点政策中，旨在实现对象国“高品质成长”，进而减少贫困。[⑤]

---

① 「インフラシステム輸出戦略」、首相官邸、2013年5月17日、5頁、https://www.kantei.go.jp/jp/singi/keikyou/dai4/kettei.pdf、访问时间：2018年10月16日。

② 「日本再興戦略-JAPAN is BACK-」、首相官邸、2013年6月14日、89頁、http://www.kantei.go.jp/jp/singi/keizaisaisei/pdf/saikou_jpn.pdf、访问时间：2018年10月16日。

③ 「(株)海外交通・都市開発事業支援機構(JOIN)について」、日本国土交通省、http://www.mlit.go.jp/kokusai/kokusai_tk1_000099.html、访问时间：2018年10月16日。

④ 涉及的基础设施建设项目主要包括：高铁、高速公路、城市铁路、船舶海运、港口、机场、城市开发以及物流。参见「投資対象分野」、海外交通・都市開発事業支援機構、https://www.join-future.co.jp/our-mission/field/、访问时间：2021年8月13日。

⑤ 参见「開発協力大綱－平和，繁栄，そして，一人ひとりのより良き未来のために－」、4—5頁、日本外務省、2015年2月10日、https://www.mofa.go.jp/mofaj/gaiko/oda/files/000072774.pdf、访问时间：2018年10月16日。

### （二）新ODA大纲颁布后日本对东南亚的高品质基础设施投资

对比2015年新ODA大纲及之后的历年ODA白皮书，高品质基础设施投资经历了一个概念逐步明晰化、内容逐步具体化、执行逐步制度化、政策重要性逐步强化的过程。

根据2015年版开发合作白皮书的说明，高品质基础设施投资是日本在支援亚洲新兴国家基础设施建设上能够长期推进的新方式。需要关注的是，所谓的“高品质”并不意味着“质量”与“数量”的矛盾。与之相反，ODA的使用要体现“质量”与“数量”共同提升的战略性与高效性。一方面，日本强调开展国际合作时发挥自身在道路、桥梁、港口、机场等基础设施工程建设与运营管理上的先进知识、经验与技术优势，协助亚洲新兴国家建设环保、安全、可持续、符合国际标准的基础设施，从而推动双边关系发展。另一方面，“数量”的提升则需要资金来源的多样化、日元贷款及其他投融资手续的便捷化，其中涉及政府相关机构间的密切合作和民间资本的参与。①

值得注意的是，2015年5月21日，日本首相安倍晋三在第21次国际交流会议“亚洲的未来”晚餐会上做了题为《投资亚洲未来》的演讲，首次提出构建高品质基础设施合作伙伴关系。由此，高品质基础设施投资正式成为新时期日本促进亚洲地区基础设施建设的政策方向，并在资金投入与机构合作两个相互关联的维度上呈现出新ODA大纲修订后日本对外基础设施投资的新特点。

首先，从高品质基础设施伙伴关系的具体内容来看，高品质基础设施不仅包括铁路、公路、发电站等传统项目，还涵盖石油、天然气等广义项目，此外还涉及软性基础设施，包括法治建设、人才培养等，旨在加强日本与亚洲各国“人”与“制度”的互联。②“合作伙伴关系”既强调日本国内的相关援助机构之间的合作，也突出日本与国际金融机构、相关国家和区域之间的合作。③该战略以增强日本在海外投资的竞争能力和构筑良好的外部投资环境为主，倡导

① 参见「2015年版 開発協力白書－日本の国際協力－」、42-43頁、日本外務省、2016年11月7日、https://www.mofa.go.jp/mofaj/gaiko/oda/files/000137901.pdf、访问时间：2018年10月16日。

② 「内閣官房、総務省、外務省、財務省、経済産業省、国土交通省G7伊勢志摩サミット『質の高いインフラ輸出拡大イニシアティブ』」、首相官邸、2016年5月23日、http://www.kantei.go.jp/jp/singi/keikyou/dai24/siryou2.pdf、访问时间：2018年10月16日。

③ 「岸田外務大臣ASEAN政策スピーチ『多様性と連結性－パートナーとしての日本の役割』」、日本外務省、2016年5月2日、https://www.mofa.go.jp/mofaj/a_o/rp/page3_001675.html、访问时间：2018年10月16日。

构建人、物与基础设施之间多元融合的互联互通，政策实施倾向于重点地区和新兴国家。①

其次，考虑到亚洲地区基础设施建设的市场前景广阔，“每年都有100万亿日元的基础设施建设需要”。因此，一方面，需要加大日本在亚洲地区基础设施建设的资金投入数额。日本政府计划与亚洲开发银行合作，今后5年内向亚洲投入总额约1100亿美元的基础设施建设基金以及超过366亿美元的援助。②另一方面，发挥日本国际协力银行（JBIC）和日本国际协力机构（JICA）的作用，创新日本“官民结合”“机构对接”的投融资方式，以此扩大基础设施建设的资金来源与项目范围。日本政府计划建立通过国际协力银行在风险项目上向官民合作基础设施项目提供资金的新制度。由日本国际协力银行承担短期核算风险，改变长期以来要求当地政府担保的方式。此外，日本国际协力机构将与亚洲开发银行开展合作，建立为民间基础设施建设项目进行投融资的新框架。

最后，充分动员日本对外经济合作手段，特别是加快和扩大ODA成为高品质基础设施合作伙伴关系的四大支柱之一。③换言之，为了适应新的基础设施投资政策，需要对ODA的运用方式和范围做出相应调整。其主要包括运用日元贷款、技术合作、无偿资金合作等方式强化海外投融资，对亚洲基础设施的援助增加25%；通过对新设立的ODA予以灵活运用，促进发展中国家政府

① 孟晓旭：《日本高质量基础设施合作伙伴关系的构建与前景》，《国际问题研究》2017年第3期，第77页。

② 「第21回国際交流会議『アジアの未来』晩餐会　安倍内閣総理大臣スピーチ」、首相官　邸、2015年5月21日、https://warp.ndl.go.jp/info:ndljp/pid/11547454/www.kantei.go.jp/jp/97_abe/statement/2015/0521speech.html、访问时间：2021年8月13日。

③ 其他三个支柱分别是：（1）加强日本与亚洲开发银行之间的合作。主要包括：支持亚开行增加50%的融资能力，扩大其对民间部门的贷款及缩短项目准备期限；利用日本国际协力机构的海外投融资，在 日本国际协力机构和亚开行间建立新的协作机制，促进“政府与社会资本合作”投资基础设施；（2）强化日本国际协力银行的功能，对高风险项目的资助翻倍。主要包括：改变长期以来要求当地政府担保的做法，由日本国际协力银行积极在风险项目上向官民合作基础设施项目提供资金，项目可采用官民合作的“政府与社会资本合作”融资模式，促进日元贷款的收支平衡；灵活运用新设立的“海外交通与城市开发事业支援机构”；（3）推动“高品质基础设施投资”成为国际化标准。具体包括：令世界了解日本高质量基础设施投资成功实践；提供考察日本先进技术的机会；和世界银行、亚开行等国际机构和伙伴关系国一同召开高质量基础设施投资研讨会；在联合国及二十国集团峰会等多边场合强调高质量基础设施投资的重要性；强化对“高品质基础设施投资”必要的技术支援。参见「質の高いインフラパートナーシップ ～アジアの未来への投資～」、外務省・財務省・経済産業省・国土交通省、2015年5月21日、https://www.mofa.go.jp/mofaj/gaiko/oda/files/000081296.pdf、访问时间：2018年10月16日。

为官民合作基础设施项目提供资金和担保，促进民间资本参与基础设施项目；通过日本国际协力机构和日本国际协力银行等机构的配合，加快日本ODA贷款程序，将三年的手续办理期最快缩短到一年半。①

随着高品质基础设施合作伙伴关系在战略理念与实施方式上的基本确立，2016年版开发合作白皮书正式新增“高品质基础设施”作为实现ODA对象国“高品质成长”政策目标的重要机制，与改善经贸投资环境、动员国内资金支援以及金融并列。② 而从东南亚地区在日本投资高品质基础设施中的地位来看，东南亚在航路、政治、经济等各方面对日本而言始终都是非常重要的地区。③

其中，每三年定期召开的日本与湄公河流域国家峰会直接反映出日本对东南亚国家在完善基础设施建设方面ODA投入逐步扩大的趋势。继该峰会通过的《东京战略2009》和《东京战略2012》分别宣布日本方面对湄公河区域提供5000亿日元（约合45.75亿美元）和6000亿日元（约合54.90亿美元）的政府开发援助，帮助当地完善基础设施建设后，2015年7月第7届日本与湄公河流域国家峰会通过了联合公报《新东京战略2015》。安倍首相宣布将从“质量和数量”两方面为湄公河地区基础设施开发作出贡献，承诺从2016年度开始，在3年内向湄公河流域5国（柬埔寨、泰国、越南、缅甸、老挝）提供7500亿日元的政府开发援助，推动高品质基础设施建设。④ 鉴于2015年12月31日东盟共同体成立标志着东盟一体化发展进入新阶段，日本以加强对东南亚地区的基础设施投资为抓手，有助于其在增强该地区联结性、缩小地区内差距方面发挥切实的支援作用。⑤

2017年日本公布的开发合作白皮书中，在东南亚地区推进高品质基础设

---

① 「『質の高いインフラパートナーシップ』のフォローアップ」、日本財務省、2015年11月21日、https://www.mof.go.jp/international_policy/economic_assistance/pqi/pqi_151121_besshi01.pdf、访问时间：2018年10月16日。

② 参见「2016年版 開発協力白書 − 日本の国際協力 − 」、29—30頁、日本外務省、2017年3月21日、http://www.mofa.go.jp/mofaj/gaiko/oda/files/000238188.pdf、访问时间：2018年10月16日。

③ 「ＡＳＥＡＮは『極めて重要な地域』 インフラ支援などで中国牽制　平成２７年版開発協力白書」、『産経新聞』、2016年3月11日、http://www.sankei.com/politics/news/160311/plt1603110009-n1.html、访问时间：2018年10月16日。

④ 参见「第7回日本・メコン地域諸国首脳会議」、日本外務省、2015年7月4日、https://www.mofa.go.jp/mofaj/s_sa/sea1/page1_000116.html、访问时间：2018年10月16日。

⑤ 参见「2016年版 開発協力白書 − 日本の国際協力 − 」、121—123頁、日本外務省、2017年3月21日、http://www.mofa.go.jp/mofaj/gaiko/oda/files/000238188.pdf、访问时间：2018年10月16日。

施建设的重要性进一步凸显。除了继续强调高品质的基础设施强化地区"物理的联结性"以实现新兴国家"高品质成长"方面的关键作用外，以经济走廊、海上运输港、高速铁路为代表的高品质交通类基础设施明确成为"自由开放的印太战略"下加强东南亚地区互联互通的重要渠道。①

总之，新ODA大纲颁布以来，日本在东南亚市场的投资不断增加，高品质基础设施领域在其中的数额和范围占比都呈现出大幅上升的趋势（见图1）。

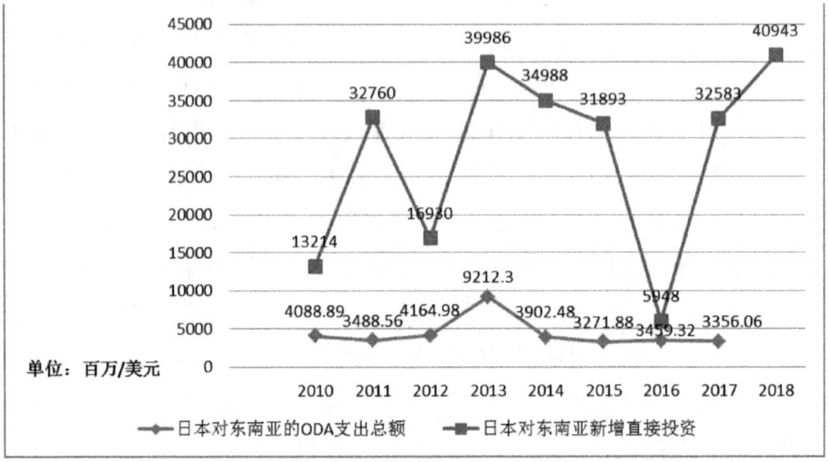


**图1　2010—2018年日本对东南亚的ODA与FDI（国际直接投资）投入**

资料来源：日本对东南亚的ODA支出总额根据日本外务省历年ODA白皮书中「東アジア地域における日本の援助実績」汇总整理；日本对东南亚新增直接投资根据日本贸易振兴机构「日本の国・地域別対外直接投資（国際収支ベース、ネット、フロー）」历年数据整理，https://www.jetro.go.jp/world/japan/stats/fdi.html，访问时间：2020年2月3日。

## 二、日本对东南亚高品质基础设施投资的表现：以泰国和缅甸为例

日本对东南亚进行的高品质基础设施投资中，对泰国和缅甸的投资最具有代表性。

### （一）泰国案例：以曼清高铁和曼谷城市铁路建设项目为例

泰国位于东盟成员国的中心位置，适合企业作为生产基地并辐射周边各

① 参见「2017年版 開発協力白書－日本の国際協力－」、3-5頁、日本外務省、2018年10月31日、https://www.mofa.go.jp/mofaj/gaiko/oda/files/000336398.pdf、访问时间：2018年11月3日。

国。因此，从20世纪60年代开始，日本便逐步将劳动密集型和资本密集型产业集中布局在泰国。考虑到日本始终是多年来对泰国投资最多的国家，为了营造良好的投资环境"深耕"东南亚，日本政府长期以ODA的形式支持日本企业在泰国的基础设施投资。例如，日本在30年内为泰国东部临海工业区提供了1800亿日元（约合16.47亿美元）的低息贷款。①

2015年以来，日本倡导的高品质基础设施投资在日泰合作中主要表现为曼谷—清迈高速铁路和曼谷城市铁路建设项目。

2015年2月，泰国巴育总理在访日时乘坐了东京—新大阪的新干线，计划将高铁技术引入泰国的发展规划。② 两国首脑就推进泰国的基础设施建设，特别是两国在铁路建设上的经济合作达成共识。③ 2015年5月27日，日本交通运输大臣太田昭宏与泰国运输部长巴津在东京签署了铁路建设联合调查备忘录，决定以采用日本新干线技术为前提，就泰国计划修建的首都曼谷至北部旅游城市清迈全长672公里的高速铁路联合开展前期业务调查工作。④ 但关于曼清高铁的成本和收益，日泰两国长期存在分歧。

根据日方工作组提交的初步可行性报告，该高铁项目的评估造价为5300亿泰铢（约合149.53亿美元），而泰方之前估算的造价仅为4400亿泰铢（约合124.2亿美元），双方估价差距900亿泰铢（约合25.40亿美元）。因此，泰国方面希望通过政府和社会资本合作（PPP）模式积极利用民间资本推动该项目建设，并积极寻求日本企业作为共同运营商参与项目。据日本国土交通省介绍，东日本旅客铁道公司（JR东日本）、三井物产、日立制作所以及三菱重工共4家日本企业对投资泰国高铁项目有兴趣，但还需要经过进一步讨论。可见，虽然日本积极向海外推销高铁技术，但面对如何募集资金和确保盈利等问题，日

---

① 「ASEANビジネス投資サミット 安倍総理スピーチ」、首相官邸、2015年11月21日、https://warp.ndl.go.jp/info:ndljp/pid/11547454/www.kantei.go.jp/jp/97_abe/statement/2015/1121speech.html、访问时间：2021年8月13日。

② 《泰国总理乘坐日本新干线 对比中日高铁》，2015年2月11日，人民网，http://japan.people.com.cn/n/2015/0211/c35469-26546861.html，访问时间：2018年11月3日。

③ 「プラユット・ジャンオーチャー・タイ王国首相の訪日に際しての 日本・タイ共同プレス声明」、日本外務省、2015年2月9日、https://www.mofa.go.jp/mofaj/files/000067641.pdf、访问时间：2018年11月3日。

④ 「タイ王国運輸省との鉄道分野に関する協力覚書の調印について（報告）」、日本国土交通省、2015年5月27日、http://www.mlit.go.jp/common/001091293.pdf、访问时间：2018年11月3日。

本方面还是选择谨慎展开营利性调查。①

由于高铁的经济效益受到沿线人口密度、电力供应、修建成本等因素的影响。根据日本国土交通省向泰方提交的曼清高铁的可行性报告建议，一方面，可以通过兴建沿线房产来弥补线路的造价收益差。泰国交通政策及规划办公室也为此成立了一个专门小组并召开联席会议，希望协同沿线地方政府、泰国城镇与乡村公共规划厅和财政部等不同部门，共同调研和制定出该高铁沿线的商业开发计划。另一方面，日方也建议分段修建。根据日方提交的可行性报告的评估结果，曼谷—彭世洛路段可获得相对较好的经济收益，因此可先行修建该工程段投入使用。彭世洛—清迈路段可留待再议。一些泰国铁路专家也认为第一段较为平坦，投资回报率相对高，沿线土地的商业开发也很有潜力；而第二段处于山区，商业开发前景还有待评估。②

2016年8月6日，日本国土交通大臣石井启一与泰国交通部长阿空签订曼清铁路合作备忘录。按照泰日两国协定，曼清高铁将分成两段兴建，首段长380千米，将连接曼谷与彭世洛；次段为彭世洛到清迈，长292千米。③

相较于广受关注的曼清高铁项目实际进展屡次受挫，同样采用日本技术的曼谷城市铁路建设项目则迅速取得了成功并得到不断发展。2016年7月，日本向泰国《曼谷首都圈大型运输网建设计划（第三期）》提供了约1668亿日元（约合15.26亿美元）、年利率0.3%的低息贷款，用于大型交通运输系统的建设与维护，从而缓解曼谷的交通堵塞和大气污染，同时促进地区经济发展和城市环境改善。④ 在日泰曼清高铁合作备忘录签署的当日，曼谷城市地铁（紫线）正式开通运营。这条地铁线首次引进了由东日本旅客铁道公司旗下东急车辆制造公司所生产的列车。⑤

2017年6月，泰国副总理颂奇在访日期间与日本签署了7项重大合作协议。在关于铁路建设的合作协议中，除了确认曼清高铁全线轨道的铺设，还

---

① 马勇幼：《日本要建泰国第一条高铁，资金是难题》，《光明日报》2015年5月29日，第12版。

② 《日本建议在泰国分段修建高铁　谋略布局东南亚》，2016年6月28日，新华网，http://www.xinhuanet.com//world/2016-06/28/c_129093589_2.htm，访问时间：2021年8月13日。

③ 《日本夺泰国高铁项目英媒：日本对中国“扳回一局”》，参考消息网，2016年8月8日，http://www.cankaoxiaoxi.com/finance/20160808/1260089.shtml，访问时间：2018年11月3日。

④ 「タイに対する円借款の供与（事前通報）」、日本外務省、2016年7月26日、https://www.mofa.go.jp/mofaj/press/release/press4_003537.html、访问时间：2018年11月3日。

⑤ 「石井国土交通大臣のタイ・ベトナム出張の結果概要」、日本国土交通省、2016年8月9日、http://www.mlit.go.jp/common/001141367.pdf、访问时间：2018年11月3日。

包括曼谷城市铁路完善、东西部经济走廊（EWEC）、周边城市开发等项目。[①] 此外，日本也积极参与泰国政府近年来力推的大型项目东部经济走廊（EEC）的开发。[②]

2017年12月，曼清高铁的可行性调查提前完成，日本国土交通副大臣牧野京夫向泰国交通部长阿空递交了最终报告，这标志着日本向泰国输出新干线迈出了关键一步。[③] 据《日本经济新闻》报道，该报告规划以日本新干线方式为前提，总建设预算约为4200亿泰铢(约合127.47亿美元)。虽然日方在报告中纳入包括日元贷款在内的援助措施，但泰国依然认为该项目财政负担巨大。为了降低项目总成本，泰国总理巴育已指示交通部研究将该高铁项目的最高运行时速从300千米/时降至180—200千米/时的可能性。同时，相较于作为泛亚铁路重要组成部分的中泰高铁，曼清高铁的投资价值也受到泰方的质疑。泰国副总理颂奇表示，“曼清高铁项目应该被审查，因为它不能连接其他省份和邻国”。[④]

### （二）缅甸案例：以迪洛瓦经济特区为例

从缅甸在日本高品质基础设施投资中的定位来看，缅甸具有丰富廉价的劳动力和市场潜力。随着2011年以来缅甸民主化的转型，国际经济制裁的逐步解除，新政府计划通过扩大直接投资与贸易实现创造就业和经济发展的目标，但落后的基础设施建设是其主要的制约因素。因此，从2012年以来日缅经济合作的重点方针来看，通过基础设施和相关制度的建设以促进经济持续增长，成为日本对缅支援的三个重点领域之一。对此，日本政府积极以ODA方式加以推进（见图2）。

① 「タイ王国運輸省と鉄道分野に関する協力覚書を締結しました!」、日本国土交通省、2017年6月8日、http://www.mlit.go.jp/common/001188014.pdf、访问时间：2018年11月3日。

② 「菅内閣官房長官とソムキット・タイ王国副首相との会談」、日本外務省、2017年6月7日、https://www.mofa.go.jp/mofaj/s_sa/sea1/th/page1_000345.html、访问时间：2018年11月3日。

③ 「牧野国土交通副大臣がベトナム・タイにおいて交通インフラ・観光のトップセールスを実施－バンコク～チェンマイ間高速鉄道事業性調査の最終報告書の手交式等実施－」、日本国土交通省、2017年12月20日、http://www.mlit.go.jp/common/001215026.pdf、访问时间：2018年11月3日。

④ 《太贵！日本承建的泰国高铁被迫降低最高运行时速》，新华网，2017年12月28日，http://www.xinhuanet.com/world/2017-12/28/c_129777142.htm，访问时间：2018年11月3日。

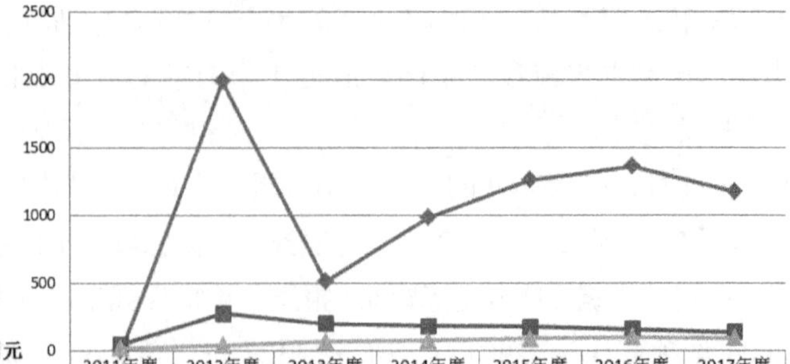


| | 2011年度 | 2012年度 | 2013年度 | 2014年度 | 2015年度 | 2016年度 | 2017年度 |
|---|---|---|---|---|---|---|---|
| 日元贷款 | 0 | 1988.81 | 510.52 | 983.44 | 1257.38 | 1358.08 | 1170.4 |
| 无偿资金援助 | 45.13 | 277.36 | 199.76 | 181.89 | 176.05 | 156.44 | 135.07 |
| 技术援助 | 21.23 | 42 | 67.14 | 75.18 | 89.09 | 98.12 | 92 |

**图2　2011—2017年日本对缅甸ODA投入变化情况**

资料来源：笔者根据日本外務省「政府開発援助（ODA）国別データ集2016」、「政府開発援助（ODA）国別データ集 2017」、「政府開発援助（ODA）国別データ集2018」整理，https://www.mofa.go.jp/mofaj/gaiko/oda/shiryo/jisseki/kuni/index.html，访问时间：2020年2月3日。

在此目标下，作为缅甸第一个国家级经济特区，迪洛瓦经济特区（Thilawa Special Economic Zone）的开发正是对应上述关于基础设施建设的日缅重点合作领域。迪洛瓦经济特区也成为新地缘经济时代日本战略性运用ODA，开展兼顾“质与量”的高品质基础设施建设的代表性案例。①

从日本参与缅甸迪洛瓦经济特区建设的背景来看，一方面，迪洛瓦经济特区依托首都仰光，具有劳动力充足和市场便利的优势。因此，缅甸新政府上台后，就将迪洛瓦经济特区的开发建设作为优先事项，不仅通过了迪洛瓦经济特区法修正案和投资法案的修订，而且期待在亚洲地区拥有先进技术和经济特区建设经验的日本企业入驻，以改善当地投资环境。另一方面，作为“亚洲最后的投资热土”，缅甸已成为各国企业开展激烈竞争的重要地区。日本参与迪洛瓦经济特区的开发，直接关系到日本企业在缅投资市场份额的扩大。

作为迪洛瓦地区基础设施开发计划的主要成果，迪洛瓦经济特区反映出以日本民间企业为中心推进水电、道路、通信、港口等基础设施建设和日本政府提供低息日元贷款的官民一体的高品质基础设施投资模式。

2012年4月，在日缅首脑会谈期间，除了宣布免除缅甸3035亿日元（约

① 参见助川成也「岐路に立つ世界の開発協力(特集「地経学」とは何か：日本国際フォーラム研究プロジェクトの軌跡)」、『JFIR World Review』2018年第2号、130—131頁、https://www.jfir.or.jp/j/activities/reseach/pdf/181227.pdf、访问时间：2020年2月4日。

合27.83亿美元）债务[①]并强调灵活使用日元贷款以推进缅甸基础设施建设外，日本外务省、经济产业省与缅甸联邦国家计划和经济发展部共同签署了有关迪洛瓦经济特区合作开发初步意向的备忘录。[②]根据规划，迪洛瓦经济特区位于缅甸仰光市近郊（市区中心东南约23千米），车程约一小时。项目总占地面积为2400公顷，第一阶段项目占地面积为400公顷。迪洛瓦经济特区完全建成后，将吸引高新技术产业、劳动密集型产业、纺织业和制造业方面大约100家企业入驻，雇用4万多人。2012年12月，日缅两国政府签署了合作备忘录。2013年1月，日本副首相麻生太郎访缅时曾专门到毗邻特区的迪洛瓦港口参观。

2013年5月，由三菱、丸红、住友三家日本大型商社组成的财团与缅甸9家股份公司组成的联合体在仰光签署合作备忘录，负责迪洛瓦工业园区内电力、自来水等基础设施建设。日本首相安倍晋三出席了合作备忘录签字仪式，并参观了迪洛瓦经济特区。此外，日本政府提供了200亿日元（约合1.83亿美元）贷款用于迪洛瓦经济特区内部和周边的基础设施建设，主要包括供电设施和货运港口的建设。[③]迪洛瓦经济特区项目于2013年11月开工，在完成水通、电通、路通和场地平整的“三通一平”工程后，进入设计修建厂房、搭建“一站式”服务窗口等设施环节。2014年5月，经济特区内的早期开发区域（A区）使用权开始销售。

2015年9月23日，迪洛瓦经济特区一期项目举行开业仪式，缅甸副总统吴年吞、日本副首相兼财务大臣麻生太郎等两国高级官员出席，并吸引了10多个国家的48家企业投资。截至2017年9月，特区第一阶段项目所有土地的使用权已售完，来自日本、新加坡、泰国、韩国等国的企业已开始修建工厂厂房。[④]

2017年2月，缅甸迪洛瓦经济特区二期项目举行开工典礼。二期项目首期

① 「ミャンマーの債務問題の解決に向けて」、日本外務省、2012年4月21日、https://www.mofa.go.jp/mofaj/area/myanmar/visit/thein_sein_1204/myanmar_debt_issues_ja.html、访问时间：2018年10月16日。

② 「ティラワ・マスター・プラン策定のための協力に関する意図表明覚書（仮訳）」、日本外務省、2012年4月21日、https://www.mofa.go.jp/mofaj/area/myanmar/visit/thein_sein_1204/moi_thilawa_ja.html、访问时间：2018年10月16日。

③ 「ミャンマーに対する円借款に関する交換公文の署名」、日本外務省、2013年5月26日、https://www.mofa.go.jp/mofaj/press/release/press6_000263.html、访问时间：2018年10月16日。

④ 「ミャンマーの大地に力を」、丸紅株式会社、2017年9月、https://www.marubeni.com/jp/insight/scope/mmf/、访问时间：2018年10月16日。

工程（B区）占地101公顷，可提供约4万个就业岗位。缅甸经济特区中央工作委员会主席、商务部长丹敏博士在会上表示，缅甸3个经济特区（即迪洛瓦经济特区、土瓦经济特区、皎漂经济特区）中，迪洛瓦经济特区已冲到了最前沿。① 据《缅甸新光报》报道，截至2017年2月25日，一期项目已有来自16个国家和地区的78家企业投资，其中24家企业已开始运转，投资总额已达10.55亿美元。②

根据日本外务省发布的2016年版开发合作白皮书，日本将继续推进迪洛瓦经济特区周边的基础设施建设。截至2016年8月，在迪洛瓦经济特区入驻的78家公司中共有39家日本企业。因此，迪洛瓦经济特区“可以说是日本高品质基础设施投资值得世界信赖的成功典范”。③

而迪洛瓦经济特区之所以建设速度快、规模大、成效显著，与日本政府推进高品质基础设施建设时采取政府与社会资本合作的投融资模式以及日本国际协力机构的功能强化密切有关。

第一，从迪洛瓦经济特区采用的组织形式来看，政府与社会资本合作在项目盈利性、透明公开性、风险共担性、成果共享性等方面发挥了重要作用。

一方面，特区开发商缅甸日本迪洛瓦开发公司为日缅合资企业，公司股份由两国政府、企业和缅甸民众共同所有。日本国际协力机构占股10%，日本财团组建的合资公司占股39%。缅甸政府通过特区管理委员会享有10%的股份，为项目的稳定开展提供政治政策保障。

另一方面，通过发行股票吸纳缅甸民间资本、直接与缅甸人民分享特区收益，从而扩大了项目的宣传效应，同时也使风险更加均衡地分散。这体现在：由缅甸民间资本组成的缅甸迪洛瓦控股公共有限公司占其余41%的股份。其中缅甸迪洛瓦控股公共有限公司的股票在缅甸的证券交易所公开发售，缅甸公民及公司都有权购买。截至2016年4月28日，据称缅甸迪洛瓦控股公共有限

① 《迪洛瓦经济特区运营企业年底将增至近70家》，中国国际贸易促进委员会网站，2017年9月14日，http://www.ccpit.org/Contents/Channel_4114/2017/0914/878072/content_878072.htm，访问时间：2021年8月13日。

② 《迪洛瓦经济特区二期工程开始动工》，缅华网，2017年2月27日，https://www.mhwmm.com/miandianxinwen/21515.html;「販売は好調も労務管理に大きな課題－ティラワ経済特区の最新事情－（ミャンマー）」、日本貿易振興機構（JETRO）、2018年1月11日、https://www.jetro.go.jp/biznews/2018/01/5e62178f136b2d61.html、访问时间：2018年10月16日。

③ 「2016年版 開発協力白書－日本の国際協力－」、123頁、日本外務省、2017年3月21日、https://www.mofa.go.jp/mofaj/gaiko/oda/files/000239472.pdf、访问时间：2018年11月3日。

公司已拥有近1.8万名股东，股票价格也在发行的两年内涨了6倍。①

第二，日本国际协力机构通过多种方式综合运用ODA，为企业的投资和特区的运营扫清了前期障碍，达到了“侧面支援”迪洛瓦经济特区的效果。

一方面，在迪洛瓦经济特区一期开业前，日本国际协力机构通过三种方式吸引了企业投资。一是技术合作，日本国际协力机构通过修改经济特区法规和政策，支援特区管理委员会以及“一站式”服务中心的能力提升。

二是提供日元贷款和无偿资金援助，有步骤地完善特区水电、通信、道路、港口等基础设施，从而将迪洛瓦经济特区打造成配备高品质电力与供水系统的高水平经济特区。如2014年9月，在第一期投入200亿日元（约合1.83亿美元）贷款用于迪洛瓦特区的电力与港口建设后，日本国际协力机构又投入46.13亿日元（约合4200万美元）贷款扩建仰光与迪洛瓦之间的主干道。通过完善交通运输系统，促进了地区吸引投资与仰光首都圈的发展和就业。②2015年3月，日本国际协力机构投入105亿日元（约合9600万美元）贷款用于改善包括迪洛瓦地区在内的缅甸三大城市仰光、内比都和曼德勒的通信网络。③

三是海外投融资，日本国际协力机构通过对特区开发商缅甸日本迪洛瓦开发公司提供资金援助，促进经济特区的生产、销售以及运营业务。如2014年4月，日本国际协力机构与迪洛瓦特区管理委员会、特区开发商以及缅甸迪洛瓦控股公共有限公司共同签署了迪洛瓦经济特区A区开发的合资协议，首次在缅甸开展投融资服务。④

另一方面，为了确保迪洛瓦经济特区二期项目的平稳开发，日本国际协力机构在农田征用和拆迁问题上也发挥了协调和补偿周边居民的重要作用。迪洛瓦经济特区管理委员会主席瑟昂表示，由于二期工程征用了附近两个村子的土地，日本国际协力机构已经依据协议为村民提供土地赔偿金、6年的庄稼补贴

① 《开发缅甸特区，为何中国速度不如日本快？》，参考消息网，2016年4月28日，http://ihl.cankaoxiaoxi.com/2016/0428/1143694.shtml，访问时间：2018年10月16日。

② 「ミャンマー連邦共和国向け円借款契約の調印–生活の向上・持続的な経済成長のために社会経済基盤整備を支援–」、日本国際協力機構（JICA）、2014年9月5日、https://www.jica.go.jp/press/2014/20140905_01.html、访问时间：2018年10月16日。

③ 「ミャンマー連邦共和国向け円借款契約の調印-電力の安定供給、急増する通信需要への対応に貢献-」、日本国際協力機構（JICA）、2015年3月26日、https://www.jica.go.jp/press/2014/20150326_02.html、访问时间：2018年10月16日。

④ 「ティラワ経済特別区（SEZ）開発への海外投融資供与–ミャンマー初のSEZ開発、官民連携し企業進出拠点を整備–」、日本国際協力機構（JICA）、2014年4月23日、https://www.jica.go.jp/press/2014/20140423_01.html、访问时间：2018年10月16日。

并为村民建造房屋，帮助村民寻找工作岗位。[①]

## 三、中日在东南亚开展第三方市场合作的前景与评估

### （一）背景与现状

通过上述泰国和缅甸的案例分析，可见日本投资建设高品质基础设施既有设施安全耐用、符合国际标准、风险评估充分、建设与维护兼顾等技术方面的经验优势，也面临着造价过高、发展中国家难以接受、建设速度太慢等问题。自雅万高铁项目提出以来，中日在高成本、技术综合性要求高、投资回报周期长的海外高铁建设上的竞争造成了双方的损失。

因此，随着地区项目规模的大型化、项目类型的多样化以及投资风险的多样化，投资重合度高、优势互补的中日两国不必开展“零和博弈”，开展第三方市场合作对双方以及区域经济一体化都极为有利。[②] 据亚洲开发银行在2017年发布的《满足亚洲基础设施建设需求》报告预计，如果维持现有增势并考虑气候变化等因素，2016—2030年亚太地区的基础设施建设需求为26万亿美元，即每年需要1.7万亿美元。其中，东南亚国家需要3.147万亿美元，每年需要2100亿美元。从人口占亚洲地区96%的25个经济体来看，基础设施年投资额仅约为8810亿美元。如果将中国排除在外，其余的24个经济体基础设施建设投资需要与实际投资额之间的差距将从2.4%扩大到5%。[③]

同时，中日间的合作也符合东南亚国家迅速改善落后的基础设施的要求。比如，2018年10月举行的第10届日本与湄公河流域国家峰会上，泰国总理巴育在与安倍的联合新闻发布会上表示，“我希望中日两国的企业能合作几个项目。我们对中日之间的这种合作表示欢迎，每个（湄公河流域）国家都能因此获益”。

在上述背景下，第三方市场合作正是中日双方寻求新时期经贸合作实现双赢乃至地区多赢而探索出的一种新模式。2018年6月修订的《基础设施系统

---

① 《迪洛瓦经济特区二期工程开始动工》，缅华网，2017年2月27日，https://www.mhwmm.com/miandianxinwen/21515.html、访问时间：2018年10月16日。

② 孟晓旭：《日本高质量基础设施基础设施合作伙伴关系构建及与中国的竞争合作》，《现代日本经济》2018年第6期，第76页。

③ Asian Development Bank, *Meeting Asia's Infrastructure Needs*, February 2017, https://www.adb.org/sites/default/files/publication/227496/special-report-infrastructure.pdf, accessed on 16 October 2018.

出口战略》中也首次加入了推进日中企业在第三方市场开展合作的内容。[①] 而东南亚则成为中日开展第三方市场合作的重点地区之一。在已经落实的中日第三方市场合作论坛机制与中日第三方市场合作国际研讨会机制中，泰国得到了中、日、泰三国政府和企业的高度重视。尤其是泰国的东部经济走廊建设、工业园区建设、智慧城市建设以及交通运输率先成为中日的重要合作领域，并已取得了积极成果。

一方面，2018年10月，中日第三方市场合作论坛由中国商务部、发展改革委与日本经济产业省、外务省共同主办，为两国政府和民间就第三方市场合作开展交流搭建平台。来自中日两国政府、经济团体、企业的代表共1000多人出席了论坛，双方在交通物流、能源环保、产业升级和金融支持、地区开发4个分论坛上开展专题讨论，推动企业间务实合作与项目对接。论坛召开期间，双方共签署52项合作协议，包括基础设施、金融、物流、信息技术等许多领域。[②] 其中，唯一一项由三国共同签署的正是中日在泰国关于基础设施与城市开发的第三方市场合作项目，即江苏嘉睿城建设管理有限公司、横滨都市技术协力推进机构和泰国安美德集团签署的《关于在泰国安美德工业园推进智慧城市化的合作备忘录》。[③]

另一方面，泰国首都曼谷连续两次成为中日第三方市场合作国际研讨会的举办地。第一次是2018年5月召开的泰国东部经济走廊中国—日本第三方市场合作国际研讨会，由泰国东部经济走廊办公室、中国驻泰国大使馆、日本驻泰国大使馆联合主办，包括中国国家发改委副主任在内的来自中、泰、日三国政府和企业代表约150人出席。[④] 第二次是2019年4月召开的中日第三方市场合作研讨会，由中国国际贸易促进委员会、日本贸易振兴机构联合主办，泰国东部经济走廊办公室协办，与会人数增至约300人。除了强调继续深化东部经济走廊项目的合作外，三方企业在会上就第三方市场合作未来的合作领域进行专

① 参见「インフラシステム輸出戦略(平成30年度改訂版)」、27頁、首相官邸、2018年6月7日、https://www.kantei.go.jp/jp/singi/keikyou/dai37/siryou2.pdf、访问时间：2020年2月5日。

② 《第一届中日第三方市场合作论坛签约项目》，中国商务部网站，2018年10月27日，http://images.mofcom.gov.cn/yzs/201812/20181229154112167.pdf，访问时间：2021年8月13日。

③ 《第一届中日第三方市场合作论坛签约项目》，中国商务部网站，2018年10月27日，http://images.mofcom.gov.cn/yzs/201812/20181229154112167.pdf，访问时间：2021年8月13日。

④ 《泰国东部经济走廊中国—日本第三方市场合作国际研讨会在曼谷举行》，中国新闻网，2018年5月31日，http://www.chinanews.com/gj/2018/05-31/8527298.shtml，访问时间：2020年2月3日。

题讨论，会后进一步就重点合作项目进行了项目推介与对接洽谈。[①]

### （二）优势互补

中日第三方市场合作是在新时期中日合作开拓的新领域，具有互利双赢的特点。换言之，中日两国对外投资的发展历史不同、模式不同，所以积累的经验也不相同，合作则可以带来优势互补。下文将从融资能力、规避投资风险、高铁技术、工业园区建设四个方面具体探讨中日在跨境投资修建基础设施方面的特点和优势，以及开展第三方合作如何实现优势互补。

#### 1. 融资能力

修建基础设施需要大量的资金投入，项目所在国尤其是"一带一路"倡议沿线国家，往往无法负担全部的资金，需要承建商提供融资。[②] 中国在提出"一带一路"倡议之后，建立了两个主要为基础设施建设筹集资金的机构。一个是亚洲基础设施投资银行（亚投行）。该机构于2015年12月25日成立，初期有57个发起国和1000亿美元的资金。截至2017年6月，亚投行共批准了16个投资项目，总金额为25.7亿美元。[③] 另一个是"丝路基金"，这是一个中长期开发投资基金，于2014年12月29日建立，主要为"一带一路"项目提供投融资服务。

由日本主导的融资机构主要有两个。一个是亚洲开发银行（亚开行），创立于1966年。另外一个是高质量基础设施伙伴关系基金（PQI），建立于2015年5月，资金主要来自日本政府的官方开发援助、亚开行以及私人资本。高质量基础设施伙伴关系基金的建立被视为日本对中国倡导建立亚投行的回应，以期和中国争夺在亚洲基础设施建设中的市场份额。根据2017年度日本外交蓝皮书，日本ODA在高质量基础设施伙伴关系基金中的使用范围很广，包括铁路、道路桥梁、机场码头、能源、交通和自然灾害防控等方面，涉及的国家主要在东南亚地区。

对比中日在对外基础设施建设中的融资能力，可以发现，中国的融资能力

---

① 《中日第三方市场合作研讨会在曼谷举行》，中国国际贸易促进委员会，2019年4月8日，http://www.ccpit.org/Contents/Channel_4117/2019/0408/1150339/content_1150339.htm，访问时间：2020年2月3日；《中日第三方市场合作研讨会在曼谷举行》，新华网，2019年4月2日，http://www.xinhuanet.com/2019-04/02/c_1124318579.htm，访问时间：2020年2月3日。

② 徐飞：《纵横"一带一路"中国高铁全球战略》，格致出版社，2017，第157页。

③ 《亚投行成员增至80个，今年落实项目资金7.7亿美元》，环球网，2017年6月19日，http://world.huanqiu.com/hot/2017-06/10865072.html，访问时间：2018年6月13日。

强；资金数量大；融资效率高，过程更加灵活。相比之下，日本的融资能力相对偏低；资金少；项目审核程序复杂，效率低。但是，日本能够发掘私人资本参与，并且和亚开行等国际组织有联系，能够扩大影响力。如果中日两国在融资方面开展机构间的合作，就能够整合资源；扩大机构融资的国际影响力，吸引更多的资金；充分利用私人、政府、企业等领域的资金，进一步强化融资能力，也能分担金融风险。

**2. 规避投资风险**

作为发达国家，日本企业对外直接投资历史较长，积累的规避投资风险的经验也更丰富。其中两个最突出的优势在于拥有专业的市场调研团队和善于运用公共关系管理社会矛盾。

在搜集市场信息方面，日本政府设立了通商产业省管辖的亚洲经济研究所经济调查部、海外投资研究所、综合商社等信息服务机构，使日本境外直接投资企业可以获得有效的市场信息。截至2020年1月1日，日本贸易振兴机构在海外54个国家设立了74个办事处，拥有资深的市场调研团队和战略研究机构。[①] 这些机构提供的信息对于日本企业对外投资的决策来说有着重要的参考价值，有助于企业了解当地的风俗环境，因地制宜制造产品，以及预防和抵御在境外可能遇到的政治风险等。

在防控社会风险，处理好和投资地社区居民的关系方面，日本企业也有自己的独特经验。他们非常重视劳动力和资源的本地化。这样做带动了当地居民的就业，有助于提高企业的社会声誉，缓和由于文化摩擦带来的敌对感。同时，日本企业还极力避免直接参与到资源开采当中，以规避当地对于经济殖民主义的疑虑。

中国企业在对外投资的过程中，有时会因为缺乏风险意识而对政治风险和社区风险的调研不足，缺乏对投资环境的全面认识，从而导致当地群众误解和自身经济损失。与日本开展合作，中国企业可以从中学习规避投资风险的方法。此外，中国和日本作为泰国最大的两个投资者，开展合作还可以有效规避政治风险。即便泰国政权变更导致政策变化，中日企业也可以通过合作与泰国政府磋商谈判，而不至于产生恶性竞争。

① 「組織概要」、日本貿易振興機構（JETRO）、https://www.jetro.go.jp/jetro/profile.html、访问时间：2020年2月3日。

#### 3. 高铁技术

日本是传统高铁强国，新干线技术具有原创性，有超过50年的历史积累，拥有全套技术优势。而中国通过“后发优势”对高铁技术进行引进、消化、吸收和出口，这个过程只用了10多年，但是还不具备全套优势。中国高铁的国际认同度和知名度与日本、欧美等国家相比较低，因为中国高铁高端技术装备依然存在差距，缺乏完善的标准体系，完全自主知识产权的核心技术不多。[①]日本新干线技术中的中央控制系统完善，列车信息控制系统稳定安全，安全性、稳定性一流，但也存在维修工作量大和费用高，建设、耗电费用高，列车寿命短等缺陷。而中国的高铁技术虽然目前尚未拥有全套技术自主知识产权，安全性、稳定性没有达到新干线技术的水平，但建设和后期维护费用低，信息化程度高，建设团队经验丰富。所以，中日合作修建高铁可以集合两家之所长，推出物美价廉的高铁产品。

#### 4. 工业园区建设

在工业园区建设方面，中国有着独特和丰富的经验。中国华立集团与泰国安美德集团于2006年合资成立的泰中罗勇工业园开发有限公司正好位于东部经济走廊当中的罗勇府，毗邻首都曼谷和廉差邦深水港，拥有优越的区位条件。该工业园区总体规划面积12平方千米，包括一般工业区、保税区、物流仓储区和商业生活区，主要吸引汽配、机械、建材、家电和电子等有比较优势的中国企业入园设厂。[②]园区各项基础设施得到不断完善，园区地基坚实，适合安置重型机械和建筑厂房；2012年获得ISO14001环保标准认证；水库蓄水量达350万立方米；泰国地方电力局提供110千伏的专线；泰国石化局铺设的天然气管道直接通往园区；道路由钢筋混凝土铺设；废水处理系统的处理量达18000立方米/天。[③]2017年，入园企业达到了86家。中日在东部经济走廊开展工业园区第三方合作，可以依托泰中罗勇工业园的建设经验和区位优势。

### （三）面临的挑战

中日第三方市场合作面临一些挑战，其中最为关键的是地缘政治风险和美

① 徐飞:《纵横“一带一路”中国高铁全球战略》，格致出版社、上海人民出版社，2017，第162—163页。

② 《泰中罗勇工业园概况》，泰中罗勇工业园，http://www.sinothaizone.com/about.php?cid=13，访问时间：2018年6月13日。

③ 《园区环境基础设施》，泰中罗勇工业园，http://www.sinothaizone.com/about.php?cid=26，访问时间：2018年6月13日。

国因素的影响。

**1. 地缘政治风险**

对于中国来说，东盟是中国周边外交的优先方向，东南亚是共建“21世纪海上丝绸之路”的重要地区，拥有多个“一带一路”倡议的重要战略支点。中国也在打造与东盟的利益共同体、命运共同体和责任共同体。“一带一路”以政策沟通、设施联通、贸易畅通、资金融通、民心相通的“五通”为主要内容，其中设施联通的重点就在于基础设施建设。中国对东南亚铁路投资是国内铁路技术和交通网的延伸，也是“一带一路”倡议框架下欧亚铁路交通网的一部分。2017年7月25日，中国—东盟互联互通合作委员会第三次会议在印尼雅加达召开。双方一致认为，中国“一带一路”倡议与《东盟互联互通总体规划2025》在规划上契合，在领域上相通，协同发展潜力巨大。

中国在东南亚日益增长的影响力使日本感受到了竞争和压力。一直以来，东南亚都是日本经济外交的重点区域，也是日本发挥影响力的重要地区。尽管日本对东南亚的投资总额还高于中国，但中国在东南亚的影响力不断上升，“日本在东盟枢纽的存在被其他投资者如中国的出现所掩盖”。[①] 日本曾经在泰国发展中发挥强大的作用，但是由于中国和韩国电子巨头的崛起，日本的优势地位有所下降。[②] 针对“一带一路”倡议，日本更多地担忧中国挤压其战略空间。所以，在与中国竞争东南亚高铁项目时，日本即使获得零利润也要拿下建设权。因为铁路建成后，会牵涉到货物运输和商业贸易，日本想借此巩固在东南亚的经济利益。在对待“一带一路”倡议时，即使表示合作，日本也采取了高度谨慎和审视的态度。安倍政府强调与中国开展“一带一路”合作的四点“前提”，即强调选择的合作项目要遵守开放性、透明性、经济性以及对象国财政健全性，还要求投资风险的均衡承担。这种有条件有限度的合作影响中日第三方市场合作水平的迅速提高和规模的扩大。

---

① Shusuke Murai, “Thailand Courts Japanese Businesses with Grand Tour of Key Industrial Zone,” *The Japan Times*, September 26, 2017, accessed June13, 2018, https://www.japantimes.co.jp/news/2017/09/26/business/thailand-courts-japanese-businesses-grand-tour-key-industrial-zone/#.WyNw51Ps4ZQ.

② Shusuke Murai, “Thailand Courts Japanese Businesses with Grand Tour of Key Industrial Zone,” *The Japan Times*, September 26, 2017, accessed June13, 2018, https://www.japantimes.co.jp/news/2017/09/26/business/thailand-courts-japanese-businesses-grand-tour-key-industrial-zone/#.WyNw51Ps4ZQ.

### 2. 美国因素的影响

美国方面尽管承认在基础设施投资金额和条件上难以与中国的“一带一路”倡议竞争，但强调要与盟国推进合作，为亚太地区在国家主导的投资上提供一个更好的替代方案。根据2018年10月国际战略研究中心发布的第四份“阿米蒂奇报告”，美国计划启动区域基础设施基金，联合日本、澳大利亚、韩国、印度和新西兰共同推进高标准的、开放的、基于规则的投资模式，以对抗中国在亚太地区不断增长的经济与政治影响力。[①]

总体来说，中日第三方市场合作有机遇也有挑战。从战略层面来看，“一带一路”倡议能够让中日两国以及项目国获得协同发展，实现共赢。从具体实施层面来看，中日两国可以在融资能力、规避投资风险、高铁技术、工业园区建设方面取长补短，实现优势互补。东南亚地缘政治局势复杂，中日开展第三方市场合作需要应对中日博弈和印太战略带来的挑战。中日两国应该在加强政治互信的基础上明确共同利益，深化沟通交流，抓住机遇，力争在第三方市场合作中实现三方共赢的局面，从而推进整个东亚地区的繁荣与发展。

① Center for Strategic and International Studies, “More Important Than Ever: Renewing the U.S.-Japan Alliance for the 21st Century,” October 2018, accessed October 16, 2018, https://csis-prod.s3.amazonaws.com/s3fs-public/publication/181011_MorethanEver.pdf?mqdj.CUqu88cv69VWESL7wICl9e9GqCh.

# Infrastructure Investment and Its Characteristics of Japan's ODA Diplomacy Towards Southeast Asia

BAO Xiaqin and LI Wenyue

**Abstract** The Japanese government has dramatically adjusted its ODA policies to Southeast Asia in recent years and infrastructure investment remains a top priority issue. Focusing on the texts of the ODA Charter and annual ODA White Paper under the Abe Administration, we find that the formulation and implementation of Quality Infrastructure Investment Partnership not only characterizes a combination of "quality" and "quantity", but also shows Japan's strategic objectives in the new geo-economic era. By further analyzing cases of Thailand and Myanmar, this paper investigates the achievements and limitations of Japan's high-quality infrastructure investment in Southeast Asia. Given Asia's increasing infrastructure needs, rather than continued vicious competitions, Sino-Japanese third-party market cooperation in Southeast Asia is likely to be the most promising way for governments to gain mutual benefits and achieve the long-term potential of the regional economy. There are complementary advantages in strengthening the capacity of financing, reducing investment risks, exchanging technology on high-speed rail, and speeding up the construction of overseas industrial zones that yield opportunities to promote the third-party market cooperation between China and Japan. The development of Sino-Japanese third-party market cooperation in Southeast Asia, however, is also challenged by geopolitical factors and America.

**Keywords** Official Development Assistance (ODA); quality infrastructure investment; Sino-Japanese Third-party Market Cooperation

**Authors** Bao Xiaqin, professor of School of International Relations and Public Affairs of Fudan University. Li Wenyue, Ph. D. candidate of the School of International Relations and Public Affairs of Fudan University.

# 冷战后新加坡的大国平衡外交成因分析
## ——“威胁平衡理论”的研究视角

杨鲁慧　袁淑贞

【内容提要】大国平衡外交是新加坡独具特色的小国外交战略，其在东南亚构建了中、美、日三国动态平衡关系，更为自身赢得了生存发展空间，发挥了与其小国身份不对称的政治影响力。冷战后新加坡的大国平衡外交趋于成熟，大国平衡外交中亲美的倾向也日益凸显。冷战后新加坡的大国平衡外交演变发展可划分为三个阶段，主要特征表现为利己性、以经促政以及目标倾向性。作为小国，新加坡实行大国平衡外交背后的动因是什么，又是什么原因造成其平衡外交下的亲美倾向特点？本文从威胁平衡理论的研究视角出发，运用小国身份、权力格局和决策者的威胁认知三个变量构建了理论分析框架，论证解读了新加坡大国平衡外交的基本动因。

【关键词】威胁平衡理论；大国平衡外交；小国身份；权力格局；决策者的威胁认知

【基金项目】本文系教育部人文社科研究专项任务项目“新时代中国周边外交与命运共同体建设研究”（项目编号：18JF104）的阶段性成果；教育部重点研究基地山东大学当代社会主义研究所自立课题“新时代中国特色社会主义的周边与国际环境研究”（课题编号：ICSZLKT2019003）的阶段性成果。

【作者简介】杨鲁慧，山东大学亚太研究所所长、教授；袁淑贞，山东大学政治学与公共管理学院研究生。

大国平衡外交是新加坡独具特色的小国外交战略。冷战结束后，新加坡的大国平衡外交日趋成熟，不但在东南亚地区构建了中、美、日三国的动态平衡关系，更为自身赢得了生存空间，在东南亚乃至东亚地区发挥了与其小国身份不对称的影响力。作为一个小国，新加坡实施大国平衡外交的动因何在？其平衡外交为什么表现出明显的“亲美”倾向？本文借鉴威胁平衡理论的研究思路，将小国看作国际体系中重要的行为体进行研究，凝练分析小国的大国平衡外交的三个变量因素：小国身份、权力格局和决策者的威胁认知。其中小国身份是小国外交的自我定位；权力格局是小国外交的外部环境；决策者的威胁认知是小国外交的直接决定因素。依据这一理论分析框架，本文论证了冷战后新加坡实施大国平衡外交是小国身份、权力格局和决策者的威胁认知三个变量共同作用的结果。从小国身份来看，新加坡是一个小国和强国，实施大国平衡外交不但是为了缓解小国的安全脆弱性，更是因为独特的地缘位置和优越的国家治理为其提供了内部优势；从权力格局来看，冷战后东盟国家的崛起和东南亚地区斗而不破的大国关系为新加坡实施大国平衡外交提供了外部环境；从决策者的威胁认知来看，新加坡决策者对中、美、日三国威胁程度的认知直接决定了新加坡的平衡对象。新加坡的大国平衡外交产生的影响对促进东亚地区格局多极化的发展、推动东亚地区合作机制的建立发挥了重要的作用。

## 一、威胁平衡：大国平衡外交的理论分析框架

新加坡的大国平衡外交是以大国为主要实施对象，利用大国之间的矛盾借力打力，实现大国间相互制衡，维持地区均势。大多数学者认为小国的大国平衡外交是维持地区大国实力均衡的状态。但对于新加坡而言，其大国平衡外交不但平衡实力，更重要的是平衡威胁，新加坡的大国平衡外交主要是为了维持地区“威胁均势”。威胁平衡理论为解释其外交行为提供了新的理论视角。

20世纪80年代初，新现实主义的兴起为国际政治研究提供了新的理论视角和分析工具。作为新现实主义最典型的代表人物，肯尼思·华尔兹(Kenneth N. Waltz)在其著作《国际政治理论》中指出，国际政治研究的主要关注点是国际体系，主要研究对象为大国，在无政府状态的国际体系中，“均势”即大国之间实力的均衡是维持国际体系稳定的最佳手段。在对联盟的稳定性进行分析时，肯尼思·华尔兹提出了“制衡”与“追随”的观点，他认为国家总是倾向于联盟制衡国际体系中权力最大的国家。斯蒂芬·沃尔特的威胁平衡理论是对

肯尼思·华尔兹均势理论的适当修正。斯蒂芬·沃尔特认为均势理论解释的仅是大国的外交行为，并不适用于小国行为的研究，单凭“实力均衡”来解释国家间的联盟行为过于简单，并对“国家为什么会选择联盟”“国家是如何选择自己的盟友”两个命题提出了自己的解释。他认为国家联盟的主要目的是制衡威胁，而不仅仅是平衡实力，国家总是倾向于联盟以制衡最具威胁的国家。[①]在此基础上，斯蒂芬·沃尔特提出了小国衡量其他国家威胁水平的四个主要因素。第一，综合实力。国家掌握的实力是一个国家构成威胁的重要因素，一个国家实力越强，威胁水平越强。第二，地缘的毗邻性。地理位置的远近直接影响国家投送实力的能力，由于权力的投射能力会随着距离的增加而降低，所以在其他因素相同的条件下，临近的国家可能比距离远的国家更具有威胁。斯蒂芬·沃尔特指出:“在其他因素相同的情况下，国家更有可能针对临近的大国做出联盟选择，而不是远距离的大国”。[②]第三，进攻实力。“在其他因素相同的情况下，由于地缘、军事态势或者其他因素，拥有巨大进攻能力的国家比那些没有能力发起进攻的国家更有可能激起联盟的建立。”[③]第四，进攻意图。最具有侵略性的国家有可能激起其他国家采取制衡行为以对抗这个国家。对意图的认知可能会对政治家选择盟友起到决定性的作用，这一点在小国外交中表现得尤其明显。

与均势理论相比，本文认为威胁平衡理论可以解释以下三个问题。第一，威胁平衡理论可以解释小国的外交行为，面对外部威胁时，小国有可能选择制衡和追随两种外交路径，而影响小国选择的重要标准则是小国自身的实力。在国际体系中，制衡往往比追随行为更具有普遍性。第二，实力因素是影响小国选择结盟对象的重要因素而并非绝对因素，小国关注的重点并非全球实力最大的国家，而是如何使地区安全局势稳定。第三，意图因素是小国衡量一个国家威胁能力最重要的参考值，其在小国选择盟友的过程中具有决定性因素。在此基础上，本文以威胁平衡理论为主要依据，凝练了小国身份、权力格局和精英认知三个变量作为分析小国的大国平衡外交的分析框架。

首先，小国身份是小国外交的自我定位，也是小国外交的内部条件。威胁平衡理论特别注重对小国行为及小国外交的研究。斯蒂芬·沃尔特指出，越是

---

① 斯蒂芬·沃尔特:《联盟的起源》，周丕启译，北京大学出版社，2007，第12页

② 斯蒂芬·沃尔特:《联盟的起源》，周丕启译，北京大学出版社，2007，第21页。

③ 斯蒂芬·沃尔特:《联盟的起源》，周丕启译，北京大学出版社，2007，第22页。

弱小的国家面对外部威胁时越会倾向于追随强国，而不是制衡。[①] 面对外部威胁时，很多小国选择制衡而非追随，这是为什么呢？沃尔特对弱国的界定是指那些小而弱的国家，他们面临的压力显而易见，难以把握自己的命运，但是小国并不完全等同于弱国。作为小国，由于自身规模狭小，资源稀缺，自身具有不可摆脱的脆弱性和外部依赖性。然而很多小国虽然小，却由于优越的地缘战略位置、丰富的战略资源或者良好的国家治理，使自己在国际社会中拥有较强的影响力，是“小”而“强”的国家。这样“小”而“强”的国家自然拥有平衡威胁的实力、筹码及资本。

其次，权力格局是小国外交的外部环境。 通常情况下，权力格局会有单极格局、两极格局和多级格局三种表现形态。就小国而言，受强烈的外部依赖性所限，地区权力格局对小国的外交决策起着关键性的作用。实力因素也是一个国家选择平衡外部威胁的重要考量。“建立联盟以制衡威胁可以有几种不同的形式。最典型的是国家通过将其他国家的实力结合到自己的一边来制衡威胁。”[②] 冷战结束以后，许多地区机制也成为塑造地区权力格局中重要的一极，小国自身势单力薄，依靠国际机制实现自己的外交抱负是小国外交的首选。与此同时，两极格局解体以后，亚太地区的大国关系一直维持于“斗而不破”的“脆弱和平”状态。大国之间既有合作，也有矛盾。对于很多小国而言，这种斗而不破的地区大国关系为他们实施大国平衡外交提供了绝佳的机会。

最后，小国决策者对各国威胁水平的认知直接决定了小国平衡的对象。斯蒂芬·沃尔特强调意图因素，而一个国家对其他国家意图的认知则主要来源于本国的决策者。与大国相比，小国的领导人具有更大的政治影响力。小国领导人依靠自身的能力和个人魅力统治或治理国家，并且维持国家稳定。小国决策者是小国制定外交政策的核心要素，这些小国的领导者不但对本国实力具有清晰的定位，也对地区权力格局的变动具有高度的敏感性和驾驭能力。因此，小国决策者通过对实力因素和意图因素的共同考量，形成了自身决策的威胁认知，并进一步影响国家外交政策的制定。

① 斯蒂芬·沃尔特:《联盟的起源》，周丕启译，北京大学出版社，2007，第27页。
② 斯蒂芬·沃尔特:《联盟的起源》，周丕启译，北京大学出版社，2007，第144页。

## 二、冷战后新加坡大国平衡外交的演变阶段与基本特征

冷战结束后，新加坡的大国平衡外交是在与中、美、日三国保持良好关系的基础上借力打压和制衡地区中具有威胁的国家，缓解东南亚地区的威胁态势。冷战后新加坡的大国平衡外交可以划分为三个阶段：第一阶段，拉拢美日，消解冷战残留；第二阶段，借力中国，构建新的地区格局；第三阶段，攀附美日，稀释中国的影响力。其主要特征表现为利己性、以经促政以及目标具有倾向性。

新加坡于1965年脱离马来西亚独立，成为一个在大国夹缝中艰难生存的小国。李光耀曾感慨地告诫国民："世界犹如大海，在大海中鱼可以生存，小虾也可以生存。新加坡将作为一条小虾生存于国际大海中。"① 为了不被大鱼吞食，李光耀提出"毒虾战略"，把新加坡建成一个既能与"鱼群"共处，又能威慑潜在威胁保护自己的"虾米"。所以，冷战时期新加坡实施大国平衡外交的主要目标是保障国家的基本生存。其主要表现为平衡中、美、苏三个大国之间的关系。一方面，新加坡侧重亲美，弥补英国撤离东南亚留下的权力真空，获得美国军事支援和经济支持。另一方面，新加坡对中国采取"接触政策"，积极反对苏联及社会主义势力在东南亚地区的发展。冷战结束之后，美苏两极格局解体，美国成为世界上唯一的超级大国，但因为冷战的原因，美国的实力在一定程度上也受到削弱；受泡沫经济的影响，日本经济发展低迷；苏联继承者俄罗斯因饱受解体带来的经济衰退而无暇顾及东南亚，势力和影响逐渐从东南亚淡出。与此同时，在东南亚周边地区，新兴的中国开始在国际舞台上崭露头角。基于这些战略考量，李光耀对新加坡的大国平衡外交进行了适当的调整，使冷战后新加坡的大国平衡外交进入了一个成熟期。在这个过程中，新加坡一直试图构建以美国为主导的中、美、日三角平衡关系，来取代冷战时期的美、中、苏三角关系，认为这是亚洲继续稳定的新均衡格局。冷战后新加坡大国平衡外交的历史演变大致分为三个阶段。

第一阶段，拉拢美日，消解冷战残留（1991—1997年）。冷战结束初期，苏联解体，美国在东南亚地区的战略收缩使东南亚地区形成了巨大的权力真空。面对日益崛起的中国，新加坡产生了强烈的不安全感和焦虑心态。李光耀

---

① 陈岳、陈翠华：《李光耀——新加坡的奠基人》，时事出版社，1990，第149页。

指出：“只靠亚洲国家是不能形成均势的，日本和东盟都不能同中国形成势均力敌的局面，如果使美国参与亚洲事务，并加上日本经济实力，就可以保持平衡。”[①] 所以，冷战结束之初，新加坡大国平衡外交的首要任务就是拉拢美日，填补冷战结束遗留在亚太地区的权力真空，以平衡发展的中国在东南亚地区的影响力，同时注重保持与中国关系的良性发展。

第二阶段，借力中国，构建新的地区格局（1998—2010年）。冷战结束以后，美国在亚太地区实施军事收缩战略，并且放松了对日本的军事管制。与此同时，日本国内政治右倾化严重，谋求政治大国和军事大国的目标日渐明显。1997年日美签订的《日美防卫合作指针》，标志着日本加速向政治大国迈进，将日美军事合作扩大到周边事态中。同年，亚洲爆发金融危机之后，中国在应对金融危机的过程中措施得当，树立了良好的负责任大国形象。这一时期，新加坡的大国平衡外交政策较冷战结束初期有所调整，重点是在同中、美、日三国保持良好关系的基础上，更加重视中国的作用和影响力。新加坡试图巧借中国之力，平衡进攻意图日渐强大的日本，构建新的地区利益格局。因此，这一时期新加坡大国平衡外交主要表现为在攀附美国、紧贴日本的基础上，扩大与中国的合作。

第三阶段，攀附美日，稀释中国的影响力（2011—2016年）。2010年，中国经济超过日本，成为世界第二大经济体。中国的迅速崛起令周边国家产生强烈不安全感和焦虑，新加坡也莫能例外。新加坡前总理吴作栋表示：“东亚在战略上的首要目标是在中国崛起的同时,维持区域势力均衡的和谐状态。东亚只有跟美国合作,才能达到这个目标。”[②] 为了平衡中国崛起的“威胁”，这一阶段新加坡大国平衡外交的主要任务是继续深化新美关系，并且打造新日关系的“蜜月期”来平衡中国，而此阶段的中新关系则呈现出曲折发展的态势。

冷战后新加坡的大国平衡外交主要表现为以下三个特征。

第一，大国平衡的目的是利己性。外交政策的核心是服务于一个国家的安全和发展，新加坡的大国平衡外交充分显示了其务实性的外交原则，服务于其国家利益。没有永恒的朋友，也没有永恒的敌人，只有永恒的利益。在新加坡建国之初，李光耀就提出了“实用主义”的外交原则。他指出，“在外交领域，在一个并不完美的世界里，我们必须想方设法地适应可能出现的任何形

① 王根礼、周天珍:《外国首脑论中国》，红旗出版社，1998，第107页。

② 吴作栋于2005年1月27日在新加坡政府成立南亚研究所时的讲话摘要，http://app.mfa.gov.sg/internet/press/view.asp?post_id=1241。

势，任何政策都不是永久不变的，当它完成历史使命时，我们就必须制定新的政策”。[①] 这种实用主义的外交原则塑造了新加坡的大国平衡外交。在新加坡看来，大国平衡外交是服务于新加坡国家利益的，并且符合新加坡的安全与发展的需求，是建立在务实需要的基础上的。尽管冷战时期新加坡一直将中国视作大国平衡外交中制衡苏联的重要筹码而与中国保持近距离的关系，但冷战结束后，新加坡认为一个迅速崛起的中国将威胁新加坡的安全利益和安全环境。为此，新加坡很快确立了拉拢美日制衡中国的外交政策。近年来，中新关系摩擦不断，中新贸易额、投资额持续走低。特别是特朗普执政以后，美国明确表示退出《跨太平洋伙伴关系协定》（TPP），对于本就发展低迷的新加坡经济而言，无疑是雪上加霜。新加坡意识到一味地亲近美国、伤害中国将会给新加坡经济造成巨大损失。为此，2017年9月，新加坡总理李显龙开启了访华之旅，主动向中国示好。

第二，大国平衡的方式是以经促政。新加坡虽然是一个小国，却是一个经济强国，受自身条件所限，新加坡主要发展外向型经济。对于新加坡而言，经济不仅意味着强大、繁荣，也意味着生存与安全。1950年，新加坡前外长丹那巴南说："新加坡的外交政策与他的经济利益关系密切。越来越多的外交事务涉及经济活动，经济也是新加坡赖以生存的要道，从经济利益出发才能引发出新加坡的这项或者那项外交政策。"[②] 在经济层面，新加坡利用东亚区域内外的大国发展经贸关系来提升自身的竞争力，借用经济外交推动大国平衡，这也是新加坡以经济促政治的重要表现。为了维护政治上大国“多边支撑”的政策，新加坡经济外交采取“多边卷入”的方式，并且十分看重中、美、日三个国家经贸往来的作用与影响。就新加坡而言，美国是新加坡大国平衡外交中最重要的一环，同时也是新加坡最重要的市场和投资国，并且新加坡与美国签订了自由贸易协定。为了使日本更好地发挥平衡中国的作用，新加坡一直助推日本深度介入东南亚事务，加强新加坡与日本的经济贸易关系。为了密切新日经贸合作，两国签订了全面经济合作协定。中国是新加坡大国平衡外交中不可忽视的一环，也是新加坡发展经济的腹地，所以新加坡政府号召“搭乘中国经济发展的顺风车”，将投资的重点放在中国。新加坡的经济外交不但提升了其本国的

---

① 转引自魏炜：《李光耀时代的新加坡外交研究（1965—1990）》，博士学位论文，华东师范大学，2006，第41页。

② 转引自董立彬：《新加坡现实主义外交政策分析》，硕士学位论文，河南师范大学，2007，第30页。

经济实力，而且实现了新加坡的政治目标：其一，新加坡的经济发展不再受限于国内稀缺的资源和狭小的市场，小国的脆弱性得到缓解；其二，提高了新加坡的国际影响力，为新加坡实施大国平衡外交提供了重要动力。

第三，大国平衡的结果是目标具有倾向性。新加坡的大国平衡外交并不是一种“绝对的平衡”，也不是“完美的均衡”，而是塑造了一种以美国为中心的平衡。对于新加坡而言，如果某个大国可以保证其安全，又可为其经济的发展提供支持，那么这个大国在新加坡平衡外交体系中自然会处于最顶层位置，这就是其目标具有倾向性。李光耀曾指出，“美国是新加坡大国中最亲密的伙伴”。[①] 冷战后的美国必然继续充当这个角色。首先，这源于美国强大的实力以及新加坡对美国实力的认可。李光耀说：“只要世界继续以经济为主导，只要美国还能继续在创新科技领域中居于领先的地位，那么欧盟也好，日本或中国也罢，相信谁也取代不了美国当今所拥有的超凡地位。”[②] 冷战结束以后，美国是世界上唯一的超级大国，无论是经济实力还是军事实力都是其他大国所不能比拟的。特别是在科技创新领域，美国具有压倒性的优势。新加坡对美国的实力深信不疑，认为亚太地区没有美国则无法实现真正的力量平衡。“美国无可匹敌的力量是冷战后世界主要地缘政治因素，在很长一段时间内都不会有其他的国家或国家集团可以挑战美国的地位。新加坡确信美国在维持东南亚地区稳定上保持强烈的义务感和利益。”[③] 其次，这源于新加坡与美国相同的政治制度。新加坡和美国都属于资本主义国家，尽管两个国家的政治运作模式不同，但是两个国家经济制度和意识形态类同，在开展利益合作时有共同点，可以避免许多冲突分歧。新加坡在众多东南亚小国中影响大且优势明显，外交政策又处处向美国示好靠拢，获得了美国的青睐和重视，成为美国在太平洋海域中的“第三只锚”。新加坡正好可以借此机会实现自己的安全利益与美国亚太利益的捆绑。因此，在新加坡的对外战略中，美国拥有其他大国无法相比的重要地位和地缘优势。

① 陈岳、陈翠华编著《李光耀：新加坡的奠基人》，时事出版社，1990，第58页。

② 李光耀：《李光耀回忆录（1965—2000）》，新加坡《联合早报》，2000，第57页。

③ Shannon Tow, “Southeast Asia in the Sino-US Strategic Balance,” *Contemporary Southeast Asia* 26, no.3 (2004): 20.

## 三、小国身份考量：新加坡大国平衡外交的根本动因

小国身份是新加坡大国平衡外交的基本定位。冷战后的新加坡自我定位是一个“小”而“强”的国家。面对外部最具有威胁的国家时，新加坡选择大国平衡外交不仅仅是为缓解小国与生俱来的安全脆弱性，更是因为新加坡独特的地缘战略优势，以及卓有成效的一流国家治理能力，这些都为新加坡实施平衡外交提供了筹码和优势条件。

第一，缓解小国的安全脆弱性是新加坡大国平衡外交的主要目标。“‘平衡战略’是小国化解安全脆弱性，促进国家利益的常规手段之一。”[①] 新加坡别称“狮城”，是马来半岛南端的一个岛国，被称作地图上的“小红点”。在这样狭小的国土上，生活着500多万人口。2013年新加坡的人口密度高达7713.1人每平方公里，成为世界上最拥挤的国家之一。作为岛国的新加坡自然资源极为稀缺，就连最基本的淡水资源也需要依靠外部。狭小的国土面积、稀缺的自然资源、有限的国内市场为新加坡带来了难以克服的国家脆弱性，也催生了新加坡强烈的外部依赖性。同时，新加坡是一个多民族、多宗教的国家，国内主要族群有华族、马来族、印度族以及欧亚人等。不同的族群又有不同的宗教信仰，因此在新加坡境内呈现出佛教、道教、基督教、印度教等多元宗教并存的社会形态。这为新加坡的社会稳定带来了潜在的生存危机和政治风险。种族冲突不仅给新加坡带来了严重的社会骚乱，并在一定程度上引发了新加坡同马来西亚、印度尼西亚这两个以马来人为主的邻国之间关系的紧张。种族多元激发了新加坡人的多元意识，为了维护国内华人和马来人的和平共处，新加坡要保持种族平衡。为了生存下去，新加坡必须借助多元的外部力量来平衡邻国的威胁。李光耀曾经告诫新加坡人，“我们花费25年辛苦经营的国家很有可能在两分钟之内就化为乌有”。[②] 新加坡人普遍具有强烈的生存危机和忧患意识，这使他们对应对国家脆弱性、维护国家利益更加关注，也使他们对外部威胁的变动更敏感。强烈的外部依赖性使新加坡认识到，只有融入并依靠外部世界才是新加坡缓解脆弱性的唯一途径。“为了生存，新加坡必须融入国际社会中”。[③]

---

① 汉斯·摩根索：《国家间政治：权力斗争与和平》，徐昕、郝望、李保平译，北京大学出版社，2006，第214页。

② *The Straits Times*, June 9, 1990.

③ 韦民：《小国与国际安全》，北京大学出版社，2016，第312页。

总而言之，在这种重生存、重外部依赖、重平衡的意识共同作用下，新加坡的大国平衡外交应运而生，只有大国平衡外交才最适合新加坡缓解自身脆弱性，保证身为小国的自己能够在国际关系的利益博弈中独善其身。

第二，地缘政治的特殊优势是新加坡大国平衡外交的重要筹码。从地缘政治的视角来讲，对于一个小国而言，“地理位置规定了小国在全球版图中的地位、战略价值和外交方式”。① 新加坡就是一个具有重要地缘战略价值的小国。新加坡南部的新加坡海峡是马六甲海峡的咽喉，而马六甲海峡的战略位置十分重要，有“远征十字路口”和“东方的直布罗陀海峡”之称，是连接太平洋与印度洋的重要纽带，是许多发达国家航运、贸易的必经之地，是东南亚地区的战略要地，也是大国的必争之地。按照美国的全球战略，马六甲海峡是必须要控制的世界16大咽喉水道之一，只有掌握了马六甲海峡，才可以控制相关国家海上运输航道、遏制印度的东进战略、减缓俄罗斯重返远洋的步伐，才能保证美国在亚太地区乃至全球的竞争力和优势地位。就日本而言，日本每年90%的石油进口都要经过马六甲海峡，马六甲海峡被称为日本的“海上生命线”。于中国而言，马六甲海峡不仅是石油运输要道，更是远洋贸易咽喉，而且马六甲海峡与台湾问题、南海问题都有密切的联系。正是马六甲海峡这种优越的地理位置极大地提高了新加坡的战略价值。其凭借自身的战略价值才能成为大国关注的对象，而这种大国的关注是新加坡大国平衡外交得以实施的前提基础条件。正如李光耀所言：“芬兰如果被邻国苏联或者瑞典侵略，列强可以不必理会，因为这跟列强之间的势力均衡没有关系……可是如果没有了新加坡，那就对他们非常麻烦了。我们必须好好照顾这一点；我们虽然地方小，可是几乎全世界都公认这个小岛具有极大的战略重要性。”③

第三，良好的国家治理是新加坡大国平衡外交的内在优势。国际政治中小而弱的国家面临的共性是国家治理水平较低，社会不稳、政局动荡；小而强的国家则意味着出色的国家治理水平。④ 国家综合实力强，国内社会相对稳定，国家内部凝聚力较强，大部分的威胁往往来自边界之外，这些是小而强的国家的突出特征。⑤ 对于小而强的国家而言，出色的国家治理在确保国内稳定的同

① 韦民：《小国与国际关系》，北京大学出版社，2016，第267页。

③ 陈岳、陈翠华编著《李光耀——新加坡的奠基人》，时事出版社，1995，第133页。

④ 参见韦民：《小国与国际安全》，北京大学出版社，2016，第37—40页。

⑤ Barry Buzan and Ole Waver, *Regions and Powers: The Structure of International Security* (New York: Cambridge University Press, 2002), p. 22.

时，也使他们有更多的余力应对外部威胁，在国际事务中发挥与他们规模并不相称的影响力，在选择外交战略时往往会有较大的影响力和自主性，所以他们会选择平衡战略而非追随战略。与其他小国相比，新加坡实施大国平衡外交的内部优势在于其一流高效的国家治理，而其国家治理最主要表现为拥有一个稳定的执政党人民行动党。其一，人民行动党长期执政，地位稳固，提高了政府的办事效率，为大国平衡外交政策的制定和实施提供了保障。其二，人民行动党的主要治理模式“新加坡模式”为实施大国平衡外交注入了源源不断的动力。“‘新加坡模式’是在精英治国机制的主导下推行权威法治主义、发展主义、贸易开放主义和社会福利主义的结合。”[①] 在新加坡模式的指导下，新加坡国家治理卓有成效，不仅建立了廉洁高效的政府，而且实现了经济的蓬勃发展，并建设了一支具有较强威慑力的军队。这种治理模式不仅提高了新加坡的国际声誉和国际影响力，而且为新加坡实施大国平衡外交提供了稳定的国内环境和国防实力。

## 四、权力格局变量：新加坡大国平衡外交的外部国际环境

实力因素不仅是小国衡量威胁水平的重要参考因素之一，也是一个国家选择联盟对象、平衡外部威胁的重要考量。相对大国而言，小国对国际体系的依赖程度更高，国际环境对于小国安全的意义也更为突出。体系层次的外部因素不仅塑造了小国的外交思维，而且也会影响小国的外交决策和外交行为。冷战结束后，东南亚国际局势的变革主要表现为东盟国家的崛起及中、美、日三国之间的权力转移，具体表现如下。

其一，东盟在亚太地区的地位和作用不断提升。冷战结束以来，地区一体化成为国际政治发展的新趋势，大批区域性国际组织如雨后春笋般涌现出来，东盟就是其中之一。对于新加坡而言，东盟是其大国平衡战略的重要依托。在东盟持续的繁荣和发展过程中，一方面，新加坡利用自己在东盟组织内部的领导优势，将自身的利益与东盟的利益紧紧捆绑在一起，借助东盟提高了自己的国际地位以及对大国的影响力；另一方面，新加坡构建了东盟战略外交平台，实现了对中、美、日大国的有效捆绑，用机制化的手段促进了大国平衡的维持。新加坡前外长拉贾拉南曾经指出，“作为自然资源极其贫乏的弹丸小国

---

① 毕世鸿:《新加坡》，社会科学文献出版社，2016，第80页。

新加坡，相互依存的地区环境不仅给予了我们生存的机会，同时还为我们走上繁荣了创造条件”。[①] 冷战结束以来，东盟地区发展迅速，特别是1999年“大东盟”战略成功实现之后，东盟已经成为亚太地区不容小觑的力量。作为东盟的创始国和主导国之一，新加坡一直致力于推动东盟一体化的发展，通过提升东盟在国际事务中的影响力来提升自己的话语权。在一定程度上，东盟成为新加坡国家利益的“传声筒”和迈向国际社会的“代言人”。“自从1992年在新加坡举行第四届东盟首脑会议以后，新加坡似乎在东盟内发挥‘主导作用’，‘几乎所有主要东盟倡议都源于新加坡’”。[②] “10+3”“10+6”“10+8”等多边合作机制，不仅加强了东盟和各大国之间的合作，而且通过机制化的手段将中、美、日三个大国牢牢地捆绑在东盟的战车上，为新加坡平衡大国关系提供了机制化平台。

其二，斗而不破的地区大国关系。冷战后亚太地区权力格局调整呈现为新兴大国和守成大国之间的权力角逐。新兴大国和守成大国的矛盾与合作并存，地区大国关系一直维持为一种斗而不破的“脆弱和平”状态。在和平时期，面对外部威胁时国家倾向于选择制衡而非追随，因为这些国家试图威慑或击败构成威胁的国家。[③] 而这种斗而不破的大国关系不但避免了小国在大国剑拔弩张的对抗中“选边站”，更为小国提供了利用大国矛盾施展平衡外交的机会。李光耀曾经明确表示：“美国、西欧和日本的经济前景会更加黯淡。……其他的东亚国家，包括中国在内，继续保持高度的成长。”[④] 2010年，中国的经济发展水平超过日本，成为世界第二大经济体。面对这样的国际形势，新加坡意识到，美国想建立冷战后以美国为中心的国际新秩序绝非易事，新加坡需要重视日本和中国在国家战略平衡体系中的作用，以维持中、美、日三角平衡关系。这种斗而不破的大国关系为新加坡的大国平衡外交提供了绝佳的土壤。如果中、美、日三个大国关系趋向稳定缓和，那么新加坡在大国关系中的作用将是微不足道的，大国平衡外交自然是无所作为。如果中、美、日三个大国的关系表现为紧张恶化，那么像新加坡这样的小国必然会面临“选边站”的两难境地。唯一的佳境就是在这种斗而不破的国际环境中，新加坡可以最大限度地

---

① Chan Heng Chee and Obaid ul Haq, *The Prophetic and the Political: Selected Speeds and Writings of S. Rajaratnam* (Graham Brash, 1987), p.214.

② 韦民：《小国与国际安全》，北京大学出版社，2016，第339页。

③ 斯蒂芬·沃尔特：《联盟的起源》，周丕启译，北京大学出版社，2007，第29页。

④ 李光耀：《李光耀40年政论选》，现代出版社，1994，第107页。

发挥自身的优势，面对外部环境威胁时不必选择追随战略而是制衡手段，利用中、美、日三国之间的矛盾借力和打力，通过大国平衡外交实现国家利益的最大化。

## 五、精英威胁认知：新加坡大国平衡外交的压力感知

与大国相比，小国更加崇尚精英治国，小国决策者在对外决策中往往会有决定性的定夺作用，决策者对各国威胁的认知直接决定了大国平衡外交的制衡对象。影响威胁水平的主要因素不仅包括实力因素，也包括意图，小国决策者的威胁认知是客观实力与主观意图结合的结果，并且在某种程度上意图往往是问题的关键所在。对于新加坡而言，新加坡的领导人在考虑自身实力及地区大国实力分配的基础上，结合本身的主观意图判断，形成了新加坡对美、中、日三国威胁水平的认知。由此我们可以看出，新加坡构建中、美、日三国威胁均势时，表现出了明显的亲美倾向，平衡的主要对象是中国和日本，大国平衡外交也不是为了维持地区绝对的“权力均势”，其主要源于新加坡决策者对中、美、日三国威胁水平的不同认知。

第一，新加坡决策者对美国威胁水平的认知。对于新加坡而言，美国是一个有实力、没有进攻意图也没有地缘毗邻优势的域外大国，这样的大国正好是结盟对付地区内威胁的最佳选择。“如果中国被看作是最令人起疑的地区大国的话，那么，美国则被认为是一个良性的、最没有危险的国家……美国与东盟之间也存在一些冲突，包括新闻自由、人权、民主等问题……然而，大多数东盟成员国仍把美国看作是一个不可替代的、积极的角色。”① 从实力的角度出发，无论是综合国力还是进攻实力，美国都是中、美、日三个国家中最强的国家。新加坡之所以没有联合其他国家制衡美国，而是把美国看成大国平衡的中心环节，主要是因为实力因素仅仅是判断威胁水平的一个衡量标准而已。较远的地理距离会严重影响美国实力的投送。“地区国家联盟主要对抗自己地区行为体的威胁，而非域外的超级大国。”② 从进攻意图的角度看，新加坡认为美国对新加坡并没有进攻意图，是一个充满善意且不可替代的国家。李光耀曾总结性地指出：“尽管美国在冷战后变得固执狂热，崇信教条，总是向世界上不利

① N. Ganesan, “ASEAN’s Relation with Major Powers,” *Contemporary Southeast Asia* 22, no.2 (2000).

② 斯蒂芬 · 沃尔特:《联盟的起源》，周丕启译，北京大学出版社，2007，第154页。

于自己的地方输出民主和人权，但不过再怎么说，美国依旧是所有列强中最为宽厚的强国，比起任何刚刚崛起的势力，美国在作风上并不欺人太甚，美国是维持地区势力均衡的主要角色。”[①] 美国慷慨的经济援助为其树立了深入人心的大国友善形象，并且得到了许多东南亚国家的尊敬。新加坡驻联合国大使许通美认为：“美国最受钦佩的是它的理念、利他主义、宽宏大量和乐善好施。没有美国，亚太地区将是一个更贫穷和更危险的地方。”[②] 与此同时，新加坡在与美国的合作中受益匪浅。2009年10月，李光耀在美国发表了题为《世界秩序将会重新平衡》的演讲，他指出“东盟的共识是，美国在东亚依然是不可取代的”。[③] 冷战结束以后，依靠美国在东南亚的军事存在，新加坡最大程度上保证了自身的政治安全，获得了经济的长足发展与进步。当然，这并不代表美国与新加坡之间不存在矛盾，但是诚如李光耀所言：“美国留在亚洲，仍对保障本区域的安全稳定和推动经济增长发挥了积极的作用。相比之下，新美之间的微小分歧其实是不足挂齿的。”[④]

第二，新加坡决策者对日本威胁水平的认知。新加坡认为，日本是一个实力虽然弱于中美两国但是具有地缘毗邻优势且极富侵略意图的国家。对于这样的国家，新加坡必须加以制衡防范，警惕其军国主义复活。“即使一国的权力并非很大，但只要被认为极具侵略性或侵略意图，仍可能会促使他国的警觉和制衡。”[⑤] 日本之所以被新加坡看作具有进攻意图的国家，主要理由是：从历史因素角度看，二战时期，日军在新加坡的统治给人民带来了深重的灾难，新加坡政府瘫痪、经济萎缩、货币贬值、物价飞涨。日军还大肆屠杀新加坡百姓。对于被打上侵略者烙印的日本，新加坡一直心存戒备。同时，二战后作为战败国的日本在迅速发展经济的基础上，也开始谋求政治军事大国地位。在其浓厚的军国主义思想指导下，日本不断增加军事力量，并将军事战略区域由日本海逐步扩张到马六甲海峡。为此，李光耀向新加坡人民和全世界呼吁要关注日本，戒备日本，“以日本的面积和人口，它仍有潜能在高科技战役中建立实力”。[⑥]

---

① 李光耀：《李光耀回忆录（1965—2000）》，新加坡《联合早报》，2011，第554页。

② 许通美：《美国与东亚冲突与合作》，李小刚译，中央编译出版社，1999，第140页。

③ 李光耀：《世界秩序将会重新平衡》，叶琦保译，新加坡《联合早报》2009年11月5日。

④ 李光耀：《李光耀回忆录（1965—2000）》，新加坡《联合早报》，2011，第554页。

⑤ Stephen Walt, “Alliance Formation and the Balance of World Power,” *International Security* 9, no.4 (1985): 4.

⑥ 李光耀：《李光耀回忆录（1965—2000）》，新加坡《联合早报》，2000，第578页。

第三，新加坡决策者对“中国威胁”水平的认知。从威胁水平的衡量标准出发，从新加坡的角度看，中国是一个实力迅速崛起、有地缘毗邻优势又有威胁能力的国家。从实力的角度来讲，中国是冷战后亚太地区经济增长最快的国家，也是亚太地区最大的经济行为体。此外，中国的军事实力逐年增强。单纯从数字来看，虽然中国的实力不如美国，但中国却是东亚地区实力最强的大国。新加坡对区域内大国也就是中国实力的变化和速度特别敏感。由美日两国主导并且大肆炒作的“中国威胁论”在东南亚国家甚嚣尘上，新加坡也深受影响。通过“中国威胁论”，美日两国把中国塑造成了一个极富进攻性的国家，认为中国难以超越“国强必霸”的思维方式。2009年,李光耀就曾经向美日两国呼吁,“如果美国不参与亚洲事务以制衡中国的经济和军事实力，那么美国将会失去全球的领导地位，在中国转变成一个顶级强权，亚太国家均无法制衡时，美国必须达成区域内的平衡”。[①] 此外，中国与东南亚一些国家在南海存在领土争端问题。“领土争端向来是国际社会战争与冲突的重要根源”，[②] 南海争端一度使东南亚地区多次处于剑拔弩张的紧张态势中。随着中国军事实力特别是海军实力的上升，一些东盟国家担心中国可能以武力方式解决南海问题。[③]

## 六、结论

大国平衡外交是小国和大国之间一种较为稳定的互动关系。冷战结束以后，新加坡的大国平衡外交旨在以东南亚地区为依托，利用大国的“多边卷入”和“多边支撑”借力打力，着力构建“中—美—日”三个国家之间的动态平衡关系。但是，新加坡维持的平衡绝对不是简单的地区实力均衡，而是地区威胁均势。这种态势与新加坡国土面积较小的岛国身份、东南亚地区权力格局以及新加坡决策者的认知三个变量因素密切相关，也是单元层次和体系层次因素互动的必然产物。

---

① 新加坡《南洋邮报》2009年10月27日。

② 聂弘毅:《中国与陆地邻国领土争端研究（1949—2007）》，博士学位论文，清华大学，2009，第1页。

③ 翟崑:《试析东南亚地区的“中国威胁论”》,《亚非纵横》2006年第5期，第52页。

# Analysis on the Causes of Singapore’ s Balanced Foreign Policy after the Cold War from the Perspective of Balance of Threat Theory

YANG Luhui and YUAN Shuzhen

**Abstract** The balanced foreign policy is Singapore’s unique diplomatic strategy, maintaining a dynamic balance in its relations with China, the United States, and Japan in Southeast Asia, helped Singapore won the opportunity for survival and development and exerted great political influence that is out of proportion with its status as a small state. After the Cold War, Singapore’s balanced foreign policy has been gaining matured with a growing pro-American bias. The evolution of Singapore’s balanced foreign policy can be divided into three stages, with features like self-interest, transforming politics with economy and well-targeted. What are the motivations for such a small state to pursue a balanced foreign policy? What are the reasons for its “unbalanced” pro-American bias? Based on the balance of threat theory, this paper interprets the basic reasons for conducting balanced foreign policy under the theoretical framework constructed by three variables: small state, power structure and threat perception.

**Keywords** balance of threat theory; balanced foreign policy; power structure; top decision makers’ threat perception

**Funding** This paper is part of the fruit of “Research on China’s Neighboring Diplomacy and Building a Community with a Shared Future in the New Era” (No. 18JF104), one of the Humanities and Social Science Research Programme under Ministry of Education, and part of the fruit of self-selectedresearch topic “Research on the Neighboring and International Environment of Socialism with Chinese Characteristics in the New Era” (No. ICSZLKT2019003) in the key research center, Institute of Contemporary Socialism of Shandong University.

**Authors** Yang Luhui, professor and director of Institute of Asia Pacific,

Shandong University. Yuan Shuzhen, postgraduate student of School of Political Science and Public Administration of Shandong University.

# 中国边海事务

# 菲律宾外交决策模式视角下的中菲南海共同开发研究*

董　一

【内容提要】回顾中菲南海共同开发的历史，可以看到中菲南海共同开发呈现进退反复的现象。从历史来看，中国对中菲南海共同开发保持着较为一贯而有延续性的外交主张，始终坚持“搁置争议，共同开发”。而菲律宾关于中菲南海共同开发的政策随总统的变化而变化。为研究菲律宾在中菲南海共同开发议题上政策变化的原因，本文建立了总统个人外交决策模式的分析框架，将菲律宾总统个人作为主要决策者，将菲律宾国内政治机制、家族政治和利益集团（军人集团和能源利益集团）作为影响总统决策的主要因素。在采用该外交决策模式提供的分析因素的基础上，本文按照菲律宾总统个人决策动机、总统私人决策圈的建立和实现既定政策的阻挠的分析逻辑，探究为何不同的菲律宾总统制定了不同的中菲南海共同开发政策。本文认为菲律宾的外交决策具有高度的私人化、非正式化特点。在菲律宾总统享有高度执政合法性的情况下，其他因素对总统的外交决策限制较小；反之，总统执政合法性越低，其他因素对总统的外交决策限制越大。

【关键词】中菲南海共同开发　外交决策　总统个人外交决策模式

【基金项目】2019年上海高校智库内涵建设计划项目“当前南海共同开发的制约瓶颈与应对思考”（项目编号：2019—1—2—44）。

---

* 感谢复旦大学国际问题研究院的杜幼康研究员、冯玉军研究员、林民旺研究员、徐海燕研究员、张贵洪研究员、简军波副研究员、祁怀高研究员、薛松助理研究员对本文的指导。

【作者简介】董一，复旦大学国际关系与公共事务学院2017级硕士研究生。

回顾中菲南海共同开发的历史，可以看到中菲南海共同开发呈现进退反复的现象。从历史来看，中国对中菲南海共同开发保持着较为一贯而有延续性的外交主张，始终坚持“搁置争议，共同开发”。而菲律宾关于中菲南海共同开发的政策随总统的变化而变化，分为尝试（2001—2010年，阿罗约总统任期）、停滞（2010—2016年，阿基诺三世总统任期）和重启（2016年至今，杜特尔特总统任期）三个阶段。

在第一阶段，也就是菲律宾总统阿罗约在任时期（2001年1月20日至2010年6月30日），中菲双方在南海共同开发上取得了切实进展，两国围绕南海共同开发展开了初步尝试。2005年3月，中、菲、越三国签署《在中国南海协议区三方联合海洋地震工作协议》。[①] 然而，联合勘探工作在进入第二阶段后，由于菲律宾方面的原因却陷入停滞。并且，为期三年的协议在2008年6月30日到期，而阿罗约政府选择不再续约，联合勘探工作也随之终止。

在第二阶段，即阿基诺三世担任总统时期（2010年6月30日至2016年6月30日），中菲南海共同开发基本停滞，中菲两国因紧张的南海局势而关系恶化。

在杜特尔特当选为菲律宾总统后（2016年6月30日至今），中菲关系又再度回升，南海共同开发重获生机，进入第三阶段。2018年11月20日，两国签订了《关于油气开发合作的谅解备忘录》，并建立了油气合作政府间联合指导委员会和企业间工作组等常态化机制。

由此可见，菲方的态度是中菲南海共同开发的关键变量。从外交决策的角度来看，中菲南海共同开发属于菲律宾的外交决策议题之一。由此，本文以菲律宾的外交决策模式为研究视角，提出研究问题：菲律宾的中菲南海共同开发政策为何会反复摇摆？为了回答这一研究问题，本文建立起菲律宾外交决策模式的分析框架，找出影响菲律宾关于中菲南海共同开发决策的因素。本文还将利用构建的外交决策模式，对菲三任总统时期关于中菲南海共同开发的决策过程做出细致分析，探究为何不同总统任期出现了不同的决策结果。

---

① Chinese Embassy in the Philippines, “Oil Companies of China, the Philippines and Vietnam Signed Agreement on South China Sea Cooperation,” March 14, 2005, http://ph.chineseembassy.org/eng/zt/nhwt/t187333.htm.

## 一、菲律宾总统个人外交决策模式的构建

通过考察菲律宾的政治制度，可以知道菲律宾总统是菲律宾外交政策的主要设计者。菲律宾实行总统制，根据菲宪法规定，行政权力属于菲律宾总统，总统统管所有的部、局及署等行政机关。[①] 外交决策在很大程度上属于菲律宾总统的行政权力。而外交部的主要职责是协助总统制定、协调和执行政府的外交政策，[②] 扮演为总统提供专业外交服务的角色。中国学者查雯指出，对菲律宾来说，个人变量即总统在外交决策中是最重要的因素。[③] 这意味着总统个人在菲律宾外交决策上具有很强的能动性，其对正式的外交决策机制倚重较少，而是更多地凭借私人化的认知和偏好来进行外交决策。因此，本文决定构建总统个人外交决策模式。

不过，尽管总统是外交决策的主设计师，其做决策时也会面临限制，国内其他因素比如私人决策圈、立法和司法两大权力分支机构、利益集团、民意等都有可能对外交决策施加影响。这些限制因素的影响力源于该国的政治制度、决策程序以及长期形成的政治传统等。在总统进行外交决策的过程中，它们可以通过直接或间接的方式使得总统不得不考虑它们的意见，从而对总统的外交决策产生影响，最终影响外交决策的结果。

本文假定菲律宾总统在中菲南海共同开发这一议题的决策上发挥主导作用，但在其决策过程中，总统将受到国内其他因素的影响，国内政治机制、家族政治、利益集团（军人集团和能源利益集团）将会参与该议题的决策过程，它们的互动博弈最终决定了决策结果。由此，本文构建总统个人外交决策模式示意图如下.

① 朱福惠、王建学主编《世界各国宪法文本汇编（亚洲卷）》，厦门大学出版社，2012，第193—195页。

② 马燕冰、黄莺编著《菲律宾》，社会科学文献出版社，2007，第160页。

③ Zha Wen, “Personalized Foreign Policy Decision-making and Economic Dependence: A Comparative Study of Thailand and the Philippines’ China Policies,” *Contemporary Southeast Asia* 37, no.2 (2015): 243.

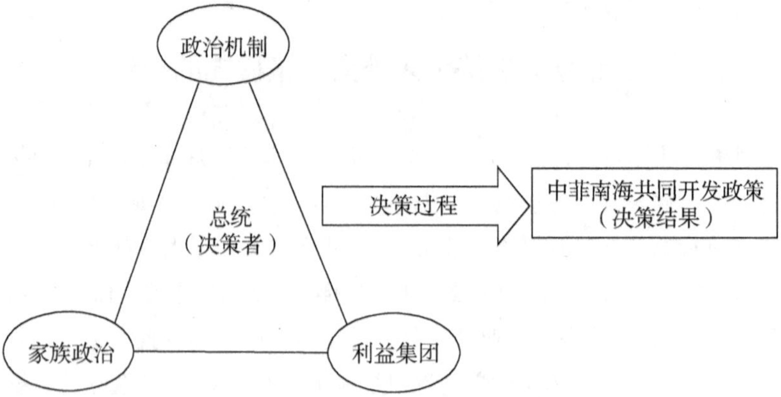


**图1　菲律宾总统个人外交决策模式**

资料来源：作者整理。

### （一）总统个人决策的动机

本文在分析总统个人外交决策的主要动机时将主要考虑三个方面：对国家利益的认知，执政合法性的维护，个人经历和个性。具体而言，在对国家利益的认知层面，南海油气资源与国家能源安全和经济发展有关，而共同开发涉及的南海争议海域攸关国家主权，因此，总统在进行中菲南海共同开发的决策时，必然会考虑能源安全、经济发展和国家主权等国家利益。同时，总统还需要考虑到该议题对菲中关系、菲美关系的影响以及由此带来的对菲律宾国家利益的影响。该议题涉及菲中两国在南海问题上的合作与冲突，是菲中关系的一个重要层面。而美国作为菲律宾的盟友，在南海地区具有重要利益，中美两国也在亚太地区保持着竞争与合作并存的复杂关系，美国对菲中在南海地区的互动也保持着密切关注，对夹在中美两个大国之间的小国菲律宾来说，和中国的南海共同开发也将影响其和美国的关系。

在执政合法性的维护层面，总统的执政合法性主要来源于民众对其统治的支持。而对菲国内民众来说，相较于和他们自身联系并不紧密的国外事务来讲，总统处理国内事务的表现是他们更为关心的，民众对总统的支持更多地源于总统的国内政绩，因此中菲南海共同开发一旦和菲国内事务挂钩，将会影响到总统的执政合法性。不过，当外交事务和国家主权等国家利益挂钩，民众的爱国主义和民族主义情绪会被挑起，这时总统的外交决策也将会影响其执政合法性。

在总统个人经历和个性层面，总统本身对中国和菲中关系、美国和菲美关系的情感和认知将会影响其在中菲南海共同开发议题上的选择。

### （二）国内政治机制的限制

根据菲律宾宪法，菲律宾实行行政、立法和司法三权分立的制度。总统行使行政权，其权力的行使会受到立法和司法机构的制约。尽管总统是菲外交决策的主设计师，国会（立法）和最高法院（司法）也有参与外交决策的权力。根据菲宪法规定："非经参议院以全体议员三分之二多数同意，任何国际款约或协定均无效。"① 在中菲南海共同开发这一议题上，共同开发的达成需要通过两国签署协定确立，因此菲律宾总统要想实现共同开发必须得到参议院的支持。另外，根据菲宪法规定，众议院有提出一切弹劾案的专属权力，参议院有审理和裁决一切弹劾案的专属权力。② 这意味着国会有权监督总统外交权力的行使。至于司法机构，菲宪法规定："一切涉及同外国缔结的条约、协定或行政协议或法律是否违宪的案件，应由最高法院全庭审理。"③ 这意味着最高法院有权受理关于共同开发协定的案件，对共同开发协定是否违宪做出裁决，因此总统也需要得到最高法院的支持才能推进共同开发的达成。

国会和最高法院在中菲南海共同开发议题上参与决策的主要利益考量包括三个方面。首先，保护国家主权和国家利益是立法和司法两大分支机构的动机之一。其次，菲律宾和他国签订的协定属于法律条约，国会和最高法院需要确保签署的国际协定符合菲宪法、国内其他有关法律以及菲签订的有关国际法。最后，国会和最高法院还将行使对总统的监督权，监督总统是否在中菲南海共同开发的对外决策中出现违宪、受贿等罪行。

### （三）家族政治的非正式存在

正如前文所言，菲律宾正式的外交决策机制还不够成熟，总统在进行外交决策时往往会依赖私人化的决策途径，形成私人决策圈。而私人决策圈的形成与家族政治的存在密不可分。

家族政治是菲律宾政治的一个鲜明特色，其作为正式制度之外的一种非

① 朱福惠、王建学主编《世界各国宪法文本汇编（亚洲卷）》，厦门大学出版社，2012，第195页。

② Official Gazette, *The Constitution of the Republic of the Philippines*, https://www.officialgazette.gov.ph/constitutions/1987-constitution/.

③ 朱福惠、王建学主编《世界各国宪法文本汇编（亚洲卷）》，厦门大学出版社，2012，第195页。

正式关系，在菲律宾的政治生活中占据核心地位。[①] 这种非正式关系依托地方性政治家族形成，[②] "家族"成员不仅包括有血缘关系的家庭成员，还包括私人的、非正式的、有亲密关系的其他成员。[③] 在菲律宾独立后，家族政治已经深入菲律宾的民主制度之中，成为一种实际存在的非正式制度，并且严重削弱了菲律宾的民主制度。

家族政治对菲总统外交决策的影响不容忽视。首先，总统的外交决策有时会沦为政治家族斗争的工具。菲律宾的历任总统一般都来自于某一政治家族，他们在选举中脱颖而出与政治家族的支持密不可分。其次，家族政治为总统在官僚体系中提供了众多政治亲信，而其政治亲信往往是其私人决策圈的成员。总统往往通过任命官员提拔其政治家族成员，这些官员在总统的外交决策中可能会发挥关键作用。

### （四）利益集团的参与

如果外交决策与其自身利益挂钩，利益集团将会利用自身影响力参与决策，力图实现利益最大化。在中菲南海共同开发这一议题的决策上，军人集团和能源利益集团是主要参与者。

菲律宾军人集团主要由菲武装力量和国防部组成，其中菲武装力量包括陆军、海军和空军三大分支。由于中菲南海共同开发议题涉及南海海域，军人集团中的主要利益诉求者来自于海军分支。一方面，总统和军方高层往往保持着密切联系，军人集团一般听命于总统。另一方面，军人集团依托武力威慑掌握着重要影响力，菲律宾历史上发生过多次军事政变，导致总统下台。对总统来说，要想确保政权的稳定，离不开军方对其统治的支持。因此，总统对军人集团的利益诉求十分看重。

通常而言，军人集团的利益诉求主要体现在两个层面：一是军人集团的群体利益，最主要的是争取军费预算；二是军人集团的派系利益，特别是军方高

---

① 林丹阳:《民主制度之"踵"：家族式恩庇侍从关系与菲律宾政治》,《东南亚研究》2018年第5期，第20页。

② 林丹阳:《民主制度之"踵"：家族式恩庇侍从关系与菲律宾政治》,《东南亚研究》2018年第5期，第19页。

③ Teresa S. Encarnacion Tadem and Eduardo C. Tadem, "Political Dynasties in the Philippines: Persistent Patterns, Perennial Problems," *Southeast Asia Research* 24, no.3 (2014): 329.

层的个人诉求。[①] 需要特别提及的一点是，菲律宾军人集团具有久远的亲美主义传统，许多军方高层都曾在美国接受教育，并且和美国军方有密切的联系，对美国抱有好感。[②] 而且，菲军方长期依赖美国的后勤、军备、训练和情报等支持。[③] 由于中菲南海共同开发不仅与中菲关系有关，也会间接影响菲美关系，具有亲美传统的军人集团对该议题更加关注，他们希望中菲南海共同开发不会影响菲美军事同盟关系。

能源利益集团主要包括石油（油气）公司和能源部。菲宪法规定："自然资源的勘探、开发和利用应当由国家全面控制和监督。国家可以直接从事此类活动，也可以与菲律宾公民签订合作生产、合资或生产分成的协议，或与资本60%以上为菲公民所有的公司或协会签订此类协议。"[④] 因此，石油公司要想进行油气资源的开采，需要和政府签订服务合同。

通常而言，石油公司的主要利益诉求是盈利。而对于在南海争议海域的油气资源开采，石油公司会格外注重其存在的政治风险，如果开采活动只得到菲方单边许可，它们将面临中国采取反制措施的风险，因此它们希望开采活动可以获得菲政府以及军队的保护。另外，石油公司也会根据国际石油价格的变动调整其经营活动，如果石油价格较低，那么开采石油的收益会降低，石油公司在南海进行石油开采的动力会减小。[⑤]

## 二、阿罗约总统的外交决策与中菲南海共同开发的尝试

阿罗约的总统生涯是从2001年1月20日以副总统的身份接替被弹劾的总统埃斯特拉达（Joseph Estrada）开始的。在2004年新一届总统竞选时，阿罗约作为第一次参选总统的候选人成功当选，直至2010年6月30日期满结束任职。在其任期内，阿罗约促成中、菲、越三方签署《在中国南海协议区三方

① 周方冶：《政治环境研究的路径与方法："一带一路"视角下的东南亚国家比较研究》，中国社会科学出版社，2018，第175—176页。

② 该内容为笔者于2020年1月23日在菲律宾马尼拉对菲律宾前驻新加坡、马来西亚等国大使阿尔韦托·埃恩科米恩达（Alberto Encomienda）进行访谈所得。

③ Richard Javad Heydarian, "Tragedy of Small Power Politics: Duterte and the Shifting Sands of Philippine Foreign Policy," *Asian Security* 13, no.3 (2017): 233.

④ *The Constitution of the Republic of the Philippines*, Official Gazette.

⑤ 该内容为笔者于2020年1月28日在菲律宾马尼拉对菲律宾大学海洋事务与海洋法研究所所长杰伊·巴通巴卡尔（Jay Batongbacal）进行访谈所得。

联合海洋地震工作协议》，推动中菲南海共同开发迈出实质性一步。在签署三方协议的决策上，阿罗约主要倚靠其政治亲信众议院议长何塞·德贝尼西亚（Jose de Venecia jr.）和菲律宾国家石油公司总裁爱德华多·马纳拉克（Eduardo Mañalac），形成了自己的私人决策圈。然而，阿罗约并未能顺利实施其既定政策，三方协议成为菲律宾国内政治斗争的牺牲品。

### （一）阿罗约总统个人决策动机：共同开发的尝试

阿罗约积极推进中菲南海共同开发与其本人对国家利益的考量分不开。在菲律宾《中期发展计划（2004—2010）》（*Medium-Term Philippine Development Plan, 2004—2010*）中，阿罗约政府提出了能源独立的目标，加大石油和天然气的开发力度，并与周边国家加强能源战略合作。阿罗约还表示，实现能源独立将使得菲律宾不再依赖于进口石油，实现自给自足，从而有助于提升国家安全和提振经济。[①] 阿罗约认为和中国进行南海共同开发合作符合其政府战略目标。更重要的是，阿罗约将和中国在南海的合作视作加强对华关系、发展菲律宾经济的重要一步。[②] 在阿罗约任期内，菲律宾积极就投资和贷款援助等和中国进行协商，两国共签署了83份双边协议。在其任期内，菲律宾对华出口总额从2000年的31.4亿美元跃升至2007年的306.2亿美元。[③]

阿罗约加强和中国关系、积极推进南海共同开发还与其意图减少菲律宾对美依赖有关。2004年的伊拉克人质事件是促使其转变的重要原因。菲律宾和美国于1951年签订《美菲共同防御条约》，两国确立了军事同盟关系，从此在军事安全方面保持着密切合作，菲律宾从美国接收了大量军事援助。[④] 2001年，“9·11”事件发生后，美国在全球推行反恐战争，寻求盟友菲律宾的支持，向菲律宾派遣了大量军队，并为菲律宾武装部队提供后勤和情报支持。[⑤] 不过，美国在菲律宾愈加深入的军事存在引起了部分菲官员和民众的反对。2004年，

① Charles Joseph De Guzman, “Philippine-China Relations, 2001–2008: Dovetailing National Interests,” *Asian Studies: Journal of Critical Perspectives on Asia* 50, no.1 (2014): 83.

② Charles Joseph De Guzman, “Philippine-China Relations, 2001–2008: Dovetailing National Interests,” *Asian Studies: Journal of Critical Perspectives on Asia* 50, no.1 (2014): 83.

③ Dante Pastrana, “Philippine President Accused of ‘Treason’ over Spratlys Deal with China,” World Socialist Web Site, March 29, 2008, https://www.wsws.org/en/articles/2008/03/phil-m29.html.

④ U.S. Department of State, “U. S. Relations with the Philippines,” January 21, 2020, https://www.state.gov/u-s-relations-with-the-philippines/.

⑤ Richard Javad Heydarian, “Tragedy of Small Power Politics: Duterte and the Shifting Sands of Philippine Foreign Policy,” *Asian Security* 13, no.3 (2017): 225.

一名菲律宾海外劳工在伊拉克被“基地”组织劫持，“基地”组织以此要求菲律宾从伊拉克撤军。这一事件使得国内的反对情绪爆发，阿罗约面对国内的政治压力，不顾美国的反对，声称为了保护菲国民利益，最终决定从伊拉克撤军以解救被绑人质。[①] 此决定让美国十分失望，美国威胁削减对菲援助项目、减少订货、减少雇用菲籍劳务人员等。[②] 而美国的做法也促使阿罗约决定减少对美国的依赖，并转而加强和中国的关系，借“打中国牌”向美国传达其不满的信号。[③]

最后，从其个人经历来看，阿罗约有着“中国情结”。2001—2009年，阿罗约以总统的身份访问中国12次。[④] 阿罗约也从更为务实的角度看待菲中关系，在其从政前的学术生涯中，她作为一名经济学家，对中国的经济发展保持着密切关注。[⑤] 成为总统后，她也更关注提升和中国的关系所带来的经济利益，在中菲南海问题上也愿意妥协。[⑥]

### （二）阿罗约总统私人决策圈的建立：三方协议的签署

为了实现其推进中菲南海共同开发的目标，阿罗约总统需要寻求政府内其他人的支持。事实上，阿罗约在当选后，便在政府内安插了大量政治亲信，家族政治的影响可见一斑。

在一众政治亲信中，对中菲南海共同开发决策有重要影响的有两位——众议院议长德贝尼西亚和菲律宾国家石油公司总裁马纳拉克，他们积极推动并主导菲律宾和中国、越南签署南海联合海洋地震工作协议，[⑦] 组成了阿罗约总统的私人决策圈。

---

① Rory McCarthy, “Philippines Begins Iraq Withdrawa,” *The Guardian,* September 17, 2004, https://www.theguardian.com/world/2004/jul/14/iraq.philippines.

② 马燕冰、黄莺编著《列国志·菲律宾》，社会科学文献出版社，2007，第132页。

③ 该内容为笔者于2020年1月23日在菲律宾马尼拉对菲律宾大学战略与发展研究所执行主任赫尔曼·卡夫（Herman Kraft）进行访谈所得。

④ Charles Joseph De Guzman, “Philippine-China Relations, 2001–2008: Dovetailing National Interests,” *Asian Studies: Journal of Critical Perspectives on Asia* 50, no.1 (2014): 84.

⑤ 该内容为笔者于2020年1月16日在菲律宾马尼拉对菲律宾亚洲太平洋协进基金会主席艾琳·巴维耶拉（Aileen Baviera）进行访谈所得。

⑥ Mara Cepeda, “Arroyo: ‘World Should Look at China’s Rise As an Opportunity, Not a Threat’,” *Rappler,* March 31, 2019, https://www.rappler.com/nation/226924-arroyo-speech-china-rising-power-opportunity-not-threat.

⑦ Aileen Baviera, “The Influence of Domestic Politics on Philippine Foreign Policy: The Case of Philippines-China Relations Since 2004,” *RSIS Working Paper,* No.241, 2012, pp.14.

德贝尼西亚是阿罗约的重要盟友，是阿罗约所在执政党基督教穆斯林民主力量党（Lakas-Christian Muslim Democrats）的主席，是阿罗约总统在众议院的重要支持者，对阿罗约的外交决策有着重要影响。[①] 德贝尼西亚是中菲南海共同开发的积极倡议者，对华保持着较为友好的态度，希望加强菲中关系。他和中国有着比较深的渊源，曾帮助中国共产党与亚洲其他政治党派发展关系。[②] 在其担任众议院议长时，曾接受中国驻菲大使的邀请访华。[③] 他也是从一开始代表总统和中国就签署工作协议进行接触的人。

马纳拉克也一直对中菲南海共同开发持积极态度。他曾在中国从事过七年石油勘探方面的工作，和中国海洋石油公司有密切联系。[④] 2002年，马纳拉克被阿罗约任命为能源部副部长。他有"超级副部长"之称，在能源部有强大的影响力。[⑤] 2003年，中国海洋石油公司与菲国家石油公司签署意向书，双方同意成立联合工作委员会以探讨在南海适合勘探和开发的区域，马纳拉克出席了该签字仪式。[⑥] 2004年9月，就在菲国家石油公司和中国海洋石油公司签署《南中国海部分海域联合海洋地震工作协议》的两天前，他被阿罗约任命为菲律宾国家石油公司总裁兼首席执行官，并负责完成协议的签署。[⑦] 2005年3月，也是他作为菲方代表，签署了中、菲、越三国国家石油公司关于《在中国南海协议区三方联合海洋地震工作协议》。

① Aileen Baviera, "The Influence of Domestic Politics on Philippine Foreign Policy: The Case of Philippines-China Relations Since 2004," *RSIS Working Paper,* No.241, 2012, p.16.

② Aileen Baviera, "The Influence of Domestic Politics on Philippine Foreign Policy: The Case of Philippines-China Relations Since 2004," *RSIS Working Paper,* No.241, 2012, p.26.

③ Ernest Z. Bower, "The JMSU: A Tale of Bilateralism and Secrecy in the South China Sea," *CSIS,* July 27, 2010, https://www.csis.org/analysis/jmsu-tale-bilateralism-and-secrecy-south-china-sea.

④ Miriam Grace A. Go, "Arroyo Gov't Pleasing China Since Day1," *ABS-CBN News,* March 14, 2008, https://news.abs-cbn.com/special-report/03/14/08/policy-betrayal-first-three-parts.

⑤ Miriam Grace A. Go, "Mañalac Departure from PNOC Linked to GMA, FG," *The Philippine Star,* March 10, 2008, https://www.philstar.com/headlines/2008/03/10/49295/maalac-departure-pnoc-linked-gma-fg.

⑥ Anon, "CNOOC & PNOC Formalize South China Sea Exploration Deal," *Rigzone,* November 11, 2003, https://www.rigzone.com/news/oil_gas/a/9368/cnooc_pnoc_formalize_south_china_sea_exploration_deal/.

⑦ Miriam Grace A. Go, "Arroyo Gov't Pleasing China Since Day1," *ABS-CBN News,* March 14, 2008.

### （三）实现既定政策的阻挠：三方协议的夭折

然而，阿罗约的中菲南海共同开发政策并未能顺利实施。由于三方协议的签署缺乏透明性，国内从一开始就存在反对的声音。菲律宾国内支持和美国维持战略关系的政治精英，对阿罗约加强和中国关系的举措并不赞同。① 从2008年初开始，在于2008年6月30日到期的协议将要续约之际，菲国内反对续约的声浪持续高涨，最终迫使阿罗约总统不得不宣布放弃续约。

三方协议被阿罗约政府作为机密，一直未曾公开。然而，2008年初，巴里·韦恩（Barry Wain）发表在《远东经济评论》上的一篇报道，揭示了包括具体勘探位置在内的关于三方协议的大量详细信息，声称："在具体勘探位置方面，菲律宾做出了惊人的让步，甚至包括了中国和越南并未声索主权的菲律宾管辖的大陆架的一部分。"巴里·韦恩还引用菲律宾官员的说法称："阿罗约签署该协议的想法是由与中国有商业往来的官员兜售的，阿罗约并未征求外交部的意见。"②

阿罗约的反对派立刻抓住这一机会，借这篇报道大做文章。菲律宾众议院左翼政党国家为先党（Bayan Muna）的泰奥多罗（Teodoro Casiño）和奥坎波（Satur Ocampo）联合其他12位众议员宣布，三方协议"将国家资产拱手让人，将根据《联合国海洋法公约》规定的明确属于菲律宾管辖海域的自然资源勘探和开采权让给其他国家"。③ 国家为先党还向最高法院发出关于裁决三方协议是否合宪的诉讼请求。④ 参议员特里兰尼斯（Antonio Trillanes）提出了反对阿罗约的议案，指出三方协议企图"规避宪法和损害宪法赋予的参议院权力"，背叛了国家以及公众信任，阿罗约和政府其他人员应对此负责。⑤ 反对派议员认为这份协议应该被视作一份国际协议，而不是商业合同，根据宪法规定，国

---

① Dante Pastrana, "Philippine President Accused of 'Treason' over Spratlys Deal with China," March 29, 2008.

② Barry Wain, "Manila's Bungle in the South China Sea," *Far Eastern Economic Review*, January/February 2008, http://realpolitikasia.blogspot.com/2016/08/manilas-bungle-in-south-china-sea-barry.html.

③ Dante Pastrana, "Philippine President Accused of 'Treason' over Spratlys Deal with China," March 29, 2008.

④ Edu Punay, "SC Asked to Rule on Legality of JMSU," *The Philippine Star*, May 30, 2014, https://www.philstar.com/headlines/2014/05/30/1329017/sc-asked-rule-legality-jmsu.

⑤ Dante Pastrana, "Philippine President Accused of 'Treason' over Spratlys Deal with China," March 29, 2008.

际协议需交参议院批准。[①]

反对续约声浪的愈加壮大和阿罗约执政合法性降低分不开。在阿罗约总统第二任期（2004—2010年）内，民调显示其是自马科斯（1965—1986年担任总统）以来菲律宾最不受欢迎的总统。[②] 2005年，“Hello Garci” 丑闻揭露了阿罗约在2004年选举舞弊一事，这导致其支持率严重下滑。2007—2008年，阿罗约和她的丈夫因菲律宾交通部与中国中兴公司签署的关于国家宽带网络项目的谅解备忘录而受到贪腐指控。反对派指责总统阿罗约签署三方协议旨在换取中国对该项目的资助，并为自己牟利，背叛了公众的信任。一时间，其他由中国资助的建设项目也遭到了类似的指控。[③] 面对国内强烈的反对声音，阿罗约总统不得不选择取消国家宽带网络项目。而三方协议因卷入贪腐丑闻，对阿罗约执政合法性也造成了打击，迫使其不得不选择放弃续约。

事实上，三方协议成为菲律宾国内政治斗争的牺牲品。阿罗约的反对派借国家宽带网络项目对总统发起政治攻击，指控总统“向中国出卖国家利益”和贪污腐败。菲律宾学者巴维耶拉在接受笔者采访时指出，三方协议因为和中国有关，被反对派作为攻击阿罗约的工具，即使并无证据证明该协议的签署存在腐败问题。[④] 菲学者赫尔曼・卡夫也如是认为：“反对派和民众对该协议的反对并不是针对中国，而是针对阿罗约本人。”[⑤] 阿罗约总统因选举舞弊和贪腐丑闻，其执政合法性遭受到巨大的打击，其利益联盟也四分五裂，这严重限制了其推行原本的外交政策的能力。

## 三、阿基诺三世总统外交决策与中菲南海共同开发的停滞

阿基诺三世从2010年6月正式成为总统后，就放弃了同中国进行南海共同开发的想法。此后在两国南海争端日趋激烈的情况下，阿基诺三世在南海问题

① 国际危机组织:《南海翻波（四）：多事水域的油气资源》，2016，第17页，https://d2071andvip0wj.cloudfront.net/275-stirring-up-the-south-china-sea-iv-oil-in-troubled-waters-chinese.pdf.

② Mark R. Thompson, “The Politics Philippine Presidents Make,” *Critical Asian Studies* 46, no.3 (2018): 439-440.

③ Renato Cruz De Castro, *Balancing Gambits in Twenty-first Century Philippine Foreign Policy Institute of Southeast Asian Studies* (2011), p. 247.

④ 该内容为笔者于2020年1月16日在菲律宾马尼拉对菲律宾亚洲太平洋协进基金会主席艾琳・巴维耶拉进行访谈所得。

⑤ 该内容为笔者于2020年1月23日在菲律宾马尼拉对菲律宾大学战略与发展研究所执行主任赫尔曼・卡夫进行访谈所得。

上采取了较为强硬的立场，外交部长罗萨里奥是主要推手。中菲南海共同开发议题在菲律宾国内被政治化，民族主义情绪被挑起，菲律宾提起的“南海仲裁案”得到民众自上而下的广泛支持，其他因素几乎未能对阿基诺三世的决策造成限制。

### （一）阿基诺三世总统个人决策动机：放弃共同开发

阿基诺三世在上台之初就明确表达了对中、菲、越三方签订的《在中国南海协议区三方联合海洋地震工作协议》的反对。[①] 同时，阿基诺三世表示支持油气公司在本国的专属经济区进行资源开采。这实际上意味着其放弃了和中国进行南海共同开发的想法。

阿基诺三世对三方协议最直接的反对动机是划清与前任总统阿罗约的界限。三方协议由于在阿罗约执政后期与腐败、出卖国家主权等威胁执政合法性的关键词挂钩，成为“政治包袱”。同时，将三方协议批驳为阿罗约出卖国家利益的腐败证据，也是阿基诺三世进行政治斗争，对阿罗约的政治遗产进行清算的手段之一。最后，阿基诺三世也利用中菲南海合作挑起民众的民族主义情绪，将自己标榜为“捍卫民族利益”的总统，利用对中国的强硬态度塑造出“前任政府可以被收买，而现任政府不可被收买”的形象，从而增强自己执政的合法性。[②]

尽管否定了三方协议，但阿基诺三世在上任之初无意挑起和中国的南海争端，也表达过和中国进行对话、和平解决南海争端的意愿。然而，2012年的“黄岩岛事件”改变了阿基诺三世在处理南海问题上的对华关系考量，中菲南海共同开发在其任内再无可能。[③] 该事件彻底激化了两国的南海争端，阿基诺三世被批评在此事件中处理不当，使菲律宾在争端解决中处于劣势，损害菲律宾的国家利益。[④] 阿基诺三世转变了对华关系的看法，认为崛起的中国可能会

---

① Anon, “PNoy: JMSU with China, Vietnam 'shouldn't have happened',” *ABS-CBN News*, January 4, 2011, https://news.abs-cbn.com/nation/01/04/11/pnoy-jmsu-china-vietnam-shouldnt-have-happened.

② 查雯：《菲律宾南海政策转变背后的国内政治因素》，《当代亚太》2014年第5期，第136页。

③ 该内容为笔者于2020年1月23日在菲律宾马尼拉对菲律宾大学战略与发展研究所执行主任赫尔曼·卡夫进行访谈所得。

④ Anon, “Treason? Aquino Explains Decisions During Scarborough Standoff,” *Rappler*, May 27, 2016, https://www.rappler.com/nation/134420-aquino-treason-south-china-sea.

给菲律宾在南海的利益带来威胁。[①]

而美国的拉拢促使阿基诺三世决定采取“亲美疏中”的立场，在南海问题上对中国愈加强势。面对中国的崛起，特别是中国在亚太地区日益增强的影响力，美国为了维护自己在亚太乃至全球的领导地位和利益，宣布实施“亚太再平衡”战略，主动加强和地区盟友的合作，并试图在南海问题上牵制中国。菲律宾便是美国倚靠的地区盟友之一。2010年，在阿基诺三世上台后，美国向菲律宾提供了4.3亿美元的发展援助。[②]2011年，美国和菲律宾启动“增长伙伴计划”（Partnership for Growth），致力于解决菲律宾经济增长面临的严重限制。[③]除了加强经济合作，菲美在军事安全方面的联系也更加密切。2010年，美国向菲律宾提供了1.4亿美元的直接经济和军事援助，还公开表示将向菲律宾提供新式军备以加强其保卫岛屿的能力。[④]2014年，菲律宾和美国签订了《强化防务合作协议》。[⑤]

从个人经历来看，阿基诺三世曾因国内政治斗争在大学毕业后随父母流亡美国，[⑥]这段经历使得他对美国抱有好感。综上所述，在美国的拉拢和支持下，阿基诺三世坚定其关于中菲南海共同开发政策的考量，敢于在南海问题上采取较为强硬的立场。

### （二）阿基诺三世总统私人决策圈的建立：激进的南海政策

同前任总统阿罗约一样，阿基诺三世将自己家族的成员安排到政府的重要部门，包括外交部长罗萨里奥、国防部长加斯明、驻华大使李永年等。[⑦]阿基诺三世还单独设立了一个主要由亲美人士组成的决策委员会，形成了自己的私人决策圈。[⑧]

---

① 陈庆鸿：《菲律宾南海政策的调整及其原因》，《国际资料信息》2011年第10期，第20页。

② 鞠海龙：《菲律宾南海政策中的美国因素》，《国际问题研究》2013年第3期，第63页。

③ Jerry E. Esplanada, “Philippines Got $193M in US Development Aid in 2011,” *The Philippine Daily Inquirer,* March 6, 2012, https://globalnation.inquirer.net/27321/philippines-got-193m-in-us-development-aid-in-2011.

④ 鞠海龙：《菲律宾南海政策：利益驱动的政策选择》，《当代亚太》2012年第3期，第85页。

⑤ 佚名：《菲美签署〈强化防务合作协议〉旨在强化美在菲军事存在》，人民网，2014年4月29日，http://military.people.com.cn/n/2014/0429/c1011-24954143.html。

⑥ 周有恒：《子承母业掌政权——菲律宾新总统阿基诺三世》，《名人传记（上半月）》2010年第9期，第12页。

⑦ 邵先成：《阿基诺政府南海政策转变的国内推动与限制因素及未来趋势预判》，《太平洋学报》2016年第24卷第3期，第52页。

⑧ 鞠海龙：《菲律宾南海政策中的美国因素》，《国际问题研究》2013年第3期，第67页。

在阿基诺三世的这些政治亲信中，在中菲南海共同开发的决策中影响最大的当属外交部长罗萨里奥。有政治专家认为，菲律宾对华战略主要由罗萨里奥制定。[①] 罗萨里奥属于“亲美派”，其自中学就在美国读书，并在美国的纽约大学取得了学士学位，2001—2006年担任菲驻美大使，后于2011年2月被阿基诺三世任命为外交部长。[②] 亲美的罗萨里奥对中国持有不信任的态度，针对中国的“南海仲裁案”也是在他的努力之下发起的。[③] 在发起“南海仲裁案”后，罗萨里奥曾表示和中国进行双边谈判毫无意义，主张菲律宾加强和美国的防务关系，并继续在南海问题上沿用法律手段。[④]

军人集团也促成阿基诺三世在对华南海问题上采取强硬立场。军人集团特别是海军方面企图借南海问题争取军费预算。2012年的“黄岩岛事件”使得海军看到了增加军费预算的机会，他们借此机会“呼吁加强海军建设，向南海投射更多军力”以保卫国家利益。[⑤] 对阿基诺三世来说，历史上的多次军事政变提醒他要想维持统治，必须确保军方对自己的支持。2012 年12 月，阿基诺三世通过《共和国10349号法案》，正式启动重启军队现代化计划。[⑥] 为了赢得激进的军人集团的支持，阿基诺三世决定在南海问题上对华采取强硬姿态，增加在南海的军事存在。

能源利益集团借机和军人集团联合起来，企图在菲政府强化在南海的军事存在之际，实现对南海丰富的油气资源的开发，并借菲军方保护自己在南海的开采活动。2011年中东地区的局势动荡给世界带来了新的油气恐慌，能源利益集团从中看到商机，在知道与中国共同开发南海油气资源无望的情况下，菲石油公司希望政府允许单边开采行为以开采更多石油。菲国内石油公司通过多

---

① Chico Harlan, “Philippines Pushes Back Against Chin,” *Washington Post*, July 23, 2013, https://www.washingtonpost.com/world/asia_pacific/philippines-pushes-back-against-china/2013/07/23/4dfa6058-f043-11e2-bed3-b9b6fe264871_story.html.

② Prashanth Parameswaran, “Philippines’ Top Diplomat Resigns with South China Sea Verdict Looming,” *The Diplomat*, February 8, 2016, https://thediplomat.com/2016/02/philippines-top-diplomat-resigns-with-south-china-sea-verdict-looming/.

③ Prashanth Parameswaran, “Philippines’ Top Diplomat Resigns with South China Sea Verdict Looming,” *The Diplomat*, February 8, 2016.

④ Richard Javad Heydarian, “Tragedy of Small Power Politics: Duterte and the Shifting Sands of Philippine Foreign Policy,” *Asian Security* 13, no.3 (2017): 228.

⑤ 该内容为笔者于2020年1月23日在菲律宾马尼拉对菲律宾大学战略与发展研究所执行主任赫尔曼·卡夫进行访谈所得。

⑥ 阳阳：《菲律宾军队现代化计划与南海问题》，《和平与发展》2014年第4期，第81页。

番对油气产品涨价,[①] 使得阿基诺三世政府为减少国内恐慌而鼓励国内油气公司对油气资源进行开采，并在2011年和2014年启动两轮能源承包项目。

## （三）实现既定政策的阻挠：并不成功的牵制

在阿基诺三世上任之初，阿罗约家族的残余势力给阿基诺三世带来了一些麻烦。2011年，最高法院裁定将总统阿基诺三世家族控制的路易西塔甘蔗庄园分给6000多名多年耕作这片土地的农民，这一裁定削弱了阿基诺家族的经济基础。[②] 最高法院之所以做出此举，很大程度上是因为最高法院实际上是阿罗约势力的代表。最高法院15名大法官均由阿罗约担任总统时任命。

然而，阿罗约家族对阿基诺三世的牵制并不成功。阿基诺三世上任后，针对阿罗约选举舞弊等多项指控被提上日程，阿罗约被禁止出国。最高法院这时做出了有利于阿罗约的裁决，裁定其可以出国接受医学治疗。[③] 针对最高法院的裁决，菲国会迅速发起反击，对最高法院大法官科罗纳发起弹劾，指责其发布的法院命令辜负了公众信任，给了阿罗约逃脱起诉的机会。[④] 最终，科罗纳遭弹劾下台。对科罗纳的成功弹劾成为阿基诺三世打击阿罗约家族势力，巩固自己政权的成功之举。在弹劾科罗纳一案中，中菲南海共同开发的议题再度被炒作。一篇题为《中国与科罗纳的平行宇宙》的文章被菲律宾很多媒体转载，[⑤] 该文章作者称三方协议是阿罗约政府对国家利益的出卖，如果不弹劾大法官科罗纳，将主持关于三方协议是否合宪的裁决，并做出侵害菲律宾领土主权的裁决结果。[⑥] 在两大家族的政治斗争中，三方协议又一次成为斗争的工具，而中菲南海共同开发在菲律宾国内变得愈加不受欢迎。

事实上，阿基诺三世关于中菲南海共同开发的决策在菲国内基本上并未受到阻挠，反对派的声音十分微弱。特别是在2012年“黄岩岛事件”发生后，中菲关系恶化，该事件激起了菲国内上下强烈的民族主义情绪，要求总统在南

---

① 鞠海龙:《菲律宾南海政策：利益驱动的政策选择》,《当代亚太》2012年第3期，第88页。

② 佚名:《菲律宾总统家族庄园被判分给6296名耕作农民》，中新网，2011年11月26日，http://www.hi.chinanews.com/hnnew/2011-11-26/191124.html。

③ Anon, “Philippines Chief Justice Impeached by Congress,” *BBC,* December 12, 2011, https://www.bbc.com/news/world-asia-16144786.

④ Anon, “Philippines Chief Justice Impeached by Congress,” *BBC,* December 12, 2011.

⑤ 查雯:《菲律宾南海政策转变背后的国内政治因素》,《当代亚太》2014年第5期，第136页。

⑥ Rodel Rodis, “The Parallel Universe of China and Corona,” *The Philippine Daily Inquirer,* May 29, 2012, https://globalnation.inquirer.net/38259/the-parallel-universe-of-china-and-corona.

海采取强硬立场。因此，总统选择放弃中菲南海共同开发、坚持菲对南海的主权声索在国内得到了最大程度的支持。

## 四、杜特尔特总统外交决策与中菲南海共同开发的重启

杜特尔特成为菲律宾总统后，在南海问题上采取了和阿基诺三世完全不同的政策，他选择搁置对菲有利的“南海仲裁案”的“裁决”结果，并积极重启中菲南海共同开发谈判。前总统阿罗约成为其在对华政策上的重要顾问，积极推进中菲南海共同开发。尽管国内存在反对中菲南海共同开发的声音，但他们并未对杜特尔特的决策造成阻碍。

### （一）杜特尔特总统的个人决策动机：共同开发的重启

首先，杜特尔特在中菲南海共同开发上的选择和他“内向化”的决策动机有关。相较于菲律宾在南海的主权声索问题，杜特尔特更关注国内经济发展和民生安全等问题。尽管近年来菲律宾经济保持着较高的增长速度，但这主要依靠菲律宾庞大的海外劳工汇款所带动的国内消费，而投资在GDP中所占比例过低，经济发展动力不足。① 菲律宾国内基础设施落后，制造业几乎停滞，失业率和贫困率居高不下。② 杜特尔特希望获得中国对菲律宾基础设施建设的投资。2016年10月，杜特尔特访华，中菲签署了基础设施投资建设等13项合作文件。③ 菲律宾还面临着国内恐怖主义和分裂主义的威胁，杜特尔特认为应该将军力更多地用于打击国内恐怖主义，因此希望避免和中国在南海的争端，营造一个和平稳定的外部环境。

其次，杜特尔特是一个务实主义者，他认为和中国合作的好处远多于坚持在“南海仲裁案”上做文章的好处。中国对“南海仲裁案”始终保持不接受、不承认的态度，从未改变在南海问题上的立场。在杜特尔特看来，坚持在“南海仲裁案”上做文章并不会改变中国的行径，反而会导致两国关系陷入僵

---

① 朱陆民：《菲律宾杜特尔特政府的外交调整、影响及中国的对策研究》，《统一战线学研究》2017年第1卷第1期，第97页。

② 朱陆民：《菲律宾杜特尔特政府的外交调整、影响及中国的对策研究》，《统一战线学研究》2017年第1卷第1期，第97页。

③ 中国外交部：《中华人民共和国与菲律宾共和国联合声明》，2016年10月21日，https://www.fmprc.gov.cn/web/gjhdq_676201/gj_676203/yz_676205/1206_676452/1207_676464/t1407676.shtml。

局，不利于菲律宾经济的发展。[①] 因此，杜特尔特表示愿意暂时搁置这一"裁决"结果。杜特尔特也清楚地看到菲律宾和中国的军力差距，认为和中国在南海问题上起冲突将会"只输不赢"。另外，杜特尔特认为和中国共同开发南海可以帮助解决菲律宾的能源短缺问题。菲律宾国内石油生产难以满足需求，马兰帕亚油气田是菲律宾主要的天然气开采基地，油气储备将在短时间内消耗殆尽。[②] 菲律宾国内油气公司资金和技术不足，难以独自开发南海资源，而第三方国家的油气公司因为南海局势的不稳定性而担忧油气开发的风险，对承包油气开发存有疑虑。因此，对菲律宾来说，最好的选择便是和中国进行南海共同开发。

最后，杜特尔特选择和中国推进南海共同开发并拉近和中国的关系也是其试图修正阿基诺三世对美国的"一边倒"政策，实行大国"平衡外交"的体现。[③] 在杜特尔特看来，阿基诺三世和美国走得太近，很有可能危及菲律宾的国家利益。尽管菲律宾和美国签订了《美菲共同防御条约》，但美国表示不会介入地区领土争端，菲律宾从未得到美国对菲律宾在南海的明确防卫承诺。[④] 杜特尔特认为，一旦菲律宾和中国在南海发生冲突，美国并不会介入其中为菲律宾提供直接的军事帮助，甚至菲律宾会成为中美两国对抗的牺牲品。[⑤]

杜特尔特的"亲中疏美"政策还和其反殖民、反美的个人经历与偏好分不开。杜特尔特是一个民族主义者，追求独立外交政策，美国对菲律宾国内事务的干预引发杜特尔特的不满。杜特尔特对菲国内肆虐的毒品犯罪的打击是其重要的竞选承诺，他在全国范围实施非常严厉的禁毒举措，却遭到美国对其侵犯人权的批评，[⑥] 这使得杜特尔特直接在公开场合对美国大加指责。杜特尔特的早年经历为其打下了"反美"烙印。杜特尔特来自棉兰老岛地区，该地区穆斯

---

① 马博：《杜特尔特"疏美亲中"政策评析：国家利益与个人偏好》，《国际论坛》2017年第19卷第4期，第33页。

② Carlos Santamaria, "Sino-Philippine Joint Development in the South China Sea: Is Political Will Enough?" *Asian Politics & Policy* 10, no.2 (2018): 335.

③ 马博：《杜特尔特"疏美亲中"政策评析：国家利益与个人偏好》，《国际论坛》2017年第19卷第4期，第32页。

④ 国际危机组织：《南海翻波（二）：地区反应》，2012，第26页，https://d2071andvip0wj.cloudfront.net/229-stirring-up-the-south-china-sea-ii-regional-responses-chinese.pdf。

⑤ 杨超：《浅析杜特尔特执政后菲律宾对外政策的调整》，《东南亚纵横》2017年第5期，第58页。

⑥ 马博：《杜特尔特"疏美亲中"政策评析：国家利益与个人偏好》，《国际论坛》2017年第19卷第4期，第35页。

林人口最为集中，普遍对美国存在不满情绪，认为菲律宾应尽可能避免美国外交政策的影响。[①] 而杜特尔特在担任达沃市市长时的经历也造成了其对美国的负面看法。2002年，一名美国公民在酒店意外引爆爆炸装置后，在未经杜特尔特批准的情况下被美国秘密送离达沃市，杜特尔特认为这是对其市长权威的侮辱。[②]

### （二）杜特尔特总统私人决策圈的建立：重要顾问阿罗约

来自非传统家族集团的杜特尔特享有极高的执政合法性，其不仅赢得了反建制派的中产阶级的支持，还拥有建制派（传统家族集团）的支持。杜特尔特将自己标榜为"平民总统"，在竞选时主张反对建制派，关注中下层人民的利益，赢得了中产阶级广泛的支持。[③] 另一方面，杜特尔特同样享有传统家族集团——前总统马科斯家族和前总统阿罗约家族的支持，[④] 这也是其竞选成功的关键。

前总统阿罗约是杜特尔特的重要盟友，是杜特尔特在中菲南海共同开发决策中的重要顾问。杜特尔特所属民主人民力量党（PDP-Lapan）仅在立法机构中赢得少数席位，需要阿罗约家族成员的支持才能在国会中占据多数席位。[⑤] 而阿罗约则希望借助杜特尔特废除前一任政府对她的指控。[⑥] 2018年7月至2019年6月，阿罗约担任菲律宾众议院议长，是杜特尔特在国会的有力支持者。阿罗约被认为是杜特尔特政府菲中政策框架的主要制定者，[⑦] 她仍然延续了担任总统时的对华政策——推进中菲南海共同开发，加强和中国的关系。杜特尔特还任命阿罗约的亲密盟友、众议院前议长德贝尼西亚担任菲律宾亚太经

① 马博:《杜特尔特"疏美亲中"政策评析：国家利益与个人偏好》,《国际论坛》2017年第19卷第4期，第35页。

② Richard Javad Heydarian, "Tragedy of Small Power Politics: Duterte and the Shifting Sands of Philippine Foreign Policy," *Asian Security* 13, no.3 (2017): 232.

③ Julio C. Teehankee, "Duterte's Resurgent Nationalism in the Philippines: A Discursive Institutionalist Analysis," *Journal of Current Southeast Asian Affairs* 35, no.3 (2016): 72.

④ 周方冶:《政治环境研究的路径与方法："一带一路"视角下的东南亚国家比较研究》，中国社会科学出版社，2018，第173页。

⑤ Richard Javad Heydarian, "Calm Arroyo Could Steady Passionate Duterte," *Nikkei Asian Review,* August 16, 2018, https://asia.nikkei.com/Opinion/Calm-Arroyo-could-steady-passionate-Duterte.

⑥ 该内容为笔者于2020年1月28日在菲律宾马尼拉对菲律宾大学海洋事务与海洋法研究所所长杰伊·巴通巴卡尔进行访谈所得。

⑦ 该内容为笔者于2020年1月25日在菲律宾马尼拉对菲律宾政治记者理查德·海德林进行访谈所得。

合组织特使，① 他曾是中、菲、越三方协议的主要推手。德贝尼西亚还以特使的身份参加了2017年4月在北京举行的“一带一路”国际合作高峰论坛，在演讲中倡议中国和东南亚有关国家就南海争议海域油气资源进行共同开发。②

除了前总统阿罗约，杜特尔特的私人决策圈中还有多名支持加强对华关系的成员。前总统拉莫斯是杜特尔特最有影响力的盟友和顾问之一，他曾建议杜特尔特恢复和中国的外交渠道。③ 于2017—2018年担任菲外长的卡耶塔诺（Alan Cayetano）也是杜特尔特的重要盟友，他主张搁置争议，和中国进行南海共同开发，寻求和中国建立更紧密的关系。④ 杜特尔特的重要私人顾问吴蒙（Bong Go）是一名华裔，同样对华友好。⑤ 杜特尔特的私人决策圈中囊括了和他持有同样观点的成员，他们共同推进中菲在南海的共同开发。

### （三）实现既定政策的阻挠：反对派声音微小

菲律宾政界存在部分对中菲南海共同开发的激烈反对者。副总统莱妮·罗布雷多（Leni Robredo）反对菲律宾与中国正在谈判的南海共同开发协议，认为这对菲律宾是不公正的，并称达成共同开发协议的底线是中国必须承认菲律宾对争议海域的主权。⑥ 在国会内部，参议员特里兰尼斯一直是杜特尔特总统的尖锐批评者。在最高法院，前首席大法官玛利亚·赛雷诺（Maria Sereno）和于2019年10月退休的大法官安东尼奥·卡皮奥（Antonio Carpio）都极力主张菲律宾执行“南海仲裁案”的裁定，反对中菲南海共同开发。卡皮奥表示，

---

① Camille Elemia, “Duterte Appoints Ex-Speaker Jose de Venecia as Special Envoy,” *Rappler*, May 17, 2017, https://www.rappler.com/nation/169320-duterte-appoints-jose-de-venecia-special-envoy.

② Pia Ranada, “Duterte Envoy De Venecia Proposes Joint Development with China,” *Rappler*, May 14, 2017, https://www.rappler.com/nation/169801-jose-de-venecia-joint-oil-gas-development-south-china-sea.

③ Richard Javad Heydarian, “Tragedy of Small Power Politics: Duterte and the Shifting Sands of Philippine Foreign Policy,” *Asian Security* 13, no.3 (2017): 233.

④ Paternao Esmaquel II, “PH to’ Put Aside’ Rights in Joint Development with China,” *Rappler*, August 7, 2018, https://www.rappler.com/nation/209043-philippines-to-put-aside-rights-joint-development-china.

⑤ 该内容为笔者于2020年1月29日在菲律宾马尼拉对前菲律宾大学政治系教授特马里奥·里维拉（Temario Rivera）进行访谈所得。

⑥ Mara Cepeda, “Robredo: China ‘Must First Recognize’ PH Ownership in Joint Exploration,” *Rappler*, October 28, 2019, https://www.rappler.com/nation/243553-robredo-china-must-first-recognize-philippines-ownership-joint-exploration.

菲律宾宪法禁止在菲专属经济区“共同开发”。[①]

具有亲美传统的军人集团对杜特尔特“亲中疏美”的政策感到担忧。军人集团担心，总统将抛弃菲律宾在与中国的南海争端中掌握的唯一一张牌，即美国的“安全伞”。[②]2019年6月，菲律宾国防部长德尔芬·洛伦扎纳（Delfin Lorenzana）批评中国在南海的“侵略行径”和其官方所称追求地区和平的意图相矛盾，并认为中国“占领黄岩岛”的行动是对菲律宾的“欺辱”。[③] 菲律宾军方也和国防部长一起污蔑中国“在未经菲律宾批准的情况下派军舰到菲律宾领海是欺骗和违法的行为”。[④] 在军方的干预下，菲律宾仍然维持着和美国密切的军事同盟关系，“杜特尔特也注意避免在南海问题上对中国让步过多”。[⑤]

不过，这些反对的声音十分微小。在政府中，杜特尔特的支持者仍然占有大多数。而军人集团虽然主张加强菲律宾在南海的军事存在，但对中菲南海共同开发并未直接加以阻挠。对他们来说，如果能够保证向南海投射足够的军力保卫国家主权，那么菲方和中方进行南海共同开发并未不可。

## 五、中菲南海共同开发的前景

杜特尔特的总统任期将在2022年6月结束，当前中菲南海共同开发的良好势头能否延续？本文将利用构建的总统个人外交决策模式，对推进中菲南海共同开发的积极因素和消极因素进行分析，尝试对杜特尔特未来任期内中菲南海共同开发的前景做出判断。

---

① Paternao Esmaquel II, “Joint Development in EEZ ‘Prohibited’ – Carpio,” *Rappler,* July 14, 2016, https://www.rappler.com/nation/139695-carpio-joint-development-eez-constitution.

② Renato Cruz De Castro, “The Duterte Administration’s Appeasement Policy on China and the Crisis in the Philippine–US Alliance,” *Philippine Political Science Journal* 38, no.3 (2017): 170.

③ JC Gotinga, “Defense Chief Hits China’s’ Bullying’ in Scarborough Shoal Takeover,” *Rappler*, June 30, 2019, https://www.rappler.com/nation/236636-lorenzana-hits-china-bullying-scarborough-shoal-takeover.

④ Richard Javad Heydarian, “Duterte’s Turn Against China is Tactical Ploy, not Genuine Shift,” *Nikkei Asian Review*, August 28, 2019, https://asia.nikkei.com/Opinion/Duterte-s-turn-against-China-is-tactical-ploy-not-genuine-shift.

⑤ 该内容为笔者于2020年1月28日在菲律宾马尼拉对菲律宾大学海洋事务与海洋法研究所所长杰伊·巴通巴卡尔进行访谈所得。

### （一）推进中菲南海共同开发实现的积极因素

从杜特尔特本人的决策动机来看，其仍将继续推进中菲南海共同开发。杜特尔特享有极高的执政合法性，保持着较高的民意支持率，并且在中菲南海共同开发问题上不太受民意的影响。事实上，自阿基诺三世时期以来，菲律宾民众因两国南海争端而对中国抱有不信任感。根据菲民调机构社会气象站（Social Weather Station）2019年6月进行的民调数据显示，87%的受访者希望政府根据“南海仲裁案”的“裁决”维护菲律宾在南海的主权。[①] 然而，杜特尔特并未受民意影响，仍然积极推进中菲南海共同开发。而且，尽管一些民众不赞同中菲南海共同开发，对杜特尔特的南海政策不满，杜特尔特的支持率并未受到影响。根据民调机构亚洲脉搏（Pulse Asia）在2019年7月份公布的民调数据显示，杜特尔特的支持率高达85%。[②] 这主要是因为杜特尔特执政合法性主要来源于国内政绩（经济发展），而与外交表现关系不大。[③] 由此可见，杜特尔特的执政合法性并不会因为推进中菲南海共同开发而受到影响，其会坚持自己关于中菲南海共同开发的决策。

从国家利益考虑，杜特尔特也有和中国进行南海共同开发的强烈需求。近年来，菲经济保持高速增长，能源供应面临巨大压力与缺口。油气资源是菲能源的重要来源。根据菲能源部公布的数据显示，2017年菲律宾国内主要能源供给中一半来自进口，（净）进口石油占总能源供给的32.9%。[④] 菲律宾主要的天然气开采基地马拉帕亚油气田很有可能在不到10年时间内开采枯竭，这将严重影响菲律宾经济发展计划。[⑤] 菲律宾希望可以在资源丰富的南海开发新的油气田以填补能源缺口。菲律宾学者杰伊・巴通巴卡尔认为，对菲律宾来说，

---

① Helen Flores, “87% of Pinoys Want Government to Assert Rights in WPS,” *The Philippine Star,* July 13, 2019, https://www.philstar.com/headlines/2019/07/13/1934360/87-pinoys-want-government-assert-rights-wps.

② Anon, “8 out of 10 Pinoys Approve of, Trust Duterte: Pulse Asia,” *ABS-CBN News,* July 17, 2019, https://news.abs-cbn.com/news/07/17/19/8-out-of-10-pinoys-approve-trust-duterte-pulse-asia.

③ 该内容为笔者于2020年1月16日在菲律宾马尼拉对菲律宾亚洲太平洋协进基金会主席艾琳・巴维耶拉进行访谈所得。

④ Department of Energy Philippines, “2017 Philippine Energy Situationer,” 2018, p. 12, https://www.doe.gov.ph/sites/default/files/pdf/energy_statistics/2017_philippine_energy_situationer.pdf?ckattempt=1.

⑤ 该内容为笔者于2018年8月4日在菲律宾马尼拉对菲律宾大学海洋事务与海洋法研究所所长杰伊・巴通巴卡尔进行访谈所得。

和中国共同开发南海是最好的选择，因为菲律宾可以获得来自中国的帮助，中国油气公司可以提供菲律宾油气公司所缺乏的技术和资金。[①]

在国内政治机制层面，杜特尔特支持者在不断扩大，而反对派的声音在变小。在2019年5月份菲律宾参议院中期选举中，12名新任参议员有9名是杜特尔特的盟友，其中就包括杜特尔特的前私人顾问吴蒙。[②] 支持和中国进行南海共同开发的前外长卡耶塔诺在2019年7月成功当选为众议院议长，[③] 成为杜特尔特在国会的有力支持者，杜特尔特的政治联盟在国会中牢牢占据多数。在最高法院，15名大法官中有10多名由杜特尔特任命。2019年10月，杜特尔特任命佩拉尔塔（Diosdado M. Peralta）担任最高法院首席大法官。而强烈反对和中国签订南海共同开发协议的大法官卡皮奥已于2019年10月退休。因此，杜特尔特在最高法院也拥有广泛的支持。杜特尔特还任命大量已退休军人和警察担任内阁要职，到2018年底，杜特尔特政府1/3的内阁成员都是退役军人。[④] 一方面，这说明总统对军方十分看重；另一方面，这也意味着军人集团对总统的支持。而反对派议员如参议员特里兰尼斯在菲国内并不受欢迎，反对派的力量十分微弱。[⑤] 由此可见，尽管政府内部存在反对的声音，但杜特尔特及其政治盟友在政府中占据多数，因此杜特尔特在中菲南海共同开发的决策中并不会受到太多的限制。

### （二）阻挠中菲南海共同开发实现的消极因素

然而，尽管杜特尔特希望推进中菲南海共同开发，他却有不得不面临的法律障碍，这是国内政治机制对其决策的最大限制。根据菲法律，国家和私营实体可以签订服务合同进行商业交易，但是外国公司仅作为国家的代理人进行资

---

① 该内容为笔者于2018年8月4日在菲律宾马尼拉对菲律宾大学海洋事务与海洋法研究所所长杰伊·巴通巴卡尔进行访谈所得。

② Pia Ranada, "9 Out of 12 Elected Senatorial Bets are Duterte Allies," *Rappler*, May 22, 2019, https://www.rappler.com/nation/politics/elections/2019/230898-elected-senatorial-candidates-duterte-allies.

③ Mara Cepeda, "House Votes as Duterte Wished: Alan Peter Cayetano is New Speaker," *Rappler*, July 22, 2019, https://www.rappler.com/nation/235956-alan-peter-cayetano-election-house-speaker.

④ Pia Ranada, "In 2018, Duterte Turns to Military For (Almost) Everything," *Rappler*, December 12, 2018, https://www.rappler.com/newsbreak/in-depth/218680-duterte-turns-to-philippine-military-yearend-2018.

⑤ 该内容为笔者于2020年1月14日在菲律宾马尼拉对亚洲太平洋协进基金会副研究员艾伦·瑞百纳进行访谈所得。

源开采，其需要受到菲律宾的全面控制和监督。[①] 然而，一旦中国接受该法律，意味着中国放弃了对争议海域的主权声索，这一法律要求对中国来说必然是无法接受的。“南海仲裁案”的“裁决”结果使得菲律宾国内上下都认为菲律宾对中菲南海争议海域的主权声索得到了国际法的支持，如果和中国共同开发，则意味着菲律宾将自己的主权和专属经济区的资源和他国共享，是对主权的侵害，违反了菲律宾宪法。杜特尔特虽然表示搁置“南海仲裁案”，但他也承认“裁决”结果。这也是菲律宾国内反对中菲南海共同开发最重要的原因。由于共同开发的实现需要签署国际协议，而国际协议需要得到菲参议院的批准，协议必须要符合菲国内法律，这一法律难题必须加以解决。杜特尔特政府似乎还未找到消除这一法律障碍的方法。

石油价格的低迷使得石油公司并无太大动力进行南海油气资源勘探。近年来，国际石油价格持续走低。2020年3月，石油输出国组织和俄罗斯打响新一轮价格战，国际原油价格断崖式下跌。对于以盈利为目标的石油公司来说，在南海开采石油实难获利。[②] 石油公司参与中菲南海共同开发的意愿并不强烈。

综合上述对积极因素和消极因素的分析，本文对杜特尔特任期内中菲南海共同开发的前景做出如下判断：中菲南海共同开发会继续延续当前积极磋商的良好势头，但恐难达成实质性协议。

## 六、结论

为研究影响菲律宾关于中菲南海共同开发决策的因素，本文构建了总统个人外交决策模式，其假定菲律宾总统是外交决策主导者，而国内政治机制的限制、家族政治的非正式存在和利益集团的参与是影响总统决策的三大主要因素。本文按照总统个人决策动机、总统私人决策圈的建立和实现既定政策的阻挠的思维逻辑对菲三位总统的外交决策过程进行详细的分析，并依照总统个人外交决策模式分析不同因素在决策过程中的互动。

在总统阿罗约时期，在其本人以及私人决策圈成员的推动下，菲律宾和中国、越南签订了三方协议。然而，该三方协议因为与“出卖国家利益”“腐败”

---

① 祁怀高:《当前中菲南海共同开发的制约瓶颈与应对思考》,《太平洋学报》2019年第27卷第3期,第3—4页。

② 该内容为笔者于2020年1月28日在菲律宾马尼拉对菲律宾大学海洋事务与海洋法研究所所长杰伊 · 巴通巴卡尔进行访谈所得。

等威胁执政合法性的关键词挂钩而被污名化，阿罗约在其本人执政合法性遭到极大打击的情况下，为了维持统治，只能选择放弃续约。在总统阿基诺三世时期，中菲南海共同开发基本停滞，特别是2012 年“黄岩岛事件”发生后，阿基诺三世的对华南海政策愈加激进化，并且菲国内民族主义情绪被挑起，关于中菲南海共同开发的叙事完全负面化。在总统杜特尔特时期，杜特尔特一改上届政府的对华政策，积极推进和中国的南海共同开发。杜特尔特私人决策圈中的关键人物是前任总统阿罗约，杜特尔特的对华政策也可以说是阿罗约时期对华政策的延续。杜特尔特在国内享有极高的执政合法性，反对派的声音十分微弱。表1以菲三任总统关于中菲南海开发的决策过程为例，以此说明菲外交决策的特点。

**表1　菲三任总统关于中菲南海共同开发的决策过程**

| 总统及其任期 | 总统个人决策动机 | 总统私人决策圈的建立 | 实现既定政策的阻挠 | 决策结果 |
|---|---|---|---|---|
| 阿罗约总统时期（2001—2010年） | 推进签订南海三方联合工作协议 | 众议院议长德贝尼西亚和菲国家石油公司总裁马纳拉克 | 反对派以出卖国家利益和腐败为由攻击阿罗约 | 三方协议未能续约 |
| 阿基诺三世总统时期（2010—2016年） | 放弃推进中菲南海共同开发 | 外长罗萨里奥是主要推手，军人集团和能源利益集团的联合推动 | 阿罗约家族对阿基诺三世的牵制 | 对华南海政策愈加强硬 |
| 杜特尔特总统时期（2016年至今） | 重启中菲南海共同开发协商 | 前总统阿罗约是中菲南海共同开发的主要推动者 | 反对派以违宪为由反对共同开发，亲美的军人集团的牵制 | 继续推进中菲南海共同开发谈判，但前景并不明朗 |

资料来源：作者整理。

通过对菲律宾三位总统决策过程的分析可以得出结论：菲律宾的外交决策具有高度的私人化、非正式化的特点，在中菲南海共同开发议题中，菲律宾总统个人是主要决策者，而国内政治机制的限制、家族政治的非正式存在和利益集团的参与会影响总统的最终决策结果。菲律宾总统和其他因素的决策互动存在这样一个显著特点：在总统享有较高的执政合法性的情况下，其他因素对总统外交决策的限制较小；而当总统的执政合法性较低或总统希望获得执政合法性时，总统的外交决策会受到更多的限制。

# Research on China-Philippine Joint Development in the South China Sea from the Perspective of Philippine Foreign Policy Decision-Making Model

DONG Yi

**Abstract** Reviewing the history, the joint development of the South China Sea between China and the Philippines filled with twists and turns. Historically, China has maintained a consistent and continuous diplomatic position on the joint development in the SCS, adhering to the principle "set aside dispute and pursue joint development". Meanwhile, the Philippines' policies on China-Philippine joint development in the SCS have been different during different presidential terms, which could be divided into three stages: attempt (2001–2010, Arroyo's presidency), stagnation (2010–2016, Aquino III's presidency) and restart (2016-present, Duterte's presidency). To study the reasons why the Philippines has repeatedly swayed its position, this paper establishes an analytical framework of the Presidential Foreign Policy Decision-Making Model, in which the president is the main decision-maker, and domestic political mechanisms, political family and interest groups (military groups and energy interest groups) are the three main factors that affect the president's decision. Based on the analysis factors provided by the foreign policy decision-making model, this paper makes a detailed analysis of the three presidents' decision-making process on China-Philippine joint development in the SCS, exploring why different presidents made different policies. This paper holds that foreign policymaking in the Philippines is highly personalized and informal. In the case where the president enjoys a high degree of political legitimacy, other factors have fewer restrictions on the president's foreign policymaking. This paper also makes a predictive analysis, arguing that during Duterte's tenure, the progress of China-Philippine joint development in the SCS will maintain the current good momentum.

**Keywords** China-Philippine joint development in the South China Sea; foreign policymaking; presidential foreign policy decision-making model

**Funding** "The Bottleneck of the Joint Development in the South China Sea and Countermeasures" (No. 2019-1-2-44) funded by the Think Tank Construction Programme of Shanghai's Universities in 2019.

**Author** Dong Yi, postgraduate student of the School of International Relations and Public Affairs of Fudan University.

# “中美在东南亚的竞争”笔谈

【编者按】2019年11月14日，复旦大学中国与周边国家关系研究中心发布了《复旦中国—东盟关系专题报告》（第一期），报告名称为《中美“战略竞争”背景下东南亚的政策调整与趋势》。[①] 参与撰写报告的作者包括七位中国学者和五位外国作者。七位中国学者来自复旦大学、中国社会科学院亚太与全球战略研究院和对外经贸大学，五位外国作者来自印度尼西亚、马来西亚、菲律宾和越南。作者们分别从中国和东南亚国家的视角针对“地区战略”“防务政策”“区域经济一体化政策”和“中美‘战略竞争’对东南亚国家内政和经济的外溢效应”四个主题进行了分析。《中国周边外交研究》第十一辑（2020年第一辑）设置了“中美在东南亚的竞争”笔谈栏目，收录了该报告中的六篇文章，并做了内容上的更新。

---

① 参见薛松主编《中美战略竞争背景下东南亚的政策调整与趋势》，《复旦中国—东盟关系专题报告》第1期，2019年11月14日发布，http://www.iis.fudan.edu.cn/21/8a/c6840a205194/page.htm。

# 中美在东南亚的“竞争性共存”及其影响

复旦大学国际问题研究院副院长、研究员　祁怀高

2017年以来，中美在全球和地区事务中的“战略竞争”开始加剧。美国特朗普政府以战略竞争为指导思想，全面调整了对华政策。2017年12月发布的美国《国家安全战略报告》①和2018年1月发布的美国《国防战略报告》（摘要）②，将中国定为“战略竞争对手”与“修正主义大国”。2020年5月发布的《美国对中国战略方针》阐述对华要采取竞争性方针，接受和认可中国为一个强大的竞争者。③就地区层面而言，中美竞争在西太平洋至印度洋的亚洲地区体现得尤为明显，而东南亚就位于这一亚洲地区。中国将东南亚视为其周边外交的关键地区，积极推进“一带一路”倡议。美国特朗普政府的“印太战略”逐渐明晰，而东南亚被美国视为联通印太的关键地区。在中美竞争从美国占优势转向“竞争性共存”的背景下，东南亚国家的地区政策、防务政策、区域经济一体化政策都进行了相应的调整，中美竞争也对东南亚国家的内政和经济产生了外溢效应。

## 一、中美竞争从美国占优势转向“竞争性共存”

冷战结束初期，美国在全球处于单极霸权地位，在东南亚地区，美国相对

① The White House, *National Security Strategy of the United States of America*, December 2017, https://www.whitehouse.gov/wp-content/uploads/2017/12/NSS-Final-12-18-2017-0905.pdf.

② U.S. Department of Defense, *Summary of the 2018 National Defense Strategy*, January 2018, https://dod.defense.gov/Portals/1/Documents/pubs/2018-National-Defense-Strategy-Summary.pdf.

③ The White House, *United States Strategic Approach to the People's Republic of China*, May 20, 2020, https://www.whitehouse.gov/wp-content/uploads/2020/05/U.S.-Strategic-Approach-to-The-Peoples-Republic-of-China-Report-5.20.20.pdf.

于中国处于权力结构的优势地位。2005年开始，美国的国力呈现“单极弱化”的态势。根据笔者构建的中美国力比较模型[①]，2005年的中国国力相当于美国的45.0%；2010年的中国国力相当于美国的59.2%；2015年的中国国力相当于美国的75.5%；2018年的中国国力相当于美国的78.2%。随着中国的快速崛起，中国在国力上追赶和接近美国，东南亚原有的美国“一超”权力结构正在发生改变。预测到2024年前后，中国和美国的国力将非常接近。

在美国“单极弱化”和中国国力向美国更加靠近的权力结构下，当前中美在东南亚呈现一种“竞争性共存”态势。“竞争性共存”意味着，尽管中美两国和两种制度之间存在着长期“战略竞争”关系，但是两国仍能共存。“竞争性共存”也意味着中美都将保持一种“软”竞争，而非“硬”竞争（如军事对抗等）。在“竞争性共存”状态下，中美在东南亚会展开更多相互竞争，但谁都没有占据绝对的优势。中美在东南亚采取的政策和行为主要是为了增进两国各自的利益，而不是直接反击对方；中美在与不同的东南亚国家互动时都带着特定的比较优势和劣势。[②] 中美“竞争性共存”也是东南亚大多数国家的希望，包括即便像越南和柬埔寨这些受益于中美贸易摩擦导致供应链转移的国家，因为中美关系恶化的长期影响将给整个东南亚地区蒙上一层阴影。[③]

中美在东南亚形成“竞争性共存”的主要原因是，中美在东南亚各有优势，但又各有不足。

相对于美国而言，中国在东南亚的优势主要体现在经济领域和不干涉内政上。美国在东南亚的投资占比和贸易份额占比相对下降，而中国与东南亚的贸易投资日益增加。根据东盟统计的外国直接投资流入量（flows of inward FDI）数据，2018年美国为81.11亿美元，排在欧盟（219.60亿美元）、日本（211.92

---

① 笔者使用人口数量、GDP、人均GDP和军费开支这四项指标来比较中美两国的国力。采取的做法是将上述四项指标的标准化数值相加并计算平均数。人口数量数据来自联合国人口司，https://population.un.org/wpp/Download/Standard/Population/；GDP数据来自国际货币基金组织的《世界经济展望》数据库，https://www.imf.org/external/pubs/ft/weo/2019/02/weodata/index.aspx；军费开支数据来自斯德哥尔摩国际和平研究所的军费开支数据库（https://www.sipri.org/databases/milex）。

② David Shambaugh, “U.S.-China Rivalry in Southeast Asia: Power Shift or Competitive Coexistence?” *International Security* 42, no.4 (Spring 2018): 125.

③ Ripple, “Can the U.S. and China Attain a State of Competitive Coexistence?” February 6, 2020, https://ripple.com/insights/can-the-us-and-china-attain-a-state-of-competitive-coexistence/.

亿美元）、中国（101.87亿美元）之后。[①] 不过，美国仍是东南亚国家的主要投资来源国之一。截至2018年，美国对东盟国家的直接投资存量为2714亿美元；与2017年的存量数据相比下降了17.5%。[②] 根据东盟统计的货物贸易数据，2018年美国与东南亚的货物进出口贸易额为2624.12亿美元，排在中国（4831.35亿美元）、欧盟（2879.24亿美元）之后。[③] 与美国对东南亚的经济关系相比，中国与东南亚的贸易量更大，直接投资增长更快。截至2019年末，中国已连续11年保持为东盟第一大贸易伙伴。2019年度，东盟成为中国第二大贸易伙伴。2019年，中国与东盟的进出口贸易额达到6414.66亿美元。[④] 2018年，中国对东盟非金融类直接投资流量为99.5亿美元，东盟对华投资流量为57.2亿美元。截至2018年底，中国对东盟累计投资额890.1亿美元，东盟对华累计投资额1167亿美元，双向投资存量15年间增长22倍。[⑤] 中国坚持“互不干涉内政”原则，尊重东南亚国家的治理模式。美国的“人权外交”与东南亚国家的现实需求差距太大，菲、缅、泰等曾经倾向于美国价值观的国家都因在国内人权问题上受到美国压力而对美不满。而中国则照顾到了东南亚国家内部治理中的现实困难，没有就人权和治理问题向东南亚国家政府方面施压。[⑥]

相对于中国而言，美国在东南亚的优势主要体现在军事、文化和软实力等领域。美国的军事优势体现在美国海军在东南亚的军事基地，美国在该地区的军事援助项目[⑦]，美菲和美泰军事同盟关系等。美国在东南亚的软实力体现在媒体、电影、体育、高等教育等方面。美国与东南亚的文化交流活跃，美国软

---

① ASEAN stats, “Flows of Inward Foreign Direct Investment (FDI) by Host Country and Source Country,” https://data.aseanstats.org/fdi-by-hosts-and-sources，访问时间：2019年11月1日。

② Office of the United States Trade Representative, “Association of Southeast Asian Nations (ASEAN),” https://ustr.gov/countries-regions/southeast-asia-pacific/association-southeast-asian-nations-asean，访问时间：2020年5月31日。

③ ASEAN stats, “Trade in Goods (IMTS),” https://data.aseanstats.org/trade-annually，访问时间：2019年11月1日。

④ 中国海关总署：《2019年12月进出口商品国别（地区）总值表（美元值）》，2020年1月23日，http://www.customs.gov.cn/customs/302249/302274/302277/302276/2851396/index.html。

⑤ 中国驻东盟使团经商处：《2018年中国—东盟经贸合作再创佳绩》，2019年3月15日，http://asean.mofcom.gov.cn/article/o/g/201905/20190502867536.shtml。

⑥ 祁怀高：《东南亚在中美博弈下的外交新调整》，《世界知识》2019年第4期，第17页。

⑦ 美国在东南亚的军事援助项目包括国际军事教育和培训项目（IMET）、外国军售和财务项目（FMS/FMF）及剩余防务物品项目（EDA）等。

实力对东南亚的吸引力仍然强大。①

中美都默认"竞争性共存"状态，但两国都在试图扩大各自在东南亚的影响力。美国2017年12月发布的《国家安全战略报告》将东盟国家划分为盟友和伙伴两类。菲律宾和泰国是美国的重要盟友和市场；越南、印度尼西亚、马来西亚和新加坡是美国在安全上和经济上日益重要的伙伴。②2018年7月，在谈及"美国的印太经济愿景"时，美国国务卿蓬佩奥强调，位于印太地区中心的东盟在印太愿景中扮演着核心角色。③2019年6月，美国国防部发布的《印太战略报告》强调加强与越南、印尼、马来西亚的伙伴关系，并与文莱、老挝和柬埔寨维持接触。④中国—东盟建立战略伙伴关系以来，中国始终把东南亚作为周边外交优先方向，坚定发展同东南亚国家的友好合作。中国愿与东盟做共同发展、共建和平、开放共赢、开拓创新、包容互鉴的"五大伙伴"，愿与东盟建设更为紧密的命运共同体。⑤2018年11月，中国和东盟达成《中国—东盟战略伙伴关系2030年愿景》。2019年，中国和东盟国家11方的"南海行为准则"磋商完成第一轮审读，启动第二轮审读。

对中美两国而言，当务之急是采取措施避免让日趋激烈的"战略竞争"演变成为"零和游戏"。中美都需要努力创造两国在东南亚的合作机会。在抗击传染病（比如新冠肺炎疫情等）、预防金融危机、应对气候变化、打击海盗、建立海洋多边安全秩序等领域，中美在东南亚都有着合作机会。避免出现新冷战格局，应成为中美和东南亚各国的共识。

## 二、中美"竞争性共存"对东南亚国家的影响

在中美竞争从美国占优势转向"竞争性共存"的背景下，东南亚国家的地

---

① David Shambaugh, "U.S.-China Rivalry in Southeast Asia: Power Shift or Competitive Coexistence?" *International Security* 42 no.4 (Spring 2018): 87–88.

② The White House, *National Security Strategy of the United States of America*, December 2017, p. 46.

③ Michael R. Pompeo, "Remarks on 'America's Indo-Pacific Economic Vision'," July 30, 2018, https://www.state.gov/secretary/remarks/2018/07/284722.htm.

④ U.S. Department of Defense, *Indo-Pacific Strategy Report*, June 1 2019, pp. 36-40, https://media.defense.gov/2019/Jul/01/2002152311/-1/-1/1/DEPARTMENT-OF-DEFENSE-INDO-PACIFIC-STRATEGY-REPORT-2019.PDF.

⑤ 《李克强在东盟秘书处的主旨讲话（全文）》，新华网，2018年5月8日，http://www.xinhuanet.com/politics/leaders/2018-05/08/c_1122800373.htm。

区政策、防务政策、区域经济一体化政策都进行了相应的调整。中美"战略竞争"也对东南亚国家的内政和经济产生了外溢效应。

东南亚国家的地区政策调整体现为维护东盟的"中心地位"和外交政策上的"避免选边站"。东南亚国家试图维持东盟"中心地位"的重要举措是提出东盟版的印太展望。2019年6月，东盟发布《东盟印太展望》(*ASEAN Outlook on the Indo-Pacific*)，重申东盟在地区多边合作中的中心地位。[①]《东盟印太展望》谨慎地表达了对中美两方的中立态度，在内容上对中美关心的议题做了平衡。[②] 作为横跨太平洋和印度洋的群岛国家，印尼在东盟版印太展望中扮演着主要推动者角色。避免在中美之间"选边站"已成为大多数东南亚国家的共识，2019年5月新加坡总理李显龙在香格里拉对话会上的演讲体现得尤为明显。李显龙的核心观点是：小国不希望在美中两国关系趋于紧张之际被迫"选边站"，希望两个大国不要向小国施加压力；新加坡政府对中国的"一带一路"和美国政府的"印太战略"都不偏不倚。[③] 对于中国倡议的"一带一路"和相关国家倡议的"印太合作"，李显龙指出，"这些项目必须加强而不是破坏以东盟为中心的现有安排，不应该造成阵营对立、加深矛盾或迫使各国选边站"。[④] 如果未来出现必须"选边站"的情况，东南亚国家可能会采用议题性选边策略，根据政治、经济、安全等不同的议题，采取不同的对美和对华政策，以谋取利益最大化。

东南亚国家的防务政策调整体现为与中美两国都开展军事演习与合作。从东南亚国家2017—2019年的军事演习数据来看，美国参加了东南亚国家的27

---

① ASEAN, *ASEAN Outlook on the Indo-Pacific*, June 23, 2019, https://asean.org/storage/2019/06/ASEAN-Outlook-on-the-Indo-Pacific_FINAL_22062019.pdf.

② 参见薛松：《中美竞争背景下东南亚的对外政策调整》，载薛松主编《中美战略竞争背景下东南亚的政策调整与趋势》，《复旦中国—东盟关系专题报告》第1期，2019年11月14日发布，http://www.iis.fudan.edu.cn/21/8a/c6840a205194/page.htm。

③ Prime Minister's Office Singapore, "PM Lee Hsien Loong at the IISS Shangri-La Dialogue 2019," May 31 2019, https://www.pmo.gov.sg/Newsroom/PM-Lee-Hsien-Loong-at-the-IISS-Shangri-La-Dialogue-2019.

④ Prime Minister's Office Singapore, "PM Lee Hsien Loong at the IISS Shangri-La Dialogue 2019," May 31 2019, https://www.pmo.gov.sg/Newsroom/PM-Lee-Hsien-Loong-at-the-IISS-Shangri-La-Dialogue-2019.

次军事演习，是主要的外部合作伙伴。① 但东南亚国家与美国发展防务关系时也存在限度。东南亚国家国内政治自主、稳定对华关系的需要和东盟中心性的偏好是它们发展与美国防务关系的三个限制性因素。② 与此同时，东南亚国家也把中国作为它们军事演习的重要外部合作伙伴。从2017—2019年的军事演习数据来看，中国参加了东南亚国家的七次军事演习。从东南亚的具体国别来看，2019年7月，新加坡既与美军开展了年度联合军演，又与中国进行了“合作—2019”陆军联合训练。2018年10月，菲律宾与中国开展了第一次联合军演，但同时菲并未放弃美国对菲的安全保障作用。2018年10月，马来西亚、泰国和中国三国军队举行“和平友谊—2018”军事演习，这是三国首次联合举办军演。与此同时，马来西亚、泰国也参加了2019年9月美国与东盟10国的首次海上联合军事演习。东南亚国家和中美等外部合作伙伴开展的军事演习主要是为了建立起信任措施，而不是通过发展各自的军事能力来应对潜在的中美对抗。

东南亚国家的区域经济一体化政策调整体现为特别关注《全面与进步跨太平洋伙伴关系协定》(CPTPP)生效后的扩容和加速《区域全面经济伙伴关系协定》(RCEP)的签署。① 关于《全面与进步跨太平洋伙伴关系协定》的扩容，泰国、印度尼西亚、菲律宾等东南亚国家均陆续表达过加入的意愿。新加坡政府希望未来中美两国都能考虑加入《全面与进步跨太平洋伙伴关系协定》。② 东盟在共同推动《区域全面经济伙伴关系协定》谈判上形成了高度一致。对东盟来说，《区域全面经济伙伴关系协定》谈判是东盟发起的，如能顺利达成将有利于维护东盟中心地位。《区域全面经济伙伴关系协定》包括西太平洋区域的主要国家，纳入了印度、澳大利亚和新西兰。对东盟而言，即便2020年11月

① 参见依蒂尔·西奥菲、艾德里安斯·哈萨瓦斯基塔：《防止“修昔底德牺牲品”：日益加剧的中美对抗与东南亚战略路径》，载薛松主编《中美战略竞争背景下东南亚的政策调整与趋势》，《复旦中国—东盟关系专题报告》第1期，2019年11月14日发布，http://www.iis.fudan.edu.cn/21/8a/c6840a205194/page.htm。

② 刘若楠：《特朗普政府与东南亚国家防务关系的进展与限度》，载薛松主编《中美战略竞争背景下东南亚的政策调整与趋势》，《复旦中国—东盟关系专题报告》第1期，2019年11月14日发布，http://www.iis.fudan.edu.cn/21/8a/c6840a205194/page.htm。

① 贺平：《CPTPP与RCEP背景下的东南亚国家区域经济一体化政策动向》，载薛松主编《中美战略竞争背景下东南亚的政策调整与趋势》，《复旦中国—东盟关系专题报告》第1期，2019年11月14日发布，http://www.iis.fudan.edu.cn/21/8a/c6840a205194/page.htm。

② Prime Minister’s Office Singapore, “PM Lee Hsien Loong at the IISS Shangri-La Dialogue 2019,” May 31, 2019, https://www.pmo.gov.sg/Newsroom/PM-Lee-Hsien-Loong-at-the-IISS-Shangri-La-Dialogue-2019.

15日签署该协定时印度没有加入，但这样的安排也可降低《区域全面经济伙伴关系协定》被误解为是一个排挤美国和其合作伙伴的集团的风险。[①] 从长远来看，东南亚国家将继续推进区域或多边贸易协议，并推动中国倡议的“一带一路”和相关国家倡议的“印太合作”保持开放性和包容性。

中美“战略竞争”对东南亚国家的内政和经济都产生了外溢效应。东南亚国家所承受的中美“战略竞争”压力，通过多元的政治权力集团（军人集团、技术官僚集团、政商财阀集团、新兴资本集团、城市中产阶级）进行传导，并对各国内政产生了外溢效应。中美“战略竞争”尚未对东南亚国家内政的核心议题（国计民生议题）产生根本性影响，但中美“战略竞争”的外部压力对东南亚各国政治裂痕产生了断层影响，美国炮制的各类“涉华问题”开始成为政治反对派攻讦执政派系的重要手段。另一个内政上的负面影响是东南亚国家政策有可能在中美“战略竞争”影响下偏移既定轨道，朝着被动“选边站”与主动“闭关锁国”的岔路前行。[②] 东南亚国家谨慎关注中美贸易摩擦的进展，强调在与中美发展经贸关系中保持中立地位。以越南为例，中美贸易摩擦既给越南经济发展带来机遇，又带来挑战。在中美贸易摩擦影响下，劳动密集型生产将迅速从中国向包括越南在内的东南亚地区转移，部分东南亚国家吸引的外国投资在短期内会有大幅度增长。但从长远来看，中美贸易摩擦给东南亚带来的负面影响大于正面影响，比如越南可能在未来成为美国实行强硬贸易措施的目标。[③]

影响未来东南亚国家政策调整趋势的最重要外部因素是中美能否管控在东南亚的“战略竞争”。中美都需要东南亚地区的和平与稳定，因此两国必须避免竞争演变成冲突。中美制度和意识形态的差异并不必然导致中美对抗。尽管中国的政治体制与美国不同，但是中国积极参与现行国际体系，采取市场经济做法。中国与包括美国在内的世界各国经贸联系紧密，中美都不可能把亚洲或

---

① Prime Minister's Office Singapore, "PM Lee Hsien Loong at the IISS Shangri-La Dialogue 2019," May 31, 2019, https://www.pmo.gov.sg/Newsroom/PM-Lee-Hsien-Loong-at-the-IISS-Shangri-La-Dialogue-2019.

② 周方冶：《中美战略竞争对东南亚国家内政的外溢效应》，载薛松主编《中美战略竞争背景下东南亚的政策调整与趋势》，《复旦中国—东盟关系专题报告》第1期，2019年11月14日发布，http://www.iis.fudan.edu.cn/21/8a/c6840a205194/page.htm。

③ 洪农：《中美贸易战对越南经济的影响》，载薛松主编《中美战略竞争背景下东南亚的政策调整与趋势》，《复旦中国—东盟关系专题报告》第1期，2019年11月14日发布，http://www.iis.fudan.edu.cn/21/8a/c6840a205194/page.htm。

太平洋分成各自主导的两半，中国也无意这样做。在东南亚地区，避免在中美之间“选边站”、维护地区和平与稳定是东南亚国家的共识。

东南亚国家在中美“战略竞争”中并非完全处于被动地位，它们也通过学习历史上的大国博弈而获得与中美相处的经验。在冷战时期，美苏曾在东南亚展开激烈竞争，这个地区被划分成了共产主义国家和非共产主义国家。2009年，美国奥巴马政府开始推行“亚太再平衡”政策，提升与东南亚国家的关系，此后中美在东南亚的竞争开始加剧。东南亚国家对大国博弈并不陌生，该地区历史上的大国博弈教给了东南亚国家的应对之道。东南亚国家将在中美“战略竞争”中再一次找到自己的应对之道，并将进一步加强自主性来试图掌控东南亚局势的未来发展。

# 中美“战略竞争”背景下东南亚的对外政策调整

复旦大学国际问题研究院助理研究员　薛　松

2019年，中国与东南亚的合作进程较为顺利，若干项目和机制取得了示范性的进展。美国意图在亚太地区遏制中国的“印太战略”推出后，在东南亚遭到冷遇。东盟国家认为该战略内容不清晰，可能削弱东盟的中心地位，甚至在东盟内部和亚洲制造分裂。东盟国家不信任特朗普也是东盟国家回应冷淡的原因之一。

2019年6月，东盟发布《东盟印太展望》，重申东盟在地区多边合作中的中心地位。该文件的发布令东盟取得了加强内部团结、对外部约束和机制拓展三重效果。

未来东盟的地区策略既取决于大国塑造的外部环境，也取决于东盟自身的领导力。美国施加的选边压力和贸易摩擦的持久性将成为东盟的主要外部压力来源。印尼是否有能力继续领导东盟深化印太展望尚未可知。中国地区政策的稳定性和适应性在变局中尤其可贵。尽快与东盟达成“南海行为准则”和《区域全面经济伙伴关系协定》（RCEP）将成为地区稳定和繁荣的两块压舱石。2020年11月15日，《区域全面经济伙伴关系协定》签署，开始发挥相应作用。鉴于东盟在印太展望文件中展现出的战略中立性和机制包容性，中国或可在此框架下尝试进一步的务实合作。

## 一、“一带一路”和人类命运共同体在东南亚：成就和调整

中国的对外政策构想总能最先在东南亚找到伙伴。东南亚是最早与中国在“一带一路”框架下合作的地区。2019年，中缅经济走廊、中老铁路、雅万高铁、中泰高铁等早期签署的标志性项目进展顺利。中老铁路和雅万高铁有望在

2021年通车，中泰高铁有望在2023年开通，这三条铁路将成为中国—东盟互联互通的示范项目。

“一带一路”倡议在实践过程中出现的一些问题得到及时调整。针对所谓“债务陷阱”和项目透明度低的批评，中国承诺打造开放的融资体系，强化债务管理，提升透明度。2019年4月，中国财政部发布《“一带一路”债务可持续性分析框架》用于指导项目评估。几乎同时，2018年被叫停的马来西亚东海岸铁路在签订补充协议后重启。重启后的铁路长度将减少40千米，第一、二期工程成本削减约1/3。① 此举是中国帮助签约国家强化债务可持续性的即时体现，以实际行动驳斥了美国称中国为“掠夺经济”（predatory economics）的指责。

2013年3月，习近平主席提出构建人类命运共同体理念，反对单边主义和保护主义，支持经济全球化以及全球治理的多边机制。中国与柬埔寨在2019年4月28日签署的《中国和柬埔寨关于构建中柬命运共同体行动计划（2019—2023）》，是中国与不同社会制度国家签署的第一份命运共同体文件。2019年4月30日，中国与老挝签署的《中国共产党和老挝人民革命党关于构建中老命运共同体行动计划》，是第一份党和国家最高领导人签署的命运共同体双边文件。两份行动计划的签署有利于深化“一带一路”，全方位地推进双边关系，对构建周边命运共同体和人类命运共同体产生样板作用。

## 二、东南亚对“印太战略”的回应：迷惑和沉默

美国在2017年11月推出“印太战略”构想后，东南亚国家均没有表现出明确的积极追随或拒绝的态度。《外交学人》在2018年4月评论东盟对“印太战略”的态度是“不可知的”。② 这种模糊的态度源于东南亚国家在四方面的疑问或担忧。

第一，早期的“印太战略”对东南亚的战略定位不明确。“印太”概念有取代20世纪后期形成的“亚太”概念的意图，将太平洋与印度洋连接起来成为一体。美国国防部在2019年6月发布的《印太战略报告》中将印太的地理范

---

① 《中国一带一路与马来西亚恢复东铁项目的时机》，BBC中文网，2019年4月15日，https://www.bbc.com/zhongwen/simp/world-47934661。

② Bilahari Kausikan, “ASEAN: Agnostic on the Free and Open Indo-Pacific,” *The Diplomat*, April 27, 2018, https://thediplomat.com/2018/05/asean-agnostic-on-the-free-and-open-indo-pacific/.

围定义为从美国西海岸到印度西海岸，东南亚恰好位于印太的地理中心。这种地理定位符合印尼、马来西亚、泰国和新加坡的世界观认知，① 是东南亚国家尤其是海岛国家基本认同印太概念的基础。但地理中心不等于战略中心。早期的“印太战略”对东南亚在本地区的角色缺乏关注，令东南亚国家产生疑惑，不敢贸然表态，正如新加坡外长维文对“印太战略”的评论，“我们不会在任何（文件）上签字，除非我们确切知道它是什么意思”。② 直到2019年美国国防部发布《印太战略报告》，对东南亚诸国的定位才有了进一步的阐述。

第二，东南亚国家不信任特朗普的战略承诺。③ 自上任以来，特朗普的外交行动没有展现出对东南亚的足够重视。2017年，特朗普不等东亚峰会闭幕就离开了菲律宾，2018年他也没有在东亚峰会上露面。这与只缺席2013年一届东亚峰会的奥巴马形成鲜明对比。④ 无论美国高层如何强调东盟的重要性，特朗普的行动都削弱了东南亚国家对美国践行其对外战略的信心，使东南亚国家在心理上疏远美国。新加坡国际事务研究所所长戴尚志（Simon Tay）认为，特朗普不经意地把亚洲国家往一起推。⑤

第三，东南亚国家担心“印太战略”会削弱东盟中心地位（ASEAN Centrality）。东盟领导的东亚峰会、东盟与中日韩（10+3）、东盟地区论坛、东盟防长扩大会等多边机制是长期以来亚太地区合作的主要舞台，得到了中国、韩国、日本、澳大利亚、印度等地区主要国家的支持。早期的“印太战略”没有对东盟的地位和作用做出清晰的界定，反而强调要让美日印澳四边机制成为“印太战略”的支柱，⑥ 使东盟成员担忧四边机制将取代东盟中心地位。直到2018年彭斯访问亚洲时，美国才表明支持东盟中心地位的态度。同年东

---

① Medcalf, Rory, “An Australian Vision of the Indo-Pacific and What it Means for Southeast Asia,” *Southeast Asian Affairs* 2019 (2019): 55.

② Charissa Yong, “Singapore Will Not Join Indo-Pacific Bloc for Now: Vivian,” *The Strait Times*, May 15, 2018, https://www.straitstimes.com/singapore/spore-will-not-join-indo-pacific-bloc-for-now-vivian.

③ Harding, Brian, “The Trump Administration’s Free and Open Indo-Pacific Approach,” *Southeast Asian Affairs* 2019 (2019): 65-66.

④ Josh Rogin, “Trump to Skip Key Asia Summit in Philippines to Go Home Earlier,” *The Washington Post*, October 25, 2017, https://www.washingtonpost.com/news/josh-rogin/wp/2017/10/24/trump-to-skip-key-asia-summit-in-philippines-to-go-home-earlier/.

⑤ 路透社：《分析：特朗普未出席峰会，却让亚洲各国相互靠得更紧》，2018年11月16日，https://www.reuters.com/article/trump-asia-apec-summit-china-1116-idCNKCS1NL0HL。

⑥ 龙兴春：《以“QUAD”为支柱的“印太战略”不利于东盟》，环球网，2018年11月21日，https://opinion.huanqiu.com/article/9CaKrnKf58h。

盟峰会期间，四边机制举行了非正式会议，表态不会威胁东盟中心地位。[①]

第四，东南亚国家担忧“印太战略”在亚洲制造分裂。[②] 东盟国家在政治体制、对外政策、经济发展模式等方面差异很大，东盟在设定合作议程和议事规则时尽量避免排他性、增强包容性，以增强东盟的内部团结。然而，“印太战略”的一些目标，如互惠贸易、开放投资和解决人权问题，可能引起一些东盟成员国的警惕或不适。例如，特朗普冠以“互惠贸易”名称的贸易保护主义遭到新加坡总理李显龙的批评。[③] 另外，推进“印太战略”的主要力量美日印澳四边机制强调其共同点是民主制度，给“印太战略”蒙上了一层意识形态和政治制度色彩。[④] 如果东盟追随“印太战略”，不同政治制度的成员国之间将会形成不同意见。

更为根本的是，东南亚国家尚未准备好接受“印太战略”提出的全面遏制中国的目标。虽然从20世纪90年代末期开始东南亚国家对中国崛起的忧惧就已经萌芽，而且随着中国的快速发展，这种感受有增无减，但东南亚尚无一国决定将追随美国、制衡中国作为稳定的、长期的对外战略。推迟在中美之间选边、维护地区和平和稳定已经成为大部分东南亚国家的共识。在“南海行为准则”磋商进入尾声的阶段，东南亚国家更加不愿冒激怒中国的风险去迎合美国。

## 三、东盟的印太展望：东盟重新坐稳驾驶席

2018年中期以来，“印太战略”在逐步添加实质性内容，其安全目标高于经济合作的意图也日渐清晰，使东南亚国家感受到压力。2019年6月发布的《印太战略报告》将东盟国家分成“加强安全关系的伙伴”（越南、印尼和马来西亚）和“维持接触的伙伴”（文莱、老挝和柬埔寨）两类之后，加上美国在

---

① Bhagyashree Garekar, “Quad Leaders Stress Asean’s Centrality in Their Indo-Pacific Visions,” *The Strait Times*, November 17, 2018, https://www.straitstimes.com/singapore/quad-leaders-stress-aseans-centrality-in-their-indo-pacific-visions.

② Agnes Anya, “East Asia to Hear about Indo-Pacific Idea,” *The Jakarta Post*, May 9, 2018, https://www.thejakartapost.com/news/2018/05/09/east-asia-hear-about-indo-pacific-idea.html.

③ Lee Hsien Loong, “Singapore’s Prime Minister: Nobody Wants A Trade War,” *The Washington Post*, April 19, 2019, https://www.washingtonpost.com/opinions/singapores-prime-minister-nobody-wants-a-trade-war/2018/04/18/64d9fa30-431e-11e8-ad8f-27a8c409298b_story.html.

④ 龙兴春：《以“QUAD”为支柱的“印太战略”不利于东盟》，环球网，2018年11月21日，https://opinion.huanqiu.com/article/9CaKrnKf58h。

东盟的同盟（泰国和菲律宾）和安全关系较为密切的新加坡，以及受到美国制裁的缅甸，实际上"印太战略"依据与美国防务关系的远近将东盟国家划分成了四类，这对东盟实现其安全一体化目标有害无益。

东盟国家的舆论界对"印太战略"的态度逐渐从沉默走向争取主动。东盟国家认为，如果东盟继续保持被动，将会被战略性事件和发展抛在后面，将威胁到东盟中心地位。[①] 印尼海事统筹部长卢胡特2018年2月发表在《海峡时报》上的文章宣布，印尼将与中等国家一道挑起塑造印太秩序的角色。[②]

在这样的背景下，2018年8月，印尼将印太展望的概念性文件提交给东盟外长会议。2018年11月东亚峰会闭幕前，印尼外长宣布将在2019年公布东盟版的印太展望。2019年6月底的东盟峰会上，东盟通过了《东盟印太展望》。

只有五页的简短声明《东盟印太展望》意义在于回应美国的"印太战略"，表明东盟的态度，即强化东盟中心地位（《东盟印太展望》第三条、第五条、第六条（a）、第十条），维护东盟主导的现有的开放多边平台（第四条）。考虑到东盟已经建立起若干多边合作平台，东盟明确指出印太展望的目标不在于创建新的机制（第四条），而是要在既有机制上深化和扩展合作内容。既有机制主要指的是东亚峰会。

《东盟印太展望》谨慎地表达了对中美两方的中立态度。第一，虽然标题中的"印太"被视为对美国"印太战略"的回应，然而其提议国印尼将"印太"的缘起回溯到2013年提出这一概念的前外长马尔蒂（Marty Natalegawa）。不同于美国"印太战略"的排他性，中国和俄罗斯也在印尼设想的印太地区伙伴范围之内。佐科总统在2014年宣布的"全球海洋支点"战略的目标是使印尼成为沟通太平洋和印度洋的中枢，他称之为"太平洋和印度洋地区"（Pacindo），沿用了印太的内涵。印尼极力阐明其印太观念具有原创性和自发性，不是为了追随美国。

第二，《东盟印太展望》在内容上对中美关心的议题做了平衡。文件提及中国积极参与的湄公河次区域合作框架和互联互通的合作框架，被国外学者解

① John Lee, "The 'Free and Open Indo-Pacific' and Implications for ASEAN," *Trends in Southeast Asia*, no.13 (2018).

② Luhut B. Pandjaitan, "Indonesia Ready to Take on Bigger Role in Indo-Pacific," *The Strait Times*, February 15, 2018, https://www.straitstimes.com/opinion/indonesia-ready-to-take-on-bigger-role-in-indo-pacific.

读为暗含加强与中国合作的目的。[①] 文件中没有使用“自由开放”的字眼，[②] 表明《东盟印太展望》与“印太战略”在内涵上有本质差异。但与此同时，印太展望支持美国主张的航行和飞越自由，这或许令中国感到不适。

第三，《东盟印太展望》的标题在最后一刻从*ASEAN Indo-Pacific Outlook*改为*ASEAN Outlook on the Indo-Pacific*，前者隐含主动接受并使用的态度，而后者表现了被动观望的态度。

《东盟印太展望》虽然从标题上看承袭了美国的印太概念，但其内容摒弃了“印太战略”中零和博弈的“新冷战”灵魂。通过《东盟印太展望》的表态，东盟继续与中美两个大国保持适当距离，充分展现了东盟的包容性和灵活的外交手腕。美国希望将东南亚拉进遏制中国的小圈子，但随着东盟十国一致同意的印太展望的出台，这个目标可以说是已经失败了。特朗普的“印太战略”在东南亚遭到冷遇，与奥巴马的“亚太再平衡战略”在东南亚引起的反应形成鲜明对比。东盟国家没有追随美国的“印太战略”，而是另起炉灶，在一定程度上反映了东南亚国家对特朗普政府的“印太战略”的失望。正如印尼海事统筹部长卢胡特所言，“许多人认为美国已放弃了其作为印太地区主要平衡者的作用。美国对该地区的战略关注正在逐渐消退，成为外交史的脚注”。[③]

虽然《东盟印太展望》被诟病缺乏实质内容和实现计划，但是它的战略价值不应被低估。首先，东盟十国在关于“印太战略”的态度上达成统一意见，减轻了每个成员国的选边压力，对维护地区政治稳定和东盟内部团结十分必要。其次，基于《东盟印太展望》的开放性框架，东盟在地区合作的伙伴、领域、机制和步骤方面将获得充分的自由度和决定权。此外，东盟利用印太展望的表态同时约束了美国和中国。通过强调东盟的中心地位，东盟约束了正在形成的美日印澳四边机制，从美国手中抢占了地区合作的机制平台。通过强调海上权利，东盟默默地为约束中国在南海的行动埋下伏笔。通过这一份简短的声明，东盟实现了增强内部团结、对外部约束和机制拓展三重效果。不论未来东

---

① Koga, Kei, “Japan’s ‘Free and Open Indo-Pacific’ Strategy: Tokyo’s Tactical Hedging and the Implications for ASEAN,” *Contemporary Southeast Asia: A Journal of International and Strategic Affairs* 41, no.2 (2019): 289.

② 刘琳：《东盟“印太展望”及其对美日等国“印太战略”的消解》，《东南亚研究》2019年第4期，第86页。

③ Luhut B. Pandjaitan, “Indonesia Ready to Take on Bigger Role in Indo-Pacific,” *The Strait Times*, February 15, 2018, https://www.straitstimes.com/opinion/indonesia-ready-to-take-on-bigger-role-in-indo-pacific.

盟决定是否继续深化印太展望，东盟在这一回合已经赢得了足够的战略空间。

## 四、下一步：更紧密的亚洲？

未来，东盟的行动既取决于中美两国和其他地区大国塑造的外部环境，也取决于东盟自身的领导力。一方面，外部环境的不确定性主要来自美国在东南亚寻求安全合作的压力，以及贸易摩擦的持久性。鉴于美国施加的选边压力和贸易摩擦给东南亚出口导向型国家带来的经济损失已经令东盟国家颇有微词，外部不确定性对东盟的挑战程度不亚于对美国自身的挑战程度。另一方面，东盟缺乏领导力是长久以来被指摘的缺点之一。在应对“印太战略”一事上，人口最多、国土面积最大的印尼主动领衔，这多多少少令人惊讶，因为佐科第一任期对东盟着力不重，而且近几年印尼在东盟主动挑起领导重担也大多出现在东盟内部产生严重分歧之时。评判未来印尼是否有能力继续领导东盟深化印太展望时，我们不得不将印尼的国内因素纳入考虑，包括佐科第二任期的发展战略调整、国内政治稳定性等。

中国的对外政策具有较高的稳定性，与东盟打交道时注意其“舒适度”。当“一带一路”倡议在践行过程中引起债务、透明度等争议时，中国能够及时调整政策。外交政策的稳定性和适应性在目前的地区变局下是尤为可贵的。中国维持目前的步调，尽快与东盟达成“南海行为准则”尤为重要。

如上文所述，东盟的印太展望不是追随美国，而是“另起炉灶”，而且其方针与中国倡导的“一带一路”和人类命运共同体有兼容之处。正如中国国务委员兼外交部长王毅指出的，“其中很多原则和理念与中方的想法是一致的，比如坚持东盟的中心地位，坚持开放包容透明，坚持对话而非对抗，强调开展经济合作、加强互联互通、实现共同繁荣等”。[①] 中国尝试以次区域合作或多边项目的形式参与到东盟印太展望中来，将是利义兼具的。

① 《王毅谈对印太概念的看法》，新华网，2019年7月31日，http://www.xinhuanet.com/world/2019-07/31/c_1124822580.htm。

# 东南亚：在“一带一路”与“印太”之间*

菲律宾亚太协进会（Asia Pacific Pathways to Progress Foundation Inc.）研究员
〔菲律宾〕卢西奥 · 布兰科 · 皮特洛三世（Lucio Blanco Pitlo III）

自治和东盟中心地位是东南亚国家珍视的基本价值观。考虑到东南亚的战略位置、自然资源、相对稳定的政治局势、快速增长的经济、年轻的人口结构、不断壮大的中产阶级和不断增长的市场，这一地区吸引大国的兴趣并不奇怪。东南亚国家从过去的经验中认识到，在保持多样性的同时实现团结一致是生存的关键。在地缘政治和地缘经济剧变中，这一点尤其重要。十个国家在东盟的平台上联合起来，达到了超越各自国家权重的力量。面对两个相互竞争的宏大的地区愿景——中国的“一带一路”倡议和美国的“自由开放的印度洋太平洋”战略（以下简称“印太战略”），东盟仍然对互利、非排他性的经济与安全措施持开放态度。

东南亚对大国博弈并不陌生。英国、法国、西班牙、荷兰以及后来的美国都参与了对该地区的争夺。独立后，该地区成为冷战时期意识形态竞争的代理人战争的战场。一方面，苏联支持共产主义政权和运动；另一方面，美国支持威权政府打击地方共产主义起义，遏制共产主义的扩展。大国干预在该地区一直影响深远。这解释了该地区国家在大国竞争中谋求自治，追求不结盟，搁置分歧以共同创建区域组织的强烈愿望。最终，东盟于1967年成立，并在20世纪90年代扩展至东南亚大陆上的所有国家。1955年，印尼主办了万隆会议，诞生于这次会议的不结盟精神在该地区大国竞争日益加剧的今天仍能产生共鸣。尽管一些国家（菲律宾、泰国）与大国结盟并有外国军队轮流驻扎，但该

* 原文为英文，感谢复旦大学国际关系与公共事务学院硕士生杨喆的翻译。

地区国家竭力避免外国在其领土上建立基地，不愿外部势力插手国内事务，继续使其安全和经济伙伴多样化。东南亚不“把所有的鸡蛋放在一个篮子里”，以后也不准备这样做。

东南亚夹在中国南部边缘地区和美国向亚洲边缘地区延伸的前沿地带之间，正重新成为大国角力的竞技场。然而这一次，东南亚国家可能不再是被动成为大国的代理人或委托方，而是寻求在与大国的关系中取得适当平衡的积极、自主、独立的参与者，他们充分认识到与某个大国关系过于紧密是危险的。东南亚国家还试图在贸易、基础设施、金融和发展援助等更具生产力的领域引导竞争。他们将会加强东盟的中心地位，与所有已成为对话伙伴的大国保持持续接触，并与每一个大国保持适当的距离，这为他们在这一日益充满活力和复杂的地区保持稳定与繁荣提供了机会。

东南亚是“印太战略”和共建“一带一路”倡议的重要地区。这两个相互竞争的愿景显示出华盛顿和北京对该地区的高度重视。2013年，习近平主席在雅加达宣布建设“21世纪海上丝绸之路”和“一带一路”最重要的金融机制之一的亚洲基础设施投资银行（亚投行）。2017年，特朗普总统在越南岘港举行的亚太经合组织CEO论坛上宣布了“印太战略”。作为安全和经济产品的主要供应国，美国和中国是该地区的重要伙伴。因此，他们的设想引起了该区域政策、安全和学术界的高度关注。

2017年11月，东盟与中国在马尼拉发表《中国—东盟关于进一步深化基础设施互联互通合作的联合声明》，探讨互联互通路线图《东盟互联互通总体规划2025》与中国“一带一路”倡议对接。2019年6月，东盟发布《东盟印太展望》。在这一展望中，东盟认为自己在“紧密融合、相互关联的亚太和印度洋地区”发挥着核心和战略作用，还设想了“一个对话合作而非竞争的地区”和“一个人人享有发展与繁荣的地区”。它还强调了“领海权在不断演变的区域架构中的重要性和前景”。2017年中国与东盟联合声明的内容虽然提到了中国的“一带一路”，但其标题强调务实和非政治合作领域的基础设施互联互通。与此同时，尽管东盟将“印太”列为2019年《东盟印太展望》的标题，但在该文件中没有提到美国。这些微妙的策略显示，该地区希望坚守自己的立场，避免被某个大国玩弄于股掌之中，同时对任何有共同利益的国家保持接触的开放态度。

从发展布局层面上看，“一带一路”似乎是向西推进，以逃避美国第一岛链盟友和前沿部署部队在东部的围困。从这个角度看，它代表了一种非进攻性的风险缓解措施。中国长期以来的定位是，降低对南海作为商品和能源通道的依赖，以解决马六甲海峡困境。中欧铁路、中巴经济走廊（特别是瓜达尔港至新疆喀什的陆路通道）、中亚和俄罗斯至中国西部的能源管道的目标正在于此。在东南亚，这种想法体现在正在建设中的昆新铁路项目、已提议的克拉地峡运河和已经完工的缅甸能源管道项目。一个向南太平洋延伸的支线可能会经过东南亚海岛水域。因此，该地区在中国资源供应和能源路线多样化的尝试中发挥着重要作用。尽管中国正在迅速发展一支蓝水海军和一支现代化空军，但其向周边地区以外投射力量的能力仍然有限。尽管中国在南海建造了人工岛基地，使其能够进行更持久的巡逻，但北京在其附近海域的地位继续受到其他海军大国的挑战，尤其是日本和美国。

此外，"印太战略" 加强了美国对太平洋和印度洋的控制。从美国在吉布提、巴林、科威特、阿联酋、迪戈加西亚、日本、韩国、菲律宾、新加坡和关岛的基地和前沿存在来看，美国可以主导两大洋，并在冲突期间干扰敌对国的海上运输。中国在该地区不断扩大海上利益和安全措施，可能引发美国和其他地区大国的担忧，尤其是印度。中国在吉布提建立了第一个海外基地，并很可能向海上丝绸之路沿线国家示好，如缅甸、孟加拉国、斯里兰卡、巴基斯坦、马尔代夫、苏丹、坦桑尼亚和肯尼亚，以使它们在后勤供应方面能提供帮助，从而支持中国的打击海盗任务，保障商业和能源运输的航道安全。"印太战略"的目的似乎在于挫败中国海上的发展。同时，对于两者——北京方面希望确保其日益增长的海上利益，以及华盛顿方面阻挠其发展的努力——东南亚都将发挥重要作用。

表面上看，"一带一路" 倡议似乎更倾向于经济，而 "印太战略" 则更注重安全。从有利的角度看，二者互为补充。它们还强化了美国和中国的传统分工。美国长期提供的安全保障使东南亚得以专注于追求自身发展，而中国自改革开放以来已成为东盟的主要市场、进口来源和投资来源。然而，随着中国开始尝试提供安全产品，以及美中在贸易、技术、网络空间、航行和飞越权限等多个领域的竞争升级，界线正在变得模糊，东南亚必须学会如何自处。例如，2018年，东盟和中国举行了首次联合海上演习。紧随其后的是2019年的东盟—美国联合海上军事演习。这清楚地说明了东盟的平衡行为。

中国将 "一带一路" 倡议作为经济和互联互通事业。而美国提出的愿景以战略和安全为导向，但缺乏经济支持。自从美国退出奥巴马政府推行的《跨太平洋伙伴关系协定》后更是如此。随着特朗普总统对包括越南在内的美国贸易赤字伙伴征收或威胁征收惩罚性单边关税，中国谨慎回应并诉诸世界贸易组织规定的既定贸易争端解决机制，美国的全球化捍卫者形象将化为泡影。中国国家主席习近平2017年在达沃斯世界经济论坛上的讲话，为这种明显的角色转变画上了句号。在这一方面，北京获得了东南亚国家的青睐。

中国对区域和多边自由贸易协定谈判表现出了极大兴趣，同时美国似乎执迷于重新谈判双边自由贸易协定。美国与印度洋—太平洋沿岸国家有七个双边自由贸易协定和两个地区性自由贸易协定，但只有一个是与亚洲国家（新加坡）签署的。在华盛顿提议下，《北美自由贸易协定》（*North American Free Trade Agreement*）重新谈判并更名为《美国—墨西哥—加拿大贸易协定》（*US-Mexico-Canada Trade Agreement*, USMCA）。美国还与中美洲国家和加勒比海地区的多米尼加共和国签署了自由贸易协定。至此，美国的大部分自由贸易协定都是与西半球国家签订。在同样的印度洋—太平洋地区，中国与东盟签署了九个双边自由贸易协定（包括与新加坡的一个）和一个与东盟签订的区域自由贸易协定。中国正在商谈中国—海湾合作委员会（与六个阿拉伯国家）自贸协定、中日韩自贸区这两个与“一带一路”有关的区域自贸协定。从这个角度来看，东盟对多边主义和包容性的渴望，即十个国家作为一个整体谈判，符合中国的立场，与美国在特朗普总统领导下倾向于双边贸易谈判形成鲜明对比。尽管美国官员很快澄清说，“美国至上”并不一定意味着只有美国（America alone），但这种言辞和姿态仍引发了相当大的地区焦虑。

经济是中国与东盟合作的主要驱动力。十多年来，中国一直是东盟第一大贸易伙伴，2019年6月，东盟超越美国成为中国第二大贸易伙伴，创造了强劲的双向经济协同效应。中国—东盟自贸协议于2005年生效，2015年升级。北京还在2008年与新加坡签署了双边自贸协定，并在2018年升级。中国还积极参与同东盟及其五个对话伙伴——澳大利亚、印度、日本、韩国、新西兰——就缔结《区域全面经济伙伴关系协定》进行谈判，于2020年11月签署协议。中国政府还密切关注修订后的11国全面与《全面与进步跨太平洋伙伴关系协定》（CPTPP）的进展，包括文莱、马来西亚、新加坡和越南四个东盟国家在内。尽管特朗普总统表示如果可以重新谈判条款，更好地为美国利益服务，美国愿意在未来重新加入《全面与进步跨太平洋伙伴关系协定》，但考虑到谈判过程中花费的大量时间和资源，成员不太可能仅仅为了迁就美国而重新谈判。

中国生产成本的上升和中美贸易争端也推动了“一带一路”倡议建设。中国内地出口型企业在东盟落户会比较合适。中国制造商还可能增加对东盟供应商或零部件生产商的依赖。然而，当全球最大的两个经济体之间的贸易摩擦持续时间延长时，这些短期收益的实质性和可持续性仍有待观察。中国和美国是东盟的主要贸易伙伴，与世界其他国家一样，东南亚也将受到旷日持久的贸易争端的不利影响。

与此同时，“印太战略”的经济成分仍然令人怀疑。美国尚未与东盟签署自由贸易协定，不过美国已于2006年与东盟达成了初步的贸易和投资安排。美国只和新加坡在2003年签署了双边自由贸易协定，并于次年生效。尽管如此，美国仍然是东盟第四大贸易伙伴，东盟是美国第四大出口市场。美国已于2018年通过《善用投资促进发展法》，成立新的美国国际发展金融公司（IDFC），以回应“一带一路”倡议，为需要基础设施融资的国家提供另一种选择。尽管美国国际发展金融公司拥有更大的权威性、灵活性和资源支持，但与中国政策和商业银行为“一带一路”提供担保的承诺规模相比，仍然相形见绌。即使“一带一路”的一些承诺被推迟或没有实现，这种差距仍然十分明显。

美国与合作伙伴，特别是日本，以及澳大利亚、印度和欧洲的合作，将使美国能够为全球南部国家提供更多的基础设施融资选择。例如，日本长期以来一直是东盟的捐助国和建设基础设施的坚定支持者。为回应“一带一路”倡议，日本一直在改革援助、融资和相关企业，以提高其灵活性和能力，满足东南亚地区庞大的基础设施需求。但在东京与华盛顿、堪培拉（优质基础设施伙伴关系）和新德里（亚非增长走廊）合作的同时，东京也在与北京就第三方基础设施项目展开合作。因此，作为“一带一路”沿线最具实力的出资国、建设者和运营者，中国和日本在“一带一路”沿线项目上既有竞争，也有合作。东盟欢迎更多的伙伴加入。如果良性竞争能够被引导到公共工程这样的生产领域，东盟将非常欢迎任何时候的大国互动。

在实施“一带一路”倡议方面，中国具有诸多优势，这包括邻近性、连续性（就东南亚大陆而言）、经验、政策连续性、速度、灵活性、更高的风险阈值、超额生产能力和大规模的政府支持。尽管情况可能有所不同，但中国的经济奇迹及其在40多年时间里历史性地使8亿多人摆脱绝对贫困的成就，为东盟提供了宝贵的经验。中国在发展经济特区、技术转让和制造业方面的经验也受到东盟的欢迎，因为该地区的目标是减少外国投资增长，向价值链上游攀升。中国从一个贫穷落后、以农业为主的国家转变为今天这样一个经济大国的速度，为东盟提供了一个鼓舞人心的故事。中国灵活的、不附加任何条件的贷款和投资条款，以及对风险更高的偏好，使柬埔寨、老挝和缅甸等欠发达的东盟国家的资本流动起来，而无须进行可能会很痛苦又具有破坏性的政治和经济改革。东盟国家一直致力于投资实体和数字基础设施，这些国家知道，如果需要维持增长并保持竞争力，这些基础设施不可或缺。由于规模和产能过剩，中国凭借几十年建设国内大型公共工程和工业而磨炼出来的能力，能够以更低的成本开发和重建地区基础设施。交通、物流、制造业、农业和涉农产业、房地产开发、旅游、电力和可再生能源、电信、电子商务和金融科技、智慧城市等领域也将从与中国的合作中受益。加之“一带一路”倡议成为中国外交政策的核心议程之一，意味着东盟没有错过中国的国家支持和政策连续性的优势。

“一带一路”还包括五大支柱——政策沟通，设施联通，贸易畅通，资金融通，民心相通。这一倡议在借鉴中国丰富而悠久的历史的同时，非常符合现代需求且务实。虽然第二支柱吸引了最多的宣传，但它的第一、第三和第四支柱也值得关注。政策协调将融入“一带一路”建设，或将“一带一路”建设与各国国家和地区互联互通路线图对接，对标准和进程的制定和协调产生深远影响。例如，菲律宾“大建特建”（BBB）建设规划和《东盟互联互通总体规划2025》与“一带一路”倡议具有明显的协同效应。互联互通和腹地发展具有很强的区域共鸣。此外，贸易便利化和金融一体化将进一步深化中国与参与国的联系。最后，海外华人、旅游、会议外交可以为实现第五支柱作出贡献。中国现在是世界上最大的出境旅游市场，东盟每年从这些人员流动中获得巨大收益。北京还与东盟举行了大量学术、媒体、商业和智库交流活动，与东盟交流信息，征求社会各界意见。

然而，“一带一路”倡议也有其风险和弊端。中国必须确保债务的可持续性，并采取创造性的风险缓解措施，避免遭到债务陷阱的指摘。与其他传统贷款机构、捐助方和发展援助伙伴不同，中国拥有庞大的劳动力，在海外建设大量项目的同时，中国也将“一带一路”视为为本国人民创造就业机会的途径。项目成本超支或调整可以通过更合理的可行性和项目准备工作得到缓解。北京方面似乎通过让“一带一路”沿线的东道国在项目的早期阶段参与进来，来回应这一差距。与受影响社区进行磋商，确保遵守所有适用的当地环境、采购和劳动法，改善媒体和公共关系，将有助于解决人们对中国支持的项目的担忧。虽然“一带一路”建设在很大程度上仍由国家主导，但为市场力量创造更多空间，将有助于提高包容性、竞争力，并有助于解决透明度低和腐败问题。虽然中国已经习惯了与政府打交道，但中国必须明白，东盟的公众、媒体和公民社会在各自国家都是强大的参与者，他们的观点和担忧必须得到考虑。最后，南海争端将继续影响东盟与中国的关系，包括落实双方商定的“一带一路”项目。如果东盟国家继续与中国保持强劲的“一带一路”合作，而争议海域继续发生不幸事件，那么这些国家的领导人将受到国内公众的抨击。尽管“一带一路”建设与南海争议是两码事，但后者的发展将影响“一带一路”建设的程度和速度。

另外，“印太战略”大力提倡价值观，并要求各国遵守原则和规则。2017年，特朗普总统在岘港亚太经合组织演讲中强调了贸易公平互惠的重要性，并阐明了美国与该地区的长期历史联系，以加强其作为太平洋强国的地位。特朗普还重申了美国对自由市场、法治、个人权利和公海的承诺。虽然政府在不同的东盟经济体中发挥着不同程度的作用，但美国宣扬的“公平互惠的贸易”吸引了广泛的关注。对于东盟民主国家来说，保护个人权利是他们与美国共同的价值观。随着中国海军和海岸警卫队在南海的力量投送不断增加，东盟更倾向于美国提倡的海上公共水域航行和飞越自由。

在“印太战略”的执行中，美国有由地区长期盟友和伙伴组成的网络，这些盟友和伙伴长期以来将美国的安全存在视为冷战和后冷战时期的威慑和稳定力量。考虑到中国和东盟南海声索国之间存在巨大的权力不对称，美国的“航行自由”行动受到欢迎，作为反击中国在南海海洋主张中的一种手段。然而，特朗普总统明显的交易主义和他希望减少不必要的外交纠葛的想法，让人担心他在与北京的谈判中会把南海作为讨价还价的筹码。这也动摇了美国的条约承诺，尤其是在特朗普抨击那些他认为是“吃白食”的盟友的时候。东盟也不希望看到这片具有战略意义、备受觊觎的海域变成争夺海上霸权的战场，那将会给该地区带来潜在的灾难性影响。沿岸国家担心，两国之间的互动态势可能会失控，从而使该地区陷入冲突。

在“印太战略”的具体实施中，华盛顿受到了一系列阻碍——距离过远、效率低下和美国无法将其庞大的私人资本用于满足该地区迅速增长的基础设施需求。根据所处位置的不同，华盛顿、东京、堪培拉或新德里对“印太战略”的范围和细微差别的理解也可能略有不同。东盟甚至能够提出自己的印太展望，而非受制于他人的定义。相比之下，尽管中国政府呼吁包容性和磋商，但中国在编织“一带一路”故事方面拥有更大的主动性。“印太战略”还必须解决过于注重安全的问题。例如，《印太战略报告》是美国国防部于2019年6月在香格里拉对话会上发表演讲时发布的。印度洋—太平洋地区不仅要“自由开放”，还要“繁荣昌盛”。如果“印太战略”必须与“一带一路”竞争，基础设施投资问题是一个关键的缺失部分，而“一带一路”非常重视这一点。如果能够制定适当的风险缓和措施，美国有大量的私人资金可以投资于基础设施投资组合。在亚洲蓬勃发展的建筑领域中与中国同行竞争时，美国对基础设施等高风险、长期酝酿的项目的规避使美国的金融部门处于不利地位。

总而言之，东盟作为一个由十个不同国家组成的集体，将继续反对被迫选边。作为一个包容和务实的集团，东盟将努力最大限度地从与大国的伙伴关系中获益，同时避免过度依赖其中一个大国。“一带一路”和“印太战略”作为本地区倡导的两个最具影响力的相互竞争的愿景，各有各的优点。只要存在共同价值观或共同利益，东盟就会对经济或安全产品方面的伙伴关系持开放态度。尽管在相对友好的环境中是这样的道理，但在不断升级的大国竞争中，这种平衡并不容易。因此，美中互动才是影响东盟战略考量的最大变量。

# 大国“战略竞争”背景下中美与东南亚的防务合作

对外经贸大学国际关系学院国际政治系讲师　刘若楠

## 一、中美在东南亚的竞争态势

东南亚地区是奥巴马政府介入亚太事务的重要方向，也是中美“战略竞争”的主要角力场。这一时期，由于中美争夺亚太地区主导权的态势日益明确，东南亚国家所处的地区战略环境有所恶化，风险和不确定性显著加剧。具体表现为，东南亚国家在双边层面的战略分化的压力增加，维持大国平衡的难度加大。在多边层面，东盟主导的地区制度面临分裂和边缘化的双重危机，东盟中心性受到较大冲击。

特朗普上任后，随着美国挑起对华贸易摩擦，推出“印太战略”，并且在台湾、香港等涉及中国主权的问题上频频发难，中美在亚太地区的竞争态势发生显著变化。美国明确将中国定位为战略竞争对手，发起了对中国全政府、全领域的遏制。与奥巴马时期相比，新一轮的中美亚太竞争具有以下三个特点：第一，从竞争态势上看，美国处于“攻势”，中国处于“守势”，美国主动终结了对华接触，遏制变为美国对华政策的主导；第二，中美竞争涉及的议题范围更加广泛，竞争更加激烈，台海、南海、技术、经贸、人权和疫情等问题都成为激化两国矛盾的焦点；第三，美、日、印、澳四边联合是美国在安全上实现遏制政策的主要抓手。除了有实力的盟友外，印度在美国战略排序中的地位显著提升，东南亚则相对下降。

受上述变化的影响，2017年以来东南亚国家在中美之间的位置出现小幅变化，总体呈现靠近中国的趋势。不少学者对2017年以来东南亚局势的研判都得出了这一结论。[①] 其直接原因有两点。第一，中国与东南亚国家之间传统安全矛盾趋缓，减小了巩固双方关系的障碍。中菲关系的显著改善表明南海争端和美国同盟身份不能限制东南亚国家对美、对华政策的动态变化。“南海行为准则”的谈判客观上也起到了一定的安抚作用。第二，特朗普政府施加的“选边”压力和对多边主义的忽视加剧了东南亚国家对美国的疏远和疑虑。具体包括，政治上不重视东盟、放弃构建多边经济合作框架以及大搞贸易保护主义等。美国未来将在中美全面、持续竞争的背景下衡量东南亚国家的价值，即根据是否有意愿对抗中国的标准在东南亚国家中选择一些国家作为关键的合作伙伴。

## 二、中国与东南亚国家防务合作稳步推进

南海问题趋缓为中国与东南亚国家开展安全接触创造了良好的氛围，双方安全互信基本保持在较高的水平。近年来，双方防务合作有一些亮点。在多边层面，2018年10月底，中国—东盟“海上联演—2018”在湛江及其外海举行。此次演习既是东盟首次与单一国家进行联合军演，也是中国军队首次与东盟开展海上联合军演。新加坡、文莱、菲律宾、泰国和越南派出了舰艇参加，其他国家派观察员观摩。2019年4月，东盟十国都参加了在青岛举行的中国海军建军70周年庆祝活动。之后，中国与泰国、文莱、缅甸、越南、菲律宾和新加坡参加了紧随其后为期三天的联合军演。这是时隔半年后，中国再度与东南亚国家开展海上多边联合军演。

中国与东南亚国家深化双边防务交流与合作稳中有进。其中，中菲防务合作的进展最为引人注目。值得称道的是两国在领导人达成共识的基础上，恢复了在南海问题上的双边磋商。从2017年5月至2019年10月，中菲一共举行五次磋商会议。与此同时，两国在南海争端相关领域的务实合作也在迅速推进。2017年初，中菲海警成立了海上合作联合委员会，两国农业部重启了渔业合作联合委员会的工作。2018年11月，经过多轮南海问题双边磋商会议的讨论，中菲签署了《关于油气开发合作的谅解备忘录》。中菲还广泛开展了非传

① David Shambaugh, “U.S.-China Rivalry in Southeast Asia,” *International Security* 42, no.2 (2018): 85–127；聂文娟：《中美竞争态势下东南亚地区权力格局的演变》，《世界经济与政治论坛》2020年第2期，第21—48页；David Kang, *American Grand Strategy and East Asia Security in the 21st Century* (Cambridge: Cambridge University Press, 2017).

统安全领域的合作。比如，2017年开始，两国已经举行了三届禁毒合作会议。2017年下半年，菲南部反恐形势严峻，中国向菲律宾国防部和武装部队提供了大量用于打击恐怖分子的武器装备。

与其他国家的防务合作方面，中国与多数东南亚国家的防务交流和合作稳中有进。2019年10月底，中国和新加坡签署了更新版本的《防务交流和安全合作协议》，对2005年版的协议进行了修订。新加坡外长黄永宏（Ng Eng Hen）称新的协议反映了两国防务合作水平的“显著提升”。[①] 2016年11月底，中国、印尼海上执法机构举行首次工作会晤。2017年10月，两国举行首次禁毒合作双边会议并签署《禁毒合作方案》。2019年9月，中国和马来西亚建立了海上问题磋商机制。中柬于2016年底开始举办代号为“金龙”的年度例行联合演习，演习已经举行多次，内容涉及防灾减灾、反恐等多项内容。一些既有的巩固安全互信的例行合作也在按部就班地进行，比如中越陆地边界、北部湾联合巡逻，中老缅泰湄公河联合执法，中马“和平友谊”以及中泰“鹰击”“利刃”等联合演习。此外，中国和东南亚国家还在反恐、打击信息犯罪、海上搜救和反走私等非传统安全方面开展了一系列合作。从内容上看，对话磋商、执法合作在中国与东南亚防务交流和合作中占比较大，传统安全领域实质性的合作依然相对有限。

值得注意的是，东南亚各国在以双边和多边的形式拓展与中国全方位安全接触的同时，也在强化与美国、日本、印度和澳大利亚等域外国家的防务合作，目的是平衡各个大国在东南亚地区的影响力，特别是避免中国“主导”地区安全事务，保持在南海问题上约束中国的能力。

## 三、美国与东南亚国家防务合作的发展和变化

防务合作一直是美国与东南亚国家关系中的“长板”，也是美国与其他大国相比最具比较优势的领域。“印太战略”出台后，美国将中国定位为战略竞争对手，试图拉拢东南亚国家加入遏制中国的阵营。美国在2017年还没有出台成型的东南亚政策。2018年以来，随着“印太战略”的实质化，美国对东南亚的战略定位逐渐清晰。在防务交流与合作方面，与奥巴马政府相比，特朗

---

① Minister of Defence, Singapore, “Enhanced Agreement on Defence Exchanges and Security Cooperation (ADESC),” October 20, 2019, https://www.mindef.gov.sg/web/portal/mindef/news-and-events/latest-releases/article-detail/2019/October/20oct19_fs.

普重视与关键国家的双边防务关系，相对轻视地区多边主义。

在双边层面，美泰安全合作逐步恢复。美国政府换届为美泰关系改善创造了良机。2017年6月，泰国计划恢复购买美式武器装备。10月，巴育与特朗普会面为美泰恢复全面安全合作起到了预热的效果。随着泰国公布大选时间表，两国关系在2018年迎来转折，这一向好的势头得以持续。巴育当选新总理后，美泰关系的主要障碍不复存在，两国合作逐渐恢复，但能否达到并超越2014年之前的水平还有待观察。美菲防务关系以反恐和南海为支点进入发展轨道。杜特尔特上台后，美菲防务合作一度陷入低谷。2018年以来，这一情况有所改善。2019年，两国决定加快落实《加强防务合作协定》。5月，菲律宾同美国、日本和印度第一次在南海进行了联合巡航。可见，美菲在南海问题上的共识在不断增加。然而，2020年2月菲方废除《访问部队协定》的决定给两国未来防务合作再添不确定性。

新加坡、越南、印尼和马来西亚是美国重视的伙伴国。其中，美越防务合作的突破性进展尤其值得关注。由于在南海问题上反对中国的共同立场，美国将越南视作其南海政策的重要支点和四边联合理想的对话伙伴。[①] 特朗普上任后，美国航母实现了越南战争后首次访越。2017年，两国签订了《美越防务合作行动计划（2018—2020）》。美国防长、国防部印太事务助理部长、印太司令部司令等都曾于2017—2019年到访过越南。美国和新加坡、印尼的防务合作也有一些亮点，比如美新续签了《谅解备忘录》，新加坡将在关岛建立永久的战斗机训练基地，而美国将继续使用新加坡军事基地至2035年。美国在维持与印尼高频次、全方位防务合作的同时，还试图与印尼特种部队恢复正常关系并举行联合演习。[②]

此外，以美国—东盟举行首次联合军演为代表，双方多边防务合作持续扩大。由美国作为主导者（或主导者之一）发起的多边军事演习有“金色眼镜蛇”“环太平洋军演”等。另外，“卡拉特”系列演习在奥巴马执政后期和特朗普任内呈现出多边化的趋势。除了主导军事演习之外，美国还在其他一些场合与东南亚国家进行多边军事互动，包括积极参加东南亚国家主导或域外国家主

① Derek Grossman and Dung Huynh, “Vietnam’s Defense Policy of ‘No’ Quietly Save Room for ‘Yes’,” The Rand Blog, January 21, 2019, https://www.rand.org/blog/2019/01/vietnams-defense-policy-of-no-quietly-saves-room-for.html.

② Idrees Ali, Nilufar Rizki, “U.S. Looks to Improve Ties with Indonesian Special Forces, Stage Exercises,” The Reuters, May 30, 2019, https://ca.reuters.com/article/topNews/idCAKCN1T00L6-OCATP. 美国曾于20世纪90年代以印尼特种部队侵犯人权为由不再与其进行接触。

导、东南亚国家广泛参与的军演。2018年10月，东盟防长会议确定次年举行美国—东盟第一次联合军演。按计划，联合军事演习于2019年9月在泰国附近海域举行。美国海军少将廷奇（Joey Tynch）称此次演习强化了美国和东盟对“自由开放的印太”的共同信念。[①]

## 四、中美与东南亚国家防务合作的限度

尽管在大国“战略竞争”加剧的背景下，中美都致力于强化和拓展与东南亚的防务关系，但是由于实力弱小，东南亚国家在处理对美、对华关系时都需要在防范风险与维护合作之间权衡。在对华关系方面，地理邻近和历史上的摩擦使东南亚国家本就不容易建立对中国的信任，加之中国迅速崛起、双方实力差距扩大进一步加剧了东南亚国家相对于中国的脆弱性。因此，东南亚国家始终无法消除对中国实力地位提升之后可能形成威胁的担心。这一担心是限制中国与东南亚国家防务合作持续深化的主要因素。因此，中国与东南亚国家防务关系的首要目标是持续巩固安全互信，而非应对共同威胁。这正是长期以来双方防务关系以对话磋商为主、务实合作为辅，而且非传统安全合作较多、传统安全合作有限的原因所在。在直接原因方面，领导人对华负面认知和借助域外国家向中国施压是东南亚国家发展与中国防务关系的最主要不利影响因素。比如，阿基诺三世将与中国的南海争端视为最大的安全威胁，中菲包括防务交流和合作在内的官方接触基本中断。中国于2017年6月取消了与越南的边境高层会晤和联合演习计划，原因是认为越南与美日探讨南海问题并非是出于善意。

从东南亚国家的角度看，国内政治自主、稳定对华关系的需要和东盟中心性的偏好是发展与美国防务合作的三个限制性因素。首先，国内政治涉及国家主权，东南亚国家普遍反感大国干涉内政，不满美国利用人权或民主等理由对政府换届、国内和对外政策的制定指手画脚。近些年，美国与菲律宾、泰国、缅甸和柬埔寨等东南亚国家关系的波动主要与这一因素有关。其次，在对华关系上，东南亚国家倾向于对中国进行接触和约束，不赞成遏制或者“脱钩”，尤其反对非封闭安全集团主导的大国对抗。与中国保持稳定的友好关系符合东南亚国家的长远利益。为了维持大国平衡的战略空间，避免与美合作速度过

① United States Navy, “ASEAN-US Maritime Exercise Begins in Thailand,” September 2, 2019, https://www.navy.mil/submit/display.asp%3Fstory_id%3D110754+&cd=3&hl=zh-CN&ct=clnk&gl=us.

快、程度过深引起中国的过度反应，损害与中国的经贸关系，各国在持续深化与美国防务关系的同时，既不希望美军的南海行动加剧紧张局势，也不会直接参与美国所谓的捍卫“航行和飞越自由”的行动。最后，东南亚国家持有不同于美日等国的地区秩序观，它们中的多数偏好以东盟为中心的开放和包容的地区一体化，对美国在印太框架下的美日印澳联合军事行动保持观望，对多边、开放和功能性的合作关系更加积极。东盟2019年提出的关于印太秩序的构想集中反映了东南亚国家的地区秩序观，其核心思想是通过强化东盟的中心地位促进各领域的合作和包容性的地区秩序构建，以实现印太地区的和平、稳定和繁荣。

## 五、结论

随着“战略竞争”的加剧，中美对东南亚国家的期待都有所提高。在与东南亚国家发展防务交流和合作过程中，中美都是更积极主动的一方。但是，到2019年为止两国都基本坚持了不触及底线、不施加高压的策略，没有逼迫东南亚国家在战略层面上“选边站队”。对东南亚国家来说，当前中美争相拉拢的好处仍然大于“选边”的压力。未来是否会被迫陷入“选边”的境地取决于中美两国政策的走向。因此，东南亚国家在拓展与中美的防务合作方面都比较谨慎，尽量避免向任何一方传递“选边”的信号。值得注意的是，东南亚国家“倒向”中国的现象是中美政策调整导致的暂时性结果，东南亚安全秩序是否会发生根本性的变化仍然有待观察。

# 中美“战略竞争”对东南亚国家内政的外溢效应

中国社会科学院亚太与全球战略研究院副研究员　周方冶

## 一、东南亚国家面临中美“战略竞争”压力

近年来，随着中美“战略竞争”态势加剧，东南亚国家面临的外部压力持续上升。冷战结束后曾一度相对缓和的地缘政治环境再次呈现日益紧张的结构性张力。东南亚国家“大国平衡”策略的回旋空间被压缩，甚至面临“选边站”的战略风险。

随着2010年中国超过日本成为仅次于美国的全球第二大经济体，中美关系开始更多从合作转向竞争。奥巴马政府时期，美国推出“亚太再平衡”战略以及《跨太平洋伙伴关系协定》等相关政策，并在南海问题上制造事端，试图在中国周边加强围堵。

特朗普上台后，表现出更为强烈的对华竞争立场，不仅在2017年的《国家安全战略报告》中将中国与俄罗斯定位为“修正主义国家”和“战略竞争对手”，并且推出“印太战略”，确立了综合使用政治、外交、军事、经济等手段，整合中国周边的地缘政治力量，形成对华遏制，巩固美国霸权的战略目标。

2018年以来，特朗普政府不仅在地缘政治上加强攻势，利用南海问题、台湾问题以及所谓“新疆人权”和“债务陷阱”等问题对华施压，而且升级贸易摩擦，扩大对华加征关税商品规模，对华实行技术封锁、投资限制和人员审查，使得中美贸易摩擦从“贸易战”延伸到科技战，并有可能进一步引发金融战。

## 二、东南亚政治多元化的压力传导路径

20世纪90年代以来，随着经济发展与社会结构调整，东南亚国家的政治权力结构呈现多元化趋势，国家权力运作与政策抉择不再局限于个别政治群体，而是在不同程度上受到各类政治权力集团的共同影响。这就使得东南亚国家所承受的中美“战略竞争”压力，通过多元的政治权力集团进行传导，并对各国内政产生外溢效应。拥有话语权的各类政治权力集团对外部压力的感知度、关注点以及相互区别的利益诉求，都会从不同侧面影响到东南亚国家对中美“战略竞争”的理解认知及反馈应对。

从东南亚国家来看，中美“战略竞争”压力对各国内政的主要传导路径主要表现在以下方面。

### （一）军人集团

对于地缘政治变化最为敏感的是军人集团。近年来，随着地区安全风险上升，东南亚国家军方普遍获得了更多的政治话语权，并直接体现为军费开支持续增长。尽管在“大国平衡”的基本策略下，东南亚国家的军人集团通常与中美双方都保持着积极交流与合作，并努力在联合军演以及军备采购等方面达成动态平衡，但对泰国、印尼、菲律宾等国而言，冷战时期与美军密切合作的体制机制和意识形态遗存，使其更容易偏好亲美立场，并在外部压力下引发极右翼思想的死灰复燃。泰国陆军司令公开宣扬冷战时期的极右翼反共歌曲，并以该歌名斥责国内反军政府的新生代政治活动家；印尼前三军司令公开宣扬“反华反共”思想，并积极呼应美国对华遏制战略；菲律宾军方的极右翼派系则在解决菲共问题上成为杜特尔特总统的重要掣肘。

### （二）技术官僚集团

作为国家政策制定与落实的执行者，技术官僚集团面对中美“战略竞争”表现得较为理性和客观，通常坚持以开放与合作的全球化立场化解风险，并试图在大国博弈的罅隙间攫取更多发展红利。具体来看，一方面是积极把握中国主动开放国内市场的历史机遇，促进对华出口再上一个台阶；另一方面是借助美国对华施压引发在华外资及中资转移投资的战略机遇，承接国际产业链原先在华生产环节，从而促进国内产业结构调整与升级。因此，东南亚国家的技术

官僚普遍对“一带一路”持积极立场，泰国巴育总理的东部经济走廊规划、印尼佐科总统的“全球海洋支点”战略、菲律宾杜特尔特总统的“大建特建”规划等，都明确提出了对接“一带一路”的政策诉求。

### （三）政商财阀集团

作为东南亚威权时代成长起来的政治权力集团，政商财阀在后冷战时期一直掌握重要的政治话语权，并成为东南亚国家贫富分化日益严重的重要症结。对于中美“战略竞争”，政商财阀当前关注的主要是经济格局变化，并倾向于采取保守主义方式，通过增加非关税壁垒防范外部风险，以保障其国内市场垄断地位。美国炮制的“债务陷阱”谬论，成为政商财阀据以限制外资的重要依据。2019年印尼总统候选人普拉博沃在竞选纲领中明确提出，应当限制外资，避免使用外债推动基础设施建设，并要求对“一带一路”建设特别是雅万高铁项目重新检讨。马来西亚在马哈蒂尔上台后，重新检讨了东海岸铁路计划，并压缩了多达1/3的目预算。泰国的中泰高铁项目以及菲律宾的“一带一路”基建项目，也都或多或少受到国内相关财阀的政治掣肘。

### （四）新兴资本集团

相较于政商财阀集团的保守立场，缺乏商业垄断势力的新兴资本集团更具有进取性，更倾向于面对全球化风险，而不是闭关锁国。不过，由于普遍接受西方教育，使得东南亚的新兴资本集团在意识形态上更倾向于美国，并且在产业链上也更依附于西方。这就使得新兴资本集团在中美贸易摩擦中的利益诉求存在内在矛盾，一方面认同于中国的全球化理念，另一方面又期待在美国遏制中国高新技术产业发展的过程中获取更多的成长空间。泰国大选中，总理候选人塔纳通作为新兴资本集团的政治代表，甚至公开质疑中国发展模式。

### （五）城市中产阶级

中美“战略竞争”引发的地缘政治与经济不确定性，使得东南亚国家的城市中产阶级普遍深感不安，从而在很大程度上强化了保守主义与民族主义倾向，以及对强人政治的价值认同。2019年印尼大选中，城市中产阶级呈现出相当明显的传统伊斯兰意识形态，倾向于支持代表保守势力的总统候选人普拉博沃，并不时有“排华反共”的噪声沉渣泛起。2019年泰国大选中，城市中产阶级摒弃了长期标榜西方价值观的民主党，转而支持政变领袖巴育连任总理，使得有着60多年历史的老牌民主党彻底沦为二流政党。

## 三、东南亚国家政局的稳定性与不确定性

2018年以来，泰国、印尼、菲律宾相继举行选举。由于三国在文化圈上分属于佛教文化、伊斯兰文化以及天主教文化，并在次区域地缘政治上分属于湄公河—半岛东南亚区域，以及南海—群岛东南亚区域，因此较具代表性地反映了东南亚国家内政受到中美“战略竞争”的外溢影响情况。

具体来看，以下三方面值得留意。

第一，东南亚国家内政的核心议题尚未受到中美“战略竞争”的根本性影响。从选举进程来看，参选各方的核心议题基本上都是围绕政府治理、经济发展、能力建设、社会公平等国计民生问题展开。尽管也有参选方在讨论国内问题时，有意无意引入中美“战略竞争”，并将矛头指向中国，试图以南海争端或“债务陷阱”等进行炒作，但无论是泰国总理候选人塔纳通，还是印尼总统候选人普拉博沃，抑或菲律宾中期选举的相关参议员候选人，都未能取得预期成效。事实是，对各国普通民众而言，中美“战略竞争”的外部压力传导并不明显，远不及日常民生问题来得迫切和直接。

第二，东南亚国家政治反对派受到中美“战略竞争”的负面影响更为明显。从选举结果来看，选民在外部环境不确定情况下的求稳心态较为明显。尽管各国执政派系的改革立场各有不同，但都通过选举成功保持了政治优势地位。泰国具有显著保守政治倾向的政变领袖巴育连任总理，印尼改革派代表佐科再次对阵保守派代表普拉博沃并连任总统，菲律宾改革派强人杜特尔特支持的参议员候选人在中期选举中大获全胜。不过，在各国政治权力格局基本稳定的大趋势下，政治裂痕也进一步加剧。泰国政治反对派威胁以街头运动方式抵制巴育连任总理，而印尼政治反对派更是直接引发严重的暴力冲突，造成6人死亡、200多人受伤。中美“战略竞争”的外部压力对各国政治裂痕的断层影响尤为明显，美国炮制的各类“涉华问题”开始成为政治反对派攻讦执政派系的重要手段。

第三，东南亚国家政策有可能在中美“战略竞争”影响下偏移既定轨道。目前来看，各国执政派系在传统“大国平衡”与“经济全球化”的政策惯性影响下，基本保持了既定的地缘政治立场与国家发展道路，表现出积极对接“一带一路”以及支持对话解决地区争端的有利态势。不过，如果中美“战略竞

争”持续升级，悲观情绪有可能在各类政治权力集团，特别是掌握重要话语权的政商财阀集团以及拥有一定影响力的城市中产阶级中进一步发酵，并与军人集团极右翼势力相呼应，从而改变既定的政策轨道，朝着被动“选边站”与主动“闭关锁国”的岔路前行。

# 中美贸易摩擦对越南经济的影响*

越南社会科学院（Vietnam Academy of Social Sciences）
中国研究所中国经济研究室主任
〔越南〕何氏红芸（Van Hong Thi Ha）

## 一、引言

2018年，特朗普宣布对中国洗衣机和太阳能板征收高额税率，两国贸易摩擦开始。贸易摩擦爆发到谈判再到重新谈判，双方贸易冲突不断。第一和第二大经济体之间紧张的经济关系对全球经济产生了巨大影响。鉴于当今世界经济高度联系，国家和私营企业之间的经济关系复杂化，中美贸易摩擦的影响巨大且深远。根据世界银行的预估，中美贸易摩擦可能会使全球进口减少3%( 约合6740亿美元），并使全球收入减少1.7%（约合1.4万亿美元）。特别是中美两国收入损失最严重，分别为3.5%（4260亿美元）和1.6%（3130亿美元）。[①]

自从越南革新开放（1986年）和加强国际经济一体化以来，越南经济蓬勃发展。越南积极参与国际经济体系，出口贸易对经济增长发挥了重要作用。目前，美中都是越南的重要贸易伙伴：美国是越南最大的出口伙伴，中国是越南最大的进口伙伴。因此，中美贸易摩擦对越南的经济产生了重大影响。

---

* 原文为英文，撰写于2019年，感谢复旦大学外国语言文学学院硕士生王筱珊的翻译。

① Caroline Freund et al., “Impacts on Global Trade and Income of Current Trade Disputes,” *MTI Practice Notes*, no. 2 (July 2018): 1.

## 二、对越南经济的影响

中美贸易摩擦影响越美贸易关系和越中贸易关系，导致跨国投资从中国转移到越南。

### （一）越南与美国和中国的贸易关系

美国和中国是越南非常重要的贸易伙伴。中国在越南的进口贸易伙伴中排名遥遥领先，美国是越南最大的出口贸易伙伴（参见表1、表2）。

**表1 越南主要出口贸易伙伴（2013—2017年）**

| 国家/地区组织 | 2013年 | | 2014年 | | 2015年 | | 2016年 | | 2017年 | |
|---|---|---|---|---|---|---|---|---|---|---|
| | 10亿美元 | 排名 | 10亿美元 | 排名 | 10亿美元 | 排名 | 10亿美元 | 排名 | 10亿美元 | 排名 |
| 中国 | 36.95 | 1 | 43.7 | 1 | 49.53 | 1 | 49.93 | 1 | 58.60 | 1 |
| 东盟 | 21.64 | 2 | 23.1 | 2 | 23.83 | 3 | 24.04 | 3 | 28.02 | 3 |
| 韩国 | 20.70 | 3 | 21.7 | 3 | 27.63 | 2 | 32.03 | 2 | 46.96 | 2 |
| 日本 | 11.61 | 4 | 12.7 | 4 | 14.37 | 5 | 15.03 | 4 | 16.98 | 4 |
| 欧盟 | 9.45 | 5 | 8.88 | 5 | 17.80 | 4 | 11.07 | 5 | 12.19 | 5 |
| 美国 | 5.23 | 6 | | | 7.80 | 6 | | | 9.35 | 6 |

资料来源：越南统计局。

**表2 越南主要进口贸易伙伴（2013—2017年）**

| 国家/地区组织 | 2013年 | | 2014年 | | 2015年 | | 2016年 | | 2017年 | |
|---|---|---|---|---|---|---|---|---|---|---|
| | 10亿美元 | 排名 | 10亿美元 | 排名 | 10亿美元 | 排名 | 10亿美元 | 排名 | 10亿美元 | 排名 |
| 欧盟 | 24.33 | 1 | 27.90 | 2 | 30.94 | 2 | 37.84 | 2 | 38.27 | 2 |
| 美国 | 23.87 | 2 | 28.50 | 1 | 33.48 | 1 | 38.46 | 1 | 41.59 | 1 |
| 东盟 | 18.47 | 3 | 19.06 | 3 | 18.16 | 3 | 17.45 | 4 | 21.51 | 5 |
| 日本 | 13.65 | 4 | 14.70 | 5 | 14.14 | 5 | 14.68 | 5 | 16.86 | 4 |
| 中国 | 13.26 | 5 | 14.90 | 4 | 17.14 | 4 | 21.90 | 3 | 35.40 | 3 |
| 韩国 | 6.63 | 6 | 7.80 | 6 | 8.93 | 6 | 11.42 | 6 | 14.80 | 6 |

资料来源：越南统计局。

2018年，中国依旧是越南最大的贸易伙伴和进口伙伴，双边贸易总额达到1060.71亿美元，进口总额654.4亿美元。越南对美国出口总额491.73亿美元，占越南出口总额的85.4%，进口总额96.75亿美元。[①]

### 1. 越美贸易关系

越南在对美出口贸易中受益颇多。从短期看，积极的影响是越南对美国的出口增长将更强劲，尤其是替代应税较高的中国商品的行业，如电子产品、家具和箱包等。2019年前5个月，越南对美国出口的增长率迅速上升，比2018年同期高36%（参见表3）。

**表3　2019年前5个月越南对美出口增长迅速**

| 国家 | 2018年前5个月（百万美元） | 2019年前5个月（百万美元） | 2019年前5个月相较于2018年前5个月的增长率（%） |
|---|---|---|---|
| 中国 | 205,385 | 180,041 | –12.3 |
| 日本 | 58,555 | 60,965 | 4.1 |
| 韩国 | 29,329 | 32,971 | 12.4 |
| 新加坡 | 10,671 | 10,853 | 1.7 |
| 泰国 | 12,904 | 13,373 | 3.6 |
| 印尼 | 8,809 | 8,406 | –4.6 |
| 菲律宾 | 4,964 | 5,114 | 3.0 |
| 马来西亚 | 16,286 | 15,359 | –5.7 |
| 越南 | 18,946 | 25.843 | 36.4 |

资料来源：Cu Chi Loi, "US – China Trade War in the Conference: US – China Relations and Impact upon Vietnam," July, 2019。

越南向美国的部分出口产品增多。2018年，纺织品和服装是越对美出口最大的类别，出口额137亿美元，同比增长11.6%。其他大型类别也在增长。鞋类出口额达到58.2亿美元（增长13.9%）；手机及配件出口额为54.1亿美元（增长46.1%）；木材和木制品出口额为39亿美元（增长19.3%）；机械、设备、工具和备件出口额为34亿美元（增长40.3%）。

越南消费者受益于来自美国的廉价农产品。由于中国在贸易摩擦中限制美国农产品，导致供应过剩，美国出口到越南的农产品和水产品价格较便宜，如

① 越南海关总署数据，https://www.customs.gov.vn/。

阿拉斯加帝王蟹、龙虾、大豆、猪肉、樱桃等。在贸易摩擦影响下，2019年前6个月价格下降，因此越南企业增加了从美国的采购，这使得同期越南进口商品急剧增加。[①] 但是其经济利益没有大到可以减少美国与越南的贸易逆差。[②]

与此同时，越南农业部门的压力也在增加。越南是一个农业国，近70%的人口在农业部门工作。近年来，农产品和海鲜出口为农民创造了就业和减贫的机会。中美贸易摩擦给越南农民的生产活动和农产品出口造成了新的压力。

美国通过对越南海鲜产品征收反倾销关税继续维持和加强贸易保护，如2019年3—6月，鲶鱼出口额比2018年同期下降34.3%。到2019年6月底，出口到美国的鲶鱼总额仅为1.419亿美元，比去年同期下降27.9%。特别是6月份，出口到美国的鲶鱼总额急剧下降了40.8%。[③]

另一个关注点是美国以低廉的价格出口到越南的猪肉。在与美国猪肉产品有关的最新举措中，中国取消购买美国的猪肉。专家预测美国猪肉将涌进越南市场。当前由于非洲猪流感，越南猪肉供应不足、价格上涨。越南不得不销毁近400万头生猪，这一做法大大推高了猪肉价格。因此，当不得不与美国进口的极便宜的肉类竞争时，越南的畜牧业将面临困境。

**2. 越中贸易关系**

贸易摩擦对越中贸易产生了两方面的负面影响。第一，越南对中国的出口减少。2019年前6个月，越南对中国的出口增长率下降了7.8%。越南的电气和电子元件受到影响，因为这是越南对中国出口的高价值产品。[④]

如表4所示，2018年越南向中国出口了总额约93亿美元的电话和组件设备，以及86亿美元计算机电子产品。这些组件组装成最终产品后出口到美国。如果美国对这些商品加征关税，中国的出口额将减少，从而导致越南的出口下降。在2019年的前4个月中，越南对中国的手机出口额下降了62.3%。[⑤]

---

① Hong Chau, "Nong san My ha gia do bo vao Vietnam," *Vnexpress Time*, https://vnexpress.net/nong-san-my-ha-gia-do-vao-viet-nam-3959687.html, accessed August 25, 2019.

② Nguyen Binh Giang and Pham Anh Tuan, "Impact of US-Trade War on World Economy and Vietnam," (paper presented at the conference of US – China relations and impact upon Vietnam, July 2019).

③ 越南海鲜出口商和生产商协会（VASEP）数据，http://vasep.com.vn/,。

④ 参见越南海关总署相关数据。

⑤ Nguyen Xuan Thanh, "Vietnam nen ung pho nhu the nao voi thuong chien My – Trung," Fullbright in Vietnam webstie, https://tuoitre.vn/viet-nam-nen-ung-pho-nhu-the-nao-voi-thuong-chien-my-trung-20190513091842144.htm, accessed August 25, 2019.

表4 2018年越南主要对华出口商品（单位：美元）

| 顺序 | 产品 | 总价值 |
| --- | --- | --- |
| 1 | 手机及配件 | 9375134613 |
| 2 | 电脑、电子产品 | 8636669108 |
| 3 | 摄像机和组件 | 2801051564 |
| 4 | 机械、设备、工具等零配件 | 1472645625 |
| 5 | 蔬菜 | 2783769233 |
| 6 | 纤维和纺线类 | 2216215003 |
| 7 | 鞋类 | 1492082167 |
| 8 | 橡胶 | 1 371 662 641 |
| 9 | 海产品 | 995 950 910 |
| 10 | 木薯及制品 | 844 318 225 |

资料来源：越南海关总署。

越南向中国出口的农产品正在减少。在2019年前7个月中，大米的出口额下降了约30.7%，海产品的出口额下降了约9.5%，天然橡胶的出口额下降了约5.2%。[①]

中国是越南农产品的最大出口市场，许多越南农产品只能通过边境贸易的非正式贸易形式出口到中国。目前，人民币兑美元汇率已降至10年来最低水平。人民币贬值将使越南对中国的农产品出口陷入困境。人民币不断贬值，贬值幅度大于越南盾兑美元的贬值幅度，会使人民币与越南盾之间出现贬值差额，因此越南盾相对人民币增值。越南出口商品的价格，特别是向中国出口的海产品的整体价格会更高，会抑制越南出口。越南向中国出口海鲜将不得不降低价格，利润减少。但降低价格就意味着海产品企业将不能盈利甚至亏损。在中国香港的市场也不乐观。2019年前6个月中，越南对中国的鲶鱼出口增长速度比往年有所放缓。6月底时，鲶鱼出口到中国香港的总额达2.543亿美元，增长1.2%，占鲶鱼总出口价值的26.4%。造成对华出口减少的另一个原因是中国的消费量减少，从越南进口商品的需求减少。

第二，越南从中国的进口增加。如果中国不出口产品到美国，就将降低价格并出口到其他市场，而越南市场距离中国很近。2019年6个月来自中国的进

① Ministry of Industry and Commerce of Vietnam, *Report of Vietnam Foreign Trade Situation in 7 Months of 2017*.

口增长了18.6%。越南的家具、化学药品、塑料、橡胶和农产品等国内制成品承受着压力，使越南对中国的贸易逆差增加。随着人民币贬值，中国的农产品，特别是水果和蔬菜的价格降低。而价格越便宜，越南进口的农产品会越多。到那时，越南农产品将在国内面临严峻的竞争。[①]

### （二）投资从中国转移到越南

在贸易摩擦影响下，越南可能会在短期内受益于投资从中国转出。许多行业将受益于中国商品在美国市场中被“替代”的效应。同时，投资从世界第二大经济体转向其邻近市场也将促进外国直接投资流动。

跨国投资者将投资转移到包括越南在内的其他国家。最近，由于中国廉价劳动力优势逐渐消失和技术升级，在华投资的跨国公司采取了“中国+1”战略，将生产逐步转移到邻国。中美贸易摩擦被认为加快了这一进程。[②]

跨国公司将在中国进行多元化投资来降低风险，并将一些生产或贸易设施转移到包括越南在内的其他国家。中美贸易摩擦将更加迅速和积极地促使生产从中国转移到包括越南在内的东南亚国家。越南对外国直接投资具有很大的优势，比如优越的地理位置（越南与中国接壤，在亚洲的战略位置优越）、稳定的政治、庞大的消费市场和开放的吸引外国直接投资的政策。与亚洲其他国家相比，越南有很好的投资潜力。此外，越南的吸引力还在于越南积极参与国际经济联系。2020年，越南已经与欧洲、韩国等签署了贸易协议，批准了《全面与进步跨太平洋伙伴关系协定》，这一点也吸引了投资者来越南。

中国在越南的直接投资有所增加。由于美国的高税收，许多中国投资者将倾向于到越南建厂，获得越南原产地证书（C/O）出口到美国，或者到越南享受自由贸易协定的优惠。因此，最近中国对越南的投资大幅增加。

越南规划和投资部数据显示，2019年前5个月中，越南的外国直接投资达到167.4亿美元，比2018年同期增长近70%，特别是来自中国的资本流动急剧增加。

① Trung Quoc pha gia dong NDT, “Vietnam bi anh huong nhu the nao,” VOV website, accessed August 24, 2019.

② Edmund Malesky’s speech on Vietnam Economy, Asia Experts Forum, October 23, 2018, http://asiaexpertsforum.org/edmund-malesky-vietnam-economy/.

表5　越南十大外资来源地（截至2019年7月）

| 顺序 | 投资者 | 新项目数量 | 新注册资本(美元) | 总注册资本(百万美元) |
|---|---|---|---|---|
| 1 | 中国香港 | 156 | 991626221 | 5 442.74 |
| 2 | 韩国 | 600 | 1473414039 | 3 132.43 |
| 3 | 中国大陆 | 364 | 1785618294 | 2 477.63 |
| 4 | 新加坡 | 139 | 942918304 | 2 296.10 |
| 5 | 日本 | 257 | 1123697948 | 2 253.45 |
| 6 | 中国台湾 | 87 | 359077833 | 882.21 |
| 7 | 英属维京群岛 | 25 | 325630795 | 836.80 |
| 8 | 泰国 | 22 | 354799859 | 513.22 |
| 9 | 萨摩亚 | 31 | 181220000 | 382.20 |
| 10 | 美国 | 66 | 123218549 | 240.33 |

资料来源：越南规划和投资部。

注：数据从2019年1月1日至2019年7月20日。

中国投资者专注于制造业的投资。2019年上半年，许多中国公司都在开拓越南市场以扩大业务和生产。中国投资者在越南投资了一些重大项目，如全钢弧度轮胎制造项目（ACTR）。中国公司在西宁省准备生产全钢载重子午胎轮胎。由贵州前进轮胎投资有限责任公司投资的前进轮胎（越南）有限责任公司项目总注册资本为2.144亿美元，旨在前江省生产、消费轮胎、橡胶及相关产品。为苹果提供设备的歌尔声学股份有限公司在北宁省建设工厂，总投资额高达2.6亿美元。①

越南的问题是流入投资太快但吸收外国直接投资的能力有限。从长远来看，越南能否充分利用投资流入的机遇令经济腾飞，对越南而言不是个简单的问题。有如下两个原因。

第一，越南经济开放程度高，贸易额占GDP比例可达200%，严重依赖出口。越南的出口有70%来自外国直接投资部门。而同时，外国直接投资部门也依赖进口进行出口。外国直接投资部门将受到进口依赖的影响。

流入越南的外国直接投资主要集中在加工业和制造业，为GDP的增长作出了贡献。越南商品和产品在全球价值链中的参与程度不断提高。1995年，

① Trung Quoc rot 1, “6 tỷ USD dau tu cac du an moi vao Vietnam trong 4 thang dau nam,” *Vneconomy Time*, accessed August 26, 2019.

越南为全球价值链贡献了34%的产品额，其中12%来自国内企业。越南深深嵌入全球价值链中，但经过20多年发展，越南国内企业创造的价值却在下降，这表明越南企业未能深度参与全球价值链。[①] 越南的私营部门主要在商业和零售部门运作，在制造业中的作用不大，配套产业尚未发展。越南的国内企业无法深度参与到全球价值链和出口产业中，后者仍以外国直接投资企业为基础。

第二，越南廉价劳动力也不是吸引投资的绝对优势。根据贝内特·莫瑞（Bennett Murray）的研究，随着流入越南的外国直接投资增长，对高科技工作者的需求将会增加。但由于缺乏像中国广州这样的劳动力集中的城市，越南“根本无法填补中国留在全球供应链中的巨大空缺”。[②] 从中国流往越南的外国直接投资也可能会带来负面影响。对劳动力的需求会随着投资的涌入而增加，工人的薪水也会增长，到那时，随着生产投入增长，生产成本也会随之增加。[③]

## 三、总体评估

中美贸易摩擦对越南经济的影响是双向的，从长远来看，负面影响大于正面影响。越南经济总量虽小但开放程度高，严重依赖进口和出口。中美是越南最大的两个贸易伙伴，当两个主要伙伴发生冲突时，越南的进出口活动肯定会受到一些影响，越南的外国直接投资也会受到影响。

### （一）价值链重组带来的机遇与挑战

贸易摩擦的广泛影响将使价值链、生产链和全球供应链重组。贸易摩擦会影响世界各地的跨国公司生产计划的安排，将增加生产成本，加速生产链的变化和转移，从而导致价值链、生产链和供应链的重组。这种效应给越南带来了机遇和挑战。劳动密集型生产将迅速向包括越南在内的东南亚地区转移，而高资本和高技术则倾向于向韩国、日本、欧洲等地区转移。因此，如果越南有足够的能力吸纳这种转变，那么在某些产业将会有“可替代”的机遇。

---

① “Von FDI Trung Quoc vao Vietnam nhieu nhung bat cap,” *Tien Phong Time*, accessed August 30, 2019.

② Bennett Murray, “Vietnam Can’t Be the Next China. The Trade War Has been Good for Hanoi-But the Boom Has It Litmits,” *Foreign Policy*, June 6, 2019, accessed July 20, 2019.

③ Cheng Gong and Yu Zhongxin, “Cambodia and Vietnam in the US-China Trade War: Not all the Good News,” *The Diplomat*, July 2, 2019, accessed August 25, 2019.

"转移投资流"的机遇很大，越南能否抓住这一机遇并从中获利则完全是另一回事。越南的基础设施不足以迎接生产转移的浪潮。此外，如果越南不能控制投资流动，会导致不良后果，比如过时的投资技术转移、负面环境对工程和房地产的影响、外国直接投资增加引起的劳动力需求急速扩张。更不用说在生产上，越南国内企业大多仅参与到加工和装配阶段中，而不是在价值链中创造更多附加值。投资大规模转移的赢家可能是外国投资者，而非越南的经济。此外，面对外商直接投资企业的竞争压力，国内企业将面临更多的困难。

### （二）越南可能因其贸易伙伴的贸易救济措施而蒙受损失

贸易摩擦增强了各国贸易保护的趋势。2019年以来，和越南出口相关的贸易保护诉讼也有增加的趋势。根据越南贸易工业部的报道，2019年前7个月中，对越南出口商品进行贸易救济诉讼的频率仍然很高（平均1例/月）。①

2018年，37个项目中只有13个出口交易额突然增加；在2019年的前6个月，这个数字已经增加到了15个。其中有一些向美国市场出口增长迅速的产品，比如纺织品纤维增长92.87%，钢铁增长超过81%，动物饲料和原材料增长51%，手机和组件增长13%，电缆增长超过100%，机器电影和电子设备增长83%，原料纺织和皮革鞋类增长超过50%等。值得注意的是，这些商品的进口量恰巧也在激增，并正受到贸易救济措施的影响，越南必须关注其出口商品问题。②

此外，随着中国投资涌入越南，一些产品为了出口到美国需要获得越南的原产地证书。越南也必须考虑这个风险。越南本身对美国有巨额的贸易顺差。因此，越南可能在未来成为美国实行强硬贸易措施的目标。2010—2018年，越南与美国的商品贸易增长了两倍，进出口总额从2010年的180.1亿美元增加至2018年的602.8亿美元。据越南海关总署测算，过去8年，两国商品贸易额年均增长16.3%。据美国国家统计局数据，1992—1996年，世界最大经济体美国对越南的交易处于贸易顺差。1997年至今，美国对越南的贸易处于逆差，

---

① Luong Bang, "Moi thang mot vu kien: Vietnam trong vong xoay thuong chien nguy hiem," August 11, 2009, https://www.baohaiduong.vn/kinh-te---tieu-dung/moi-thang-1-vu-kien-viet-nam-trong-vong-xoay-thuong-chien-nguy-hiem-114155, accessed August 20, 2019.

② Luong Bang, "Moi thang mot vu kien: Vietnam trong vong xoay thuong chien nguy hiem.," August 11, 2019, https://www.baohaiduong.vn/kinh-te---tieu-dung/moi-thang-1-vu-kien-viet-nam-trong-vong-xoay-thuong-chien-nguy-hiem-114155, accessed August 20, 2019.

2018年逆差数额超过3650万美元。[①]

## 四、给越南的建议

越南需要制定灵活的经济政策，以适应贸易摩擦的新发展和国际形势的变化。

在对外贸易方面，越南需要注重深度发展（增加国内附加值），如果对部分市场的出口迅速增长，还需要密切监测和预警。工商部、财政部和海关总署应密切协同，以有效执行警告内容。要使市场多元化以规避风险。越南的贸易商需要使市场多样化，避免把所有鸡蛋放在同一个篮子里。因为越南对中国的出口商品总额只占全部出口商品额的20%，其余的就要被分散到美国、欧洲等市场以规避风险。在与中国的双边贸易关系中，越南会通过非官方贸易形式向中国市场出口农产品。从长远来看，这种形式的出口必须减少。

在投资方面，考虑扩大投资要审慎小心，特别是越南为了出口而生产他国已开展贸易救济措施的商品。越南应鼓励投资于创造高附加值产品的行业，优先考虑投资高科技、使用先进器械的企业。

在货币和汇率政策方面，越南要继续调控货币政策，控制通货膨胀，稳定宏观经济，合理促进经济增长。越南要保持冷静，避免被卷入货币战争的旋涡，不要因外贸、外债、通货膨胀压力等多方面经济因素的缘故调整汇率，使越南盾贬值。否则，被美国贴上"汇率操纵国"标签的风险会增加。与之相反，越南需要坚持灵活的汇率政策，继续加强外汇储备，稳定外汇市场。

越南要重视发展私营经济，促进配套产业发展，加强与国内技术的联系，创造巨大的出口价值。越南还应重视教育，提高人力资源质量，并制定法律法规促进私营企业的发展。越南要鼓励农民生产符合全球良好农业操作规范的产品，以扩大出口。

中美贸易摩擦给越南带来机遇和挑战。如果越南无法抓住机遇，解决新的挑战，在世界经济动荡和竞争日益激烈的背景下，越南经济将难以获得更好发展。因此，结果是好是坏，取决于越南的准备程度和经济政策。

---

① Nguyen Thi Kim Dung, "My lien tiep tham hut thuong mai voi Vietnam tu 1997," *NDH Time* , February 28, 2019, accessed August 28, 2019.

# 书 评

# 中国周边外交研究集成之作——评《新中国周边外交史研究（1949—2019）》

虞　群

【内容提要】新中国成立70年来，周边外交在我国外交总体布局中一直占据重要地位。进入21世纪以来，中央高度重视周边外交，将其提升至“首要”地位。形势的发展呼唤着高水平理论研究成果的诞生。长期致力于中国周边外交研究的石源华教授领衔撰著的《新中国周边外交史研究（1949—2019）》应运而生，堪称“中国周边外交研究集成之作”。该书以习近平外交思想为指引，全景式再现了70年中国与周边国家关系波澜壮阔的发展历程，在宏大的历史视野观照下，对中国周边外交演进历程的各个阶段、各个维度进行了全面深入的剖析、总结与反思，以史鉴今，新见迭出，个性鲜明，反映了作者扎实的学术功底与炙热的家国情怀。

【关键词】周边外交；中国周边学；对外关系

【作者简介】虞群，国防科技大学国际关系学院军事外交研究中心副主任、副教授。

## 一、引　言

尽管“周边外交”概念在中国政策界和学术界均问世不久，然而在长达数千年的历史长河中，中国的周边外交实践可以说蔚为丰富，不绝于史。殷商初期，国势强盛，“邦畿千里，维民所止”，“自彼氐羌，莫敢不来享，莫敢不来王”，[1] 开创了信史时代古代中国与周边邦国之间的外交关系，并由此衍生构建出以中国封建王朝为中心、以“朝贡制度”为纽带的东亚地区国际关系体系，明朝时期“郑和下西洋”的伟大壮举见证了这一制度的巅峰时刻。其后，随着西方殖民主义的侵入与冲击，延续10余世纪的东亚朝贡体系日益衰微，最终于19世纪末分崩离析。经历了战火连天的20世纪上半叶，随着中华人民共和国的建立，中国与周边国家的外交关系也翻开新的一页，进入新的阶段。

新中国成立70年来，中国与周边国家的外交关系经历了艰难跋涉和曲折发展，由冷战初期高度聚焦于政治与安全利益，选择“非友即敌”的“一边倒外交”，逐渐发展至冷战结束后经济、政治、安全利益并重，“五湖四海”的“全方位外交”。党的十八大召开以来，随着中国和平崛起的步伐加速，中国与周边国家外交关系也进入了具有中国气度、中国风范的“大国外交时代”。可以说，这70年的中国周边外交实践是一部雄伟磅礴、气势恢宏的史诗，见证着中国由小变大、由大向强的发展历程。

国内外学者围绕新中国周边外交展开了多维度、多学科、多视角的广泛研究，取得了一系列重要成果。然而，系统论述和全面展现新中国成立以来中国周边外交的专著暂付阙如。怀着强烈的学术使命感，复旦大学石源华教授带领中国周边外交研究团队，立足从面向百年未有之大变局和正确制定周边外交战略和政策的整体角度，回顾和研究中华人民共和国成立70年以来的中国周边外交史，对新中国周边外交的历史、现状、理论、热点、战略、政策诸方面的重要问题进行反思与探索，终成著作《新中国周边外交史研究（1949—2019）》。该书于2019年11月由世界知识出版社付梓刊行，不仅填补了新中国周边外交史之研究空白，而且堪称中国周边外交研究乃至中国周边学学科构建之集成者。

## 二、逻辑结构与主要内容

《新中国周边外交史研究（1949—2019）》一书以历史为纵向线索，回顾和总结70年中国周边外交史，在谋篇布局时没有采用传统的按照国别或时期构筑章节的模式，而是以四个相互交融、相互补充的专题为核心分章断节。

第一编“新中国周边外交史研究概论”为本书的总论部分与理论精华。第

[1] 《诗经·商颂·殷武》。

一章（作者石源华）系统考察和梳理了新中国成立70年来不同时期领导人周边外交思想的内容与特点，尤其是对习近平外交思想有关周边外交的理论创新进行了客观深刻的总结，认为“习近平集历史领导人周边外交思想之精华……开创了中国周边外交的新局面和对外影响空前巨大的新时代”。第二章（作者石源华）旨在研究和总结新中国70年周边外交的阶段性变迁，创造性地将新中国周边外交分为三个历史时代、七个重要阶段，对站起来、富起来、强起来三大历史进程中各个历史阶段的主要特点进行了总结，并探寻每个历史阶段内中国周边外交的基本构架和思路。第三章（作者石源华）着眼于创新与阐述习近平新时代中国的国际关系和大国外交新理论体系，重点探讨了具有中国特色的“中国周边学”这一学科的重要意义、理论体系与学科框架，并对学科建设提出了设想和建议。

第二编“新中国的周边大国外交”和第三编“新中国的周边区域外交”是本书的主干部分，重点梳理了中国与周边大国和地区之间外交关系的演进。

第二编共分四章，分别对中国与美国、日本、俄罗斯（苏联）、印度四个周边大国外交关系进行专门论述。第四章为中国对美外交（作者潘亚玲）。美国作为特殊的中国周边大国，70年来中美关系经历了战略敌对下的体系性对抗、战略对接下的放任自由和战略竞合下的短兵相接等三个发展阶段。当前，美国对华战略冒险主义和周边国家战略机会主义的上升意味着中国实现可持续崛起的更高战略要求，其核心是确保周边地区成为中美间的桥梁而非麻烦，特别是使周边地区成为中美国际公共产品供应比较优势结构的确认者、中美价值链重构的中间人、中美全球治理合作的示范区以及中美文明互鉴的试验田。[①]

日本、俄罗斯和印度都是中国周边地区大国，同时也是多极世界的重要战略力量。本书第五至七章分别回顾了中日（作者吴寄南）、中俄（作者李勇慧）和中印（作者关培凤）外交关系演进的基本脉络，深入分析了中国对这三个周边大国的外交战略和理念，尤其是对党的十八大以来的创新性外交思想进行了精要论述。比如，对日外交注重“坚持原则立场，捍卫战后秩序”“审慎拿捏分寸，适当留有余地”，[②] 对俄外交“精准定位新型大国关系”“注重元

---

① 石源华等：《新中国周边外交史研究（1949—2019）》，世界知识出版社，2019，第115页。

② 石源华等：《新中国周边外交史研究（1949—2019）》，世界知识出版社，2019，第117—118页。

首外交引领作用”，[①] 对印外交突出“协调与合作的大国外交理念”[②] 等。并且，作者对中日、中俄、中印的外交关系的挑战与前景做出了客观的分析和合理的预测。

鉴于中国周边国家众多，本书在叙述方式上采取了“大国+区域”的方式。除了对中国与美、日、俄、印四个周边大国外交进行专题研究之外，该著作在第三编（第八章至第十三章）中，对中国与东北亚（作者王明星）、东南亚（作者赵卫华）、中亚（作者张宁）、南亚（作者林民旺）、西亚（作者郭锐）和南太平洋地区（作者费晟）六个次区域的外交关系进行了深入研究。在对70年来中国与上述次区域外交关系的历史沿革进行宏观勾勒的基础上，该书重点讨论了党的十八大以来对各周边区域外交的新理念、新成就、新战略，并对各区域外交在未来的定位与方略做出了分析。

在第二、三编的基础上，本书还匠心独具地辟出专章，对中国周边多边外交进行系统梳理与研究。第十四章（作者祁怀高）回顾了中国融入国际体系与周边多边外交的三个阶段：艰难起步阶段（1949—1971年）、调整适应阶段（1971—1991年）、积极参与阶段（1991—2013年）。第十五章（作者祁怀高）总结了党的十八大以来中国周边多边外交的最新进展与特点。第十六章（作者祁怀高）对中国周边多边外交面临的挑战进行了分析，如美国双边同盟体系与中国多边合作体系之间的张力、亚洲地区多边机制的竞争与整合难题、亚洲多边合作体系的领导权竞争以及缺乏代表性和包容性的亚洲地区安全机制。为了更好地维护中国利益和亚洲稳定，本书作者建议中美要努力推进两种体系的兼容共存，中国要积极提出自己的亚洲区域多边制度构想，中国与相关行为者可探讨东盟机制下的多元领导模式，中国要推动建立更具包容性的地区安全机制。

结论部分（作者石源华）以“百年未有之大变局与中国周边外交”为题，鲜明地指出，当前中国正处于近代以来最好的发展时期，但世界又正处在新旧秩序新陈代谢、此消彼长的过渡期，不稳定和不确定特点突出，中国从富起来到强起来的历史进程面临各种新考验，周边外交仍然占据中国外交首要地位，中国应制定适应百年未有之大变局的发展大战略，推行大国协调合作稳定周边大局，深化与周边“中间国家”命运共同体关系建设，推动“一带一路”融入

---

① 石源华等：《新中国周边外交史研究（1949—2019）》，世界知识出版社，2019，第208—210页。

② 石源华等：《新中国周边外交史研究（1949—2019）》，世界知识出版社，2019，第236页。

"中国梦"路线图。

## 三、学术贡献与创新之处

《新中国周边外交史研究（1949—2019）》作为上海市哲学社会科学规划重点项目成果、复旦大学传世之作精品项目，以习近平外交思想为指引，全景式再现了70年中国与周边国家关系波澜壮阔的发展历程，在宏大的历史视野观照下，对中国周边外交演进历程的各个阶段、各个维度进行了全面深入的剖析、总结与反思，以史鉴今，新见迭出，反映了石源华教授领衔的编撰团队扎实的学术功底与炙热的家国情怀。概而论之，本书最主要的学术贡献与创新之处有以下几点：

第一，系统总结梳理了新中国历代领导人的周边外交思想。一部新中国周边外交史，某种程度上正是历代领导人周边外交战略思想的集中反映。而中国领导人周边外交战略思想的变化，则是源自他们对于不断变化的国际环境和周边环境的认知与应对。通过本书的梳理，我们可以清晰地发现，历代领导人周边外交思想在外交实践中薪火相传，一脉相承，不断开拓外交理论和实践创新的新境界。正是在历代领导人周边外交思想的指引下，中国周边外交在国家外交总体布局中始终居于至关重要的位置。

在对毛泽东、邓小平、江泽民、胡锦涛等历代领导人的周边外交思想进行系统地研究之后，本书浓墨重彩地对习近平时代的周边外交思想进行了理论凝练，将其新理念、新思路、新战略归纳为"十大亮点"：强化中国周边外交"首要"定位，弘扬"亲、诚、惠、容"外交新理念，谋划"大周边"外交地缘新概念，推动构建"命运共同体"新目标，绘制"一带一路"新宏图，构建新型"亚洲安全观"，实施建设海洋强国新方略，推进和平解决争端的"双轨"新思路，践行改善地区和国际体系"新尝试"，建设周边外交人脉新工程。[①] 这"十大亮点"基本上涵盖了习近平外交思想中涉及周边外交的各个部分，其中有一些是国内学术界首次提出。这可以说是本书最大的理论贡献。

第二，科学划分了新中国周边外交的七个阶段。对于中国外交的分期，学术界一直都众说纷纭，莫衷一是，更遑论周边外交分期。本书另外一大理论

---

① 石源华等：《新中国周边外交史研究（1949—2019）》，世界知识出版社，2019，第53—67页。

创新之处便是将70年的新中国周边外交史分为七个阶段，分别为“联苏抗美阶段”“反美又反苏阶段”“联美抗苏阶段”“不与大国结盟阶段”“全方位阶段”“向大国转型阶段”“大国外交时代阶段”，[①] 并将这七个阶段与站起来、富起来、强起来三大历史进程相对应，使各个历史阶段中国周边外交的图景更为清晰。这种划分方法对于理解新中国周边外交格局的演变、未来周边实施大国外交的走向以及中国与周边国家间若干历史问题的处理等，具有重要的意义。

第三，大力推动具有中国风范的中国周边学学科体系和话语体系构建。回顾世界文明发展史，不难发现，任何一门学科的产生和发展都源于时代的需求，而任何一个国家的强大都离不开对周边地区与国家细致入微的了解和研究。中国正前所未有地接近世界舞台的中央。2013年，习近平提出“一带一路”倡议，构建中国周边外交战略大方针和活动大舞台。同年，党中央审时度势，召开历史上首次中央周边外交工作座谈会，提出周边外交在总体外交中居于首要地位，对于周边地区与国家研究的重要性前所未有地凸显。然而，目前中国学术界对于周边地区与国家的研究呈现出碎片化和滞后化的图景，远不能满足民族复兴的实际需求，建设中国周边学学科体系与话语体系迫在眉睫，刻不容缓。本书在新中国70年周边外交史研究的基础上，提出建设具有中国风范的周边研究理论体系和话语体系，亦即中国周边学。石源华教授认为，中国周边学要突破西方范式理论观念，吸收借鉴西方国际关系理论的合理成分，更多地从中国与周边国家和平相处、合作共赢的“共生哲学”中汲取理论营养。这一学科构建既是为了满足中国从富起来到强起来过程中的实际需求，更是着眼未来中国成为世界性大国之时可以与周边国家和平相处，进而构建“人类命运共同体”而做好理论准备。[②]

本书是我国学术界有关周边外交研究集成之作，但鉴于本书评篇幅所限以及笔者才学之限，在此仅对这三点最突出的贡献做一简单的梳理。

## 四、学术风格与史家个性

石源华教授数十年来浸沉于中国周边外交学术研究与理论探索，逐渐形成

① 石源华等:《新中国周边外交史研究（1949—2019）》，世界知识出版社，2019，第68页。

② 石源华等:《新中国周边外交史研究（1949—2019）》，世界知识出版社，2019，第98—110页。

了自己的学术风格。作为本书的第一作者，石教授不仅负责全书的框架拟定，而且亲自撰写了五章。从纲目设置，到字里行间，不难看出其独有的情怀与个性。

第一，学术视野开阔，勇攀学术险峰。本书绪论部分指出，就学术层面而言，新中国周边外交史研究仍然是一块处女地，目前中国周边外交史整体研究还没有形成进行规模研究的议事日程。之所以如此，既是国家外交整体战略的缘故，也与档案收集困难、研究受限过多不无关系。石源华教授是国内最早探讨新中国周边外交的学者之一，他在2000年发表的《论新中国周边外交政策的历史演变》① 一文对这一领域做了前沿性研究。2006年，石教授领衔撰写出版《近代中国周边外交史论》②，以全面新颖的视角详细介绍了远东国际关系的变迁与中国的周边外交，包括远东国际关系的变迁与中国的周边外交以及中国与周边国家和地区的关系。该书可以称作中国近代周边外交史的拓荒之作。“十年磨一剑”，2016年石教授再度推出研究成果《中国周边外交十四讲》，从19世纪近代中国周边外交入手，梳理了20世纪上半叶中国历届政府的周边外交，进而探讨了新中国几代领导人的外交思想和政策，是目前国内周边外交研究中时间跨度最长的一次系统性梳理，极大地拓宽了人们对中国周边外交的认识。③ 可贵的是，面对“百年未有之大变局”，年近古稀的石教授再度“披挂上阵”，编撰为新中国成立70周年献礼的《新中国周边外交史研究（1949—2019）》。本书是献礼之作，在较短时间之内，能够组织国内精干的学术力量撰写出厚重的学术作品，若非数十年之积累，绝不敢啃这块“硬骨头”。其学术勇气着实令笔者敬服。

第二，既重历史反思，更具前瞻精神。本书名为“著史”，实则远甚于此。通观全书，作者们在行文过程中，不是去简单地还原历史，而是带着深刻的反思精神，对诸多历史事件进行研究。

第三，作者们在强烈的历史感中，渗透着对现实深深的忧虑。这种时刻保持的警觉与反思，正是作者们的“史家良知”，一方面要对学术负责，另一方面要以史鉴今，面向现实，面向未来。这主要体现在各章节的对策建议部分。在第二、三、四编中，各章第三节都是针对各次区域或国家的外交政策建议。

① 石源华：《论新中国周边外交政策的历史演变》，《当代中国史研究》2000年第5期。

② 石源华等：《近代中国周边外交史论》，上海辞书出版社，2006。

③ 钟飞腾：《一部推动中国周边外交研究的力作——读石源华教授的〈中国周边外交十四讲〉》，《中国周边外交学刊》第五辑（2017年第一辑），社会科学文献出版社，2019年，第211页。

本书各章作者均长期从事相关方向外交研究，拥有丰富的研究经验和深厚的学术积淀，所提政策建议非常具有前瞻性、预警性。比如，在对日外交中，作者（吴寄南）建议两国要努力克服安保合作的“短板”。目前两国已经启动海空联络机制，下一步可考虑签署“重大军事行动相互通报信任措施机制谅解备忘录”和“海空相遇安全行为准则谅解备忘录”，逐步完善危机管控机制。[①] 在对东南亚区域外交中，作者（赵卫华）提出应区分战略利益和经济利益。“作为一个大国，必须要有战略视野和战略考量，摒弃任何时候都要经济第一，以经济重要性为唯一衡量标准的思维。中国的东南亚外交在不同的议题或不同的国家有不同的优先领域，如果任何时候都以经济利益为考量，就可能会犯战略短视的错误。”[②] 在对南亚区域外交中，作者（林民旺）提出需要增强对巴基斯坦外交的塑造。冷战时期，中国与越南、阿尔巴尼亚发展关系的经验和教训，是当前中巴关系发展需要借鉴的。这一章还提出，中国可以与南亚各国磋商制定“南亚东盟互联互通总体规划文件”，或者是同印度洋国家集体磋商制定“印度洋互联互通总体规划”文件。[③] 凡此种种，不胜枚举。

第四，全书有机统一，各章个性鲜明。本书各章节设置逻辑严密，融为一体。但是，由于作者不同，各章又分别体现出不同的学术个性。比如，本书第四编专门就中国周边多边外交进行深入研究，而在第三编中国与六个次区域之间的外交中，不可避免地多次论及多边外交，这样的安排看似有些重叠，事实上却是相互补充，相得益彰。又比如，在第二、三编各章中，每一章体例大致相同，但在细节驾驭上则各不相同。中国的西亚区域外交这一章中，在回顾双方外交关系的发展历程时，作者（郭锐）专门对中国与西亚国家的军事外交进行了论述。[④] 其余国家或次区域的章节中则较少涉及。再如，本书将中国周边地区划分为六个次区域，但是阿富汗既出现在“中国的西亚区域外交”中，又因为2005年加入南盟组织，在“中国的南亚区域外交”中也被认为是南亚的一员。与此同时，由于阿富汗与中亚地区在恐怖主义问题上的天然联系，在“中国的中亚区域外交”中也有所涉及。出现这样看似矛盾的情况，并非项目组缺乏统一筹划与协调，而实则是对当前阿富汗较为模糊的区域定位的真实反映。此外，各章节作者在分析中国周边外交面临的挑战时，着眼点也各不相

① 石源华等：《新中国周边外交史研究（194—2019）》，世界知识出版社，2019，第187页。
② 石源华等：《新中国周边外交史研究（194—2019）》，世界知识出版社，2019，第313页。
③ 石源华等：《新中国周边外交史研究（194—2019）》，世界知识出版社，2019，第375页。
④ 石源华等：《新中国周边外交史研究（194—2019）》，世界知识出版社，2019，第387页。

同。“中国的东南亚区域外交”的作者（赵卫华）认为，中国对东南亚的认知和了解有待加深是目前中国在东南亚地区外交遭遇的挑战之一，他指出了当前区域与国别研究中存在的一些共性的问题：语言能力强，但缺乏宏观战略视野与专业素养；短期性、追逐热点的研究占据主流，缺乏基础性研究；对相关国家研究的深度与精度，与部分西方国家相比依然存在较大差距。①“中国的南太平洋地区外交”这一章（作者费晟）中也采用了类似的视角。不过，其他章节中则未涉及。这些例证都直观地反映了本书有机统一与个性鲜明的完美结合，正如本书后记所言：“就全书而言，既体现统一的设计框架和分析思路，又反映各位专家的独特研究和精湛观点。”②

## 五、结语

新中国成立70周年之际，世界正处在“百年未有之大变局”。各种不确定因素错综复杂，相互交织，单边主义横行、保护主义抬头、冷战思维回潮、霸凌行径加剧，不断增加着世界的不确定性。面对“黑天鹅”乱飞，“灰犀牛”奔突，不少人焦虑发问：世界将何去何从？③

党的十九大报告提出，要坚持和平发展道路，推动构建人类命运共同体。“推动构建人类命运共同体”被正式作为“十四条基本方略”之一列出，与“构建新型大国关系”一起成为新时代中国外交的顶层设计。人类命运共同体理念作为一种超越民族国家和意识形态的“全球观”，正是在全球乱局之中寻求“良治”的“中国方案”。

写下这篇书评的时候，新冠肺炎正肆虐全球。日本向我国捐赠医疗器材时所引用的一千多年前日本布施唐朝僧人袈裟上所绣偈语“山川异域，风月同天”获得掌声无数。而我国驻韩国大使馆向韩国大邱捐赠医疗物资时，则引用了新罗旅唐学者崔致远的名句“道不远人，人无异国”，也令韩国民众心有戚戚。似乎在这一特殊时刻，中日钓鱼岛争端、日本教科书事件、“萨德”入韩事件等，都已飘然远去，云淡风轻。是啊！人类在面对突如其来的共同威胁之时，唯有守望相助，携手并肩，共同战斗，才能维护共同安全。经此一“疫”，无须更多的宣传，“人类命运共同体”理念便已深入人心，融进血脉。

① 石源华等：《新中国周边外交史研究（194—2019）》，世界知识出版社，2019，第312页。

② 石源华等：《新中国周边外交史研究（194—2019）》，世界知识出版社，2019，第539页。

③ 晁星：《以中国之‘稳’应对百年未有之大变局》，《北京日报》2019年8月14日第3版。

“周边地区是中国倡导命运共同体的关键地区。命运共同体倡议始于中国周边地区。……周边国家和周边地区是人类命运共同体倡议和建设的始发之地、重点之地、关键之地、示范之地，也是决定兴衰成败之地。”① 2013年，中央周边外交工作座谈会明确将周边外交置于外交全局的首要位置。可以预见，在当前及今后相当长一段时期内，周边外交将一以贯之地居于首要位置。因此，在这一关键节点上，如何总结周边外交过往经验教训，汲取营养，明确未来“施工蓝图”，在“大变局”中寻求“大机遇”，具有极其重要的意义。

石源华教授带领团队完成的这部《新中国周边外交史研究（1949—2019）》集周边外交研究之大成，在研究方式、论域扩展、对重大理论与实践问题的回应与解决方面等，都有很大创新。它既是对历史的总结，更是以强烈的家国情怀为周边命运共同体乃至人类命运共同体建设贡献的智慧结晶。我们有理由相信，这部著作将会在中国外交学术史和中国周边学研究学术史上成为里程碑式的重要著作。石教授不畏险途、敢于开拓的精神，也将激励吾等晚辈后生在中国周边学研究领域砥砺前行。

① 石源华:《中国周边学与周边命运共同体构建》,《世界知识》2020年第1期，第72页。

# Masterpiece of the Study on China's Neighboring Diplomacy: Reviewing Studies on the History of China's Neighboring Diplomacy (1949-2019)

YU Qun

**Abstract** Neighboring diplomacy has played a significant role in China's general layout of diplomacy for 70 years since the founding of the People's Republic of China. From the beginning of the 21st century, the central government has been attaching great importance to neighboring diplomacy and promoted it to a top priority, which calls for high-level theoretical research outcomes. Composed chiefly by Professor Shi Yuanhua who has long been committed to the study of neighboring diplomacy, studies on the History of China's Neighboring Diplomacy (1949-2019) came out at the historic moment. It could be highly commended as a masterpiece of the study on China's neighboring diplomacy. Under the guidance of Xi Jinping Thought on Diplomacy, this book represents the momentous development of China's relations with its neighbors over the past 70 years panoramically. From a grand, historical perspective, the book is filled with profound reflections on history and the present, innovative insights and distinct individuality, making a comprehensive analysis and summary on each stage and dimension of China's evolutionary neighboring diplomacy. It reflects the author's strong academic ability and ardent patriotism.

**Keywords** neighboring diplomacy; study on China's neighborhood; foreign relations

**Author** Yu Qun, deputy director and associate professor of the Research Center for Military Diplomacy in School of International Relations of National University of Defense Technology.

# 会议综述

# 第九届中国周边外交研讨会综述

陆　吉[①]

2019年11月15—16日，由复旦大学国际问题研究院主办、复旦大学中国与周边国家关系研究中心承办的“第九届中国周边外交研讨会”在复旦大学举行。来自外交部、中国社会科学院、清华大学、武汉大学、中山大学、吉林大学、对外经贸大学、中国国际问题研究院、上海国际问题研究院、上海社会科学院、辽宁省社会科学院、云南省社会科学院、广东国际战略研究院、《世界经济与政治》期刊及复旦大学等单位的50余位专家学者以及中国社会科学杂志社、世界知识出版社的多位出版人与会。

本次研讨会以“中国周边外交综论”“周边大国外交”“周边次区域外交”和“周边外交热点”为论题。会议开幕式由中国前驻文莱大使、复旦大学中国与周边国家关系研究中心主任杨健研究员主持，复旦大学国际问题研究院院长吴心伯教授致辞，外交部亚洲司陈峰参赞，复旦大学特聘教授、复旦大学中国与周边国家关系研究中心原主任石源华分别发表主旨演讲。

吴心伯教授在致辞中表示，周边外交在中国整体外交中的分量只会增加，不会减少，其面临的挑战会越来越多，学术界研究要乘势而上，政学互动要进一步加强。陈峰参赞演讲的题目为《2019年中国亚洲周边外交》。他深入分析了中国当前的亚洲周边外交形势，总结了2019年我国所取得的进展，论述了2020年中国亚洲周边外交的目标以及面临的机遇和挑战。他指出，我国的发展与亚洲的发展互为表里，构成了百年未有之大变局的重要组成部分。石源华教授在题为《中国周边学：70年历史总结和新时代理论创新》的演讲中就中国周边学的定义和内涵、中国周边学构建的三个层次、战略体系和政策架构分

① 陆吉，复旦大学国际关系与公共事务学院硕士研究生。

别进行了阐释。他提出，中国周边学是研究和解决中国从富起来到强起来这个过程中，如何与周边国家友好相处，合作共赢，治理周边，建设命运共同体，展示和实现中国强大以后仍然不称霸承诺的一门学说。其内涵包括新中国70年周边外交的历史总结和习近平新时代中国特色大国外交的理论创新。中国周边学作为新学科，其创建具有现实和理论意义、国内和国际意义，需要从理论体系、学科体系、政策体系三个层次进行构建。石源华指出，美国作为世界超级霸权大国，在中国周边地区拥有巨大影响力和渗透力，实际上成为中国最重要的周边大国，中国周边也就成了中美博弈和较量的重点地区和主战场，所以，中国周边学的战略架构和政策体系首先需要设计和处理中美在中国周边的博弈问题。他认为，中国要保护好自己的根本利益，既不做无谓的妥协，也不必在乎一时的高低。我们要力争中国和平崛起的战略机遇期能够不断地延长，始终将做大、做强、做好自身放在首位，确保中国如期或提早实现中国梦的宏伟理想。到那时，中美关系一定会出现我们今天想也想不到的崭新局面。

开幕式后举办了石源华教授荣休座谈会。座谈会由复旦大学国际问题研究院副院长祁怀高研究员主持。吴心伯院长介绍了石源华教授的学术生涯，高度赞扬和肯定其所做工作和取得的成绩。石源华教授的同事和学生代表发言。发言者回顾了自己与石源华教授的交往历程，对石源华教授表示感谢和致敬。随后，石源华教授发表了退休感言，向所有给予过他支持、帮助的单位和个人表示衷心的感谢，并从学者要注重个人学术的顶层设计、坚守坐冷板凳的传统、热心服务国家、注重学术建树四个方面分享了自己的治学体会。

## 一、中国周边外交综论

“中国周边外交综论”专题由复旦大学国际问题研究院日本研究中心主任胡令远研究员主持，共有四位学者发言。

中国社会科学院美国研究所李文研究员认为，改革开放以来中国周边外交理论的发展与创新主要有三个方面。一是邓小平对中国外交的突出贡献，体现为“抚邻，学邻，安邻”的提出。邓小平开启了中国发展的新阶段，是中国周边外交的奠基人。二是党中央对周边重要性的认识经历了一个提升和深化过程，特别是党的十八大以后，习近平提出的“亲、诚、惠、容”的周边外交理念和构建“周边命运共同体”是两个重大发展。习近平提出要从构建“周边命运共同体”开始，推动构建“人类命运共同体”，建立新型国际关系。三是新型国际关系的构建主要通过“一带一路”共商共建，“五通”也很重要。可以说，习近平的周边外交理论是“周边命运共同体”，实践是“一带一路”。

中国社会科学院亚太与全球战略研究院张洁研究员指出，未来一个时期，大国博弈将是影响周边安全形势的最主要因素。首先，她对比分析了2017—2019年的周边安全形势，认为中国面临的体系性压力在增加。2019年的周边安全形势可用“中美博弈”来概括，这种博弈将导致地区而非仅仅双边性的影响，主要体现在中美贸易摩擦和“印太战略”的继续推行上。其次，张洁研究员对南海问题进行了重点分析，认为南海问题2019年最突出的特征是国际化，中国虽然一直在推行“双轨”思路，但未来需要更多面对域外国家的干预。最后，她提出中国可以从提升国家治理能力，继续发挥经济优势，加强安全外交和进行多轨、非传统安全合作三方面做出有效应对。

清华大学社会科学学院副院长赵可金教授对习近平总书记的周边外交思路进行了分析总结，用“积极平衡”加以概括。赵可金认为，周边地区是中华民族伟大复兴的战略依托，需要一个什么样的周边地区以及如何塑造这样的周边地区，是周边外交工作的核心问题。习近平对如何解决中国周边外交工作面临的大国“战略竞争”、中小国家外交对冲、区域合作机制过剩这三个不确定性问题做了理论创新和战略设计。理论上，习近平提出了“亲、诚、惠、容”理念，正确义利观基础上的义利相兼，以及在“合而治之”基础上的命运共同体。战略上，习近平开始有了包括局、略、势三个层面的明确路线图，即“局”上要从全局稳定周边，中国要成为这个地区的稳定之锚，绝不允许在这个地区生战、生乱；“略”上要经略周边，主要是经略大国关系，要联俄维稳，通欧融亚；“势”上要塑造周边，塑造周边“一带一路”是总的规划，核心是区域合作架构。最后，在外交实践上，我们也形成了一些具体的中国式工具箱，比如高层引领主场外交、互联互通、“双轨”运行和攻守平衡等。

复旦大学国际问题研究院刑丽菊研究员以《2019年中国周边人文外交的评估与展望》为题发言。首先，刑丽菊研究员概述了2019年我国周边人文交流情况，认为2019年的最大亮点是中日之间的人文交流，并对中韩、中俄、中蒙和中国—东盟之间的人文交流做了评述。其次，她分析了当前中国的人文交流所面临的挑战，主要是以美国为首的西方国家长期以来对中国的警惕、新一轮文明冲突论的兴起、以民粹主义为首的反全球化思潮以及对象国经济发展的不平衡。最后，她对这种新形势下中国人文交流如何突破给出了四点建议。一是要加强自身能力建设，尤其是在文化创意方面；二是要讲好中国故事；三是要加强探讨官方与民间齐头并进的人文交流模式；四是要发挥好高校对外人文交流的功能。

## 二、中国周边大国外交

“中国周边大国外交”专题由清华大学社会科学学院副院长赵可金教授主持，共有四位学者发言。

复旦大学国际问题研究院信强研究员指出，在分析美国对外政策时有国际权力格局、美国国内政治和美国总统个人特质三个视角。中美两国现在进入实力结构性调整的过渡期，这直接导致美国对华政策出现重大调整。美国形成了两党共识和府会共识，对中国的战略定位发生了历史性转变，将中国定位为唯一的、长期的可能挑战美国全球霸权的战略竞争对手，这确定了中美关系未来走势的基调。特朗普与美国两党建制派有战略理念、决策视角、行为方式、对战略工具的选择和偏好四方面不同，这导致中美关系出现重大变化和双方的不适应。现在，中美进入了“战略漂移期”以及相互调试和“试错”阶段。他还认为，从另一方面来看，特朗普的非理性政策手段也可能会给中国外交提供一个难得的历史机遇，中国可以顺势而为，创造一个更有利于中国发展的周边外交环境。

复旦大学国际问题研究院副院长冯玉军研究员首先从经济层面、国际协作方面和军事安全领域回顾了2019年的中俄关系，指出两国关系上了一个新台阶。他认为，从历史角度来看，苏联解体以来，中俄关系发展是平稳的，找到了发展相互关系的黄金定律，即《中俄睦邻友好合作条约》规定的“不结盟、不对抗、不针对第三方”，再加上非意识形态化。其次，冯玉军认为中俄关系近几年发生了明显变化，表现为两个国家政治上的亲近感前所未有、两国在国际上的协作已经达到了一种“准同盟”的程度以及“联手对美”。最后，他提出中俄如果“重新结盟”需要考虑三个问题，一是中俄相对收益分配；二是军事与安全方面俄罗斯相对实力下降和俄罗斯对中国战略信任问题；三是中俄关系中“度”的把握问题。

上海国际问题研究院亚太研究中心吴寄南研究员指出，2019年的中日关系总趋势回暖，势头向好，主要体现为首脑外交发挥了引领作用、高层磋商逐步走上正轨、经贸合作基本保住、人文交流出现了新局面、防卫交流迈出新的步伐五个方面。他同时认为，中日之间回暖的过程仍是进行时，两国的一些结构性矛盾还未解决。有三大因素牵制中日关系改善的势头，一是安倍团队内部的牵制力量，二是日本舆情对中国的否定态度，三是特朗普的抑华效应，因为中日关系深受中美关系的影响。吴寄南认为，对中日关系的未来不能盲目乐观，要走稳步子，中长期要加强两国民间人文交流，改变两国政治差距逐渐扩大、国民亲近感持续在低水平徘徊的局面。

清华大学国际与地区研究院谢超助理研究员认为，从2016年开始，中印关系呈现下降趋势，洞朗事件时期加速下滑，2018年3月开始扭转，呈现缓和态势。2018年4月份的中印领导人武汉非正式会晤以及6月、7月的两次领导人见面稳住了缓和趋势，持续到2019年底。谢超认为，在美国特朗普政府的不确定因素下，印度大概率将选择在中美之间保持战略平衡的策略。

## 三、中国周边次区域外交

“中国周边次区域外交”专题由《世界经济与政治》编辑部主任、副主编袁正清研究员主持，五位学者发言，两位学者提交书面发言。

上海社会科学院国际问题研究所副所长李开盛研究员对2019年中国东北亚外交进行了分析总结。他指出，2019年中朝关系在进步，保持了相当的热度，但与此同时半岛朝核问题局势转冷的趋势越发明显。中韩关系在“萨德事件”后还处在一个逐步调整的阶段，双方还需要更多的协调。中日关系保持了一个稳定的态势，日本保持对华灵活外交是我们在周边外交和大国外交中的一大收获。但中日关系最终落“实”到何种层面，具体成果还有待观察。李开盛认为，中国应该给予中日韩合作机制更多重视，强化地区化合作维度，这不仅是中国东北亚外交，也是中国整体外交所需要的。

清华大学国际关系学系吴大辉教授以《2019年中国中亚外交》为题发言，指出2019年是中国在中亚影响力下降的一年。他选取了吉尔吉斯斯坦作为案例对“中亚中国新威胁论”进行了解读。这种“中国新威胁论”包括中国的“腐败威胁”“债务威胁”和“种族威胁”三种。吴大辉认为，“中国新威胁论”会不断有新变种出现。针对如何破解“中国新威胁论”，他指出，遵守驻在国法律法规是中国企业最好的海外利益保护手段；无论该国市场发育是否成熟，企业都应本着市场原则从事经济活动；在经济欠发达且政治转型存在变数的国家，重大基础设施建设项目需要慎之又慎；中国政府的作用终究是引导而非决断；处理事关跨境少数民族问题时必须具有国际眼光和外交视野。

广东国际战略研究院赵卫华教授发言的题目是《2019年中国东南亚外交》。他首先回顾了2019年我国在东南亚外交上所取得的成就。双边层面，我国中泰、中菲、中老、中柬外交都取得了成就。多边层面，中国和东盟在南海问题、《区域全面经济伙伴关系协定》、“一带一路”倡议与互联互通倡议等方面也取得了重要进展。随后，他指出了中国在东南亚外交上仍面临的主要挑战：南海问题；印、日、越三国加速推进建设的“东西走廊”和韩国新南方政策对我国“一带一路”倡议和南北交通线形成的竞争；越南加紧争夺老柬两国的周边战略以及域外大国针对中国对东南亚的投入加大介入。赵卫华认为，我国2019年在东南亚取得外交成就的主要原因是继续坚持命运共同体意识、提供地区公共安全产品以及坚决主动地维护我国核心利益。面临的不足主要是我们提供的地区公共安全产品与有关国家设想有距离，对东南亚及周边各国认识不足以及国内区域国别研究思路还有待转变。

吉林大学行政学院国际政治系郭锐教授以《2019年中国的西亚外交》为题发言。他指出，大国深度竞争格局对西亚局势的影响越来越大，西亚有可能成为未来影响中国周边局势走向的一个重要热点地区，域外大国美俄的介入和西亚宗教民族主义是影响西亚局势变化的重要因素。他认为，中国要在新时期的西亚外交上实现更好的发展，需要从首脑外交、经济外交、公共外交、军事外交四个方面入手。

中山大学大洋洲研究中心副主任费晟副教授发言的主题是《2019年中国对南太平洋外交》。澳大利亚方面，费晟认为中澳关系“趋稳但不向好”，澳大利亚防范中国的立场基本没有改变，这在意识形态管控、南海问题、华为问题、高层互动上都有所体现。造成这种局面的原因主要是澳总理党内基础较弱、部门首长力量过大，澳大利亚内部整体形成的“美澳脱钩”的恐惧以及我国在南太其他地区的活动影响到澳大利亚的自信和对局势的管控能力。新西兰方面，中新关系总体保持稳定，双方在自贸区、旅游年上的合作都很好。南太岛国外交是2019年的最大亮点，包括“一带一路”持续推进，所罗门群岛和基里巴斯分别与中国建交、复交。费晟指出，我们要加强对澳大利亚外交自主性和对原有地区秩序依赖性的认识，同时在巩固南太岛国外交以及南太多边外交上还要多下功夫。

中国社会科学院美国研究所李文研究员、辽宁省社会科学院东北亚研究所副所长孟月明研究员提交了《2019年中国东北亚外交》的书面发言，认为2019年东北亚地区整体上维护了和平发展、合作共赢的良好态势，元首外交在其中起到重要引领作用。中美关系是影响东北亚关系的重要因素；中俄关系处于历史最好时期，中蒙俄经济走廊建设初见成效；中日关系持续向好，中日韩自贸区谈判加速推进，“中日韩+X”合作模式浮出水面；朝鲜半岛无核化在政治和谈的轨道上继续运行。同时，日韩贸易摩擦一定程度上影响着东北亚地区的深度合作，美朝会谈尚未取得实质性进展，朝鲜半岛局势长期性和复杂性并未减弱。

## 四、中国周边外交热点议题

“中国周边外交热点议题”专题由世界知识出版社章少红总编主持，四位学者发言，三位学者提交书面发言。

复旦大学国际问题研究院贺平副研究员分析了近年来日本自由贸易战略的新动向及影响。他认为，自由贸易领域是安倍再度执政后外交的一个重点和亮点，取得了一系列阶段性成果。日本基本把自己看作“全球贸易和投资的核心据点”，甚至是“牵引者”，宣传自己为“自由贸易的旗手”，将自己在自由贸易领域的国家身份定位为“核心”“主导”和“桥梁”。在机制设置上，日本正由传统的消极“追随者”渐渐变成比较积极的“引导者”。规则体系上，日本原先是后续“接受者”，现在逐渐在成为前期的“塑造者”。议题设置上，日本由被动的“防守者”力图变成主动的“进攻者”。贺平指出，全球的国际贸易政治风云变幻、安倍强势政府、日本国内产业界和舆论支持为日本的角色转变创造了条件。今后，东亚区域合作的表现，全球贸易保护主义、单边主义未得到有效遏制下日本所取得进展外溢效应如何，日本国内利益和不同议题规则之间的权衡和美对日经贸层面战略自主性的影响都是仍需观察的方面。

对外经贸大学国际关系学院国际政治系刘若楠讲师发言的题目是《东南亚国家对特朗普政府地区安全政策的反应》。她认为，首先，在整体认知方面，东南亚国家对“印太战略”特别关注，明白“印太战略”针对中国，东南亚在美国的战略定位中是中美竞争的竞技场而非合作伙伴，不确定性在于中美竞争会在什么时候、以何种方式、什么程度来影响它们。东南亚国家不愿意在亚太看到新的军事同盟出现，因此坚持不“选边”的底线，扩大对冲空间，同时强化东盟的作用。其次，在“印太战略”下与美国安全防务和军事合作方面，大部分的东南亚国家持开放态度。最后，东南亚国家对“印太战略”作为一种政治和安全政策、经济政策有很强的观望和怀疑情绪，这很大程度上是出于对特朗普政府本身的不信任，对美国融资能力和效率以及贸易保护主义的担忧也加剧了怀疑情绪。

复旦大学国际问题研究院韦宗友研究员梳理了2019年美国“印太战略”的新动向和新发展。第一，美国防部正式颁布了《印太战略报告》并把中国台湾首次列为美国安全伙伴。第二，2018年下半年以来，把中美在“印太地区”的“战略竞争”逐渐引向意识形态方面。第三，东盟颁布了东盟版的印太展望。第四，正式启动美国国际开发金融公司。第五，把美日英澳四国外交磋商机制升级换代。第六，加大在印太地区，特别是东南亚国家的能源和数字基础设施建设。第七，仍在美国国会进行磋商的2020财年国防授权法准备进一步加强美国和印度战略防务合作关系，首次提出加强双方在西印度洋地区的防务合作。第八，在南海地区加大南海“航行自由”的频率。第九，拉韩国正式参与“印太战略”。他认为，中美竞争加剧、安抚盟友、提供替代性选择是带来这些新发展的原因。这将会给我国“一带一路”倡议的实施、南海维权带来消极影响和压力，并可能在地区秩序上造成新断裂带。

武汉大学中国边界与海洋研究院院长助理关培凤教授分析了印度废除宪法第370条对中国的影响。她详细梳理了印度废除宪法第370条的历史过程，认为印度选择在2019年8月“废宪”的一个非常深层因素是试探中国，判断中国对中印关系的重视程度以及对克什米尔、拉达克地区问题的容忍程度。关培凤指出，印度对克什米尔的激进做法，可能对该地区以及印巴关系产生长期的消极影响。这是印度在边界争端策略上的又一次重大的声明，极有可能进一步鼓励印度的投机、冒险心理和行动。印度调整行政区图，把与中国有争议的拉达克地区设为独立中央直辖区的行为严重损害了中国的主权主张，这将对中印关系，特别是边境地区问题产生潜在影响，可能是印度为将来中印边界谈判埋下的一个棋子。这些行为还对中巴关系构成了严峻挑战，考验中国的印巴平衡政策。她认为，这再一次证明，在边界和领土争端问题上，中国不能指望印度会尊重国际法和恪守现状，我们必须高度重视中印巴关系，特别是在边界问题上的连环性与联动性，警惕印度“挖坑”。

中国国际问题研究院亚太研究所所长虞少华研究员提交题为《朝鲜半岛局势及朝美关系走势》的书面发言。她指出，半岛形势在2018年出现重大积极变化后再度进入停滞，但总体看，2018年的形势变化仍是一个历史性转折，围绕协商原则与行动方式的各方分歧实质是对话主动权与利益索求之争。

复旦大学国际问题研究院祁怀高研究员提交题为《中美“战略竞争”背景

下东南亚国家的政策新调整》的书面发言。他认为，中美在东南亚地区的竞争尤为激烈，两国都试图在该地区扩大自身的影响力。中国视东南亚为周边外交的关键地区，积极推进“一带一路”倡议，而美国“印太战略”也将东南亚视为联通印太的重要环节。在此背景下，东南亚国家对地区政策、防务政策、区域经济一体化政策都进行了相应调整。同时，中美“战略竞争”也对东南亚国家的内政和经济产生了外溢效应。

云南省社会科学院东南亚研究所副所长杨思灵提交题为《中国与南亚国家“一带一路”合作中的政党政治因素》的书面发言。他认为，多数南亚国家对“一带一路”倡议表现出了积极的合作愿望，但这些国家政党斗争或多或少地对“一带一路”合作造成了影响，其基本逻辑是在接受“一带一路”倡议基础上，各个政党围绕国家权力进行博弈，而国家权力博弈又驱动地区权力结构发生变化。这种影响既可能是正面的，也可能是负面的。围绕“一带一路”的国家与地区权力博弈中的负面影响应当得到重视，如何有效避免政党政治博弈对中国与南亚国家“一带一路”合作带来的冲击是较为紧迫的课题。

外交部亚洲司陈峰参赞发表了参会体会。他充分肯定本次会议的成果，指出学界的意见对亚洲司的工作很有帮助。他认为，中国需要把自己视作改变国际形势、地区形势很大的一个变量，适应自身和外部环境的变化。在外交实践中，把握“度”和“平衡”非常重要。

复旦大学国际问题研究院院长吴心伯教授对会议进行了总结。他从周边外交平衡、对主攻方向的认识、中国周边利益的拓展和对周边的经营或是治理、周边外交是中国大国外交的一部分四个方面发表看法。他指出，中国周边外交正处在积极进取的态势，一定要有比较好的动态平衡意识，同时要根据我们的外交布局、利益发展需要、周边环境、大国关系来确定主攻方向。考虑周边外交时，我们要把周边利益的拓展和对周边的经营或是治理两个问题考虑好，不能仅限于一些具体利益的短期获得，而要考虑到周边大布局。我们不能简单就周边外交谈周边外交，因为周边外交总归还是大国外交的一部分，要把周边外交放在大国外交的大背景下，一起进行总结和反思。

# 附　录

# 复旦大学中国与周边国家关系研究中心简介

（2020年3月）

复旦大学中国与周边国家关系研究中心（简称“复旦中国周边中心”，Center for China’s Relations with Neighboring Countries of Fudan University, CCRNC-Fudan）成立于2013年11月11日，隶属于复旦大学国际问题研究院，同时也是国家领土主权与海洋权益协同创新中心（教育部2011协同创新中心）复旦大学分中心。

中心的定位是以复旦大学优势学科政治学和国际关系为依托，着力于中国与周边国家之间的政治、安全、经济、外交、民族、宗教与文化关系研究；担当中国与周边国家关系研究领域有重要影响力的问题研究者、政策建言者、思想提供者和舆论塑造者。中心将凝聚研究团队，努力建设成为中国周边研究的新高地和具有国际影响的东南亚问题研究机构，为中国周边外交建设作出重要智力贡献。

截至2020年3月31日，中心现有专职研究人员3人，包括杨健研究员、祁怀高研究员、薛松助理研究员。中心现有兼职研究人员10人，包括陈玉刚教授、纳日碧力戈教授、信强研究员、包霞琴教授、方秀玉研究员、邢丽菊研究员、徐海燕研究员、郑继永研究员、涂怡超副研究员、朱芹助理研究员。中心科研秘书一人。杨健研究员担任中心主任（2019年9月起）。石源华教授为中心首任主任（2013年11月至2019年9月）。

中心的主要工作包括：（1）为中国周边外交建设资政献策；（2）推介“中国周边学”研究；（3）编著《中国周边外交研究报告》（年度报告）；（4）主办《中国周边外交研究》（学术集刊，半年刊）；（5）出版“复旦大学中国周边外交研究丛书”，“丛书”已先后出版《中国崛起背景下的周边安全与周边外交》（中华书局2014年版）、《冷战后中国周边地区政策的动力机制研究》（中华书局2016年版)、《中国周边外交十四讲》(社会科学文献出版社2016年版)、《转型期日本的对华认知与对华政策》(中华书局2017年版)、《人文化成:中国与周边国家人文交流》(世界知识出版社2018年版)、《中国与周边各国的人文交流与互鉴》(世界知识出版社2018年版)、《权力扩散视角下的中越南海争端研究》(世界知识出版社2019年版)、《中国与"一带一路"沿线支点国家发展战略对接研究》(世界知识出版社2019年版);(6)编制"中国周边国家概况及对华关系数据库",该数据库的成果之一是工具书《中国周边国家概览》(世界知识出版社2017年版);(7)主办"复旦大学中国周边外交研究论坛";(8)举办国际国内学术会议;(9)参与打造周边外交的中国话语权;(10)教书育人,人才培养。

中心是"中国—东盟学术共同体"(Network of ASEAN-China Academic Institutes, NACAI)的常设秘书处。

中心成立后,中心研究人员获得多个国家社会科学基金项目,并积极承担中国政府部门的相关科研项目。中心招收政治学博士后研究人员,招收国际关系、国际政治、外交学专业的博士生和硕士生。中心欢迎国内外从事中国与周边国家关系研究的学者和官员前来访学交流。

# 《中国周边外交研究》征稿启事

《中国周边外交研究》(*Journal of China's Neighboring Diplomacy*)是由复旦大学中国与周边国家关系研究中心主办的中国周边外交研究专业性学术集刊(半年刊)。《中国周边外交研究》原名《中国周边外交学刊》,创刊于2015年6月,自2018年第二辑(总第八辑)起更名为《中国周边外交研究》。2017年4月,被列入复旦大学文科双一流建设项目"学术期刊质量提升支持计划"。

《中国周边外交研究》的宗旨是:努力推进对中国与周边国家之间的政治、安全、经济、外交、文化关系的理论研究、战略研究、个案研究和综合研究。

《中国周边外交研究》设有"特稿""中国周边外交70年专栏""中国周边学笔谈""周边外交综论""'一带一路'研究""周边次区域研究""亚洲新安全观""亚洲命运共同体""中国边海事务""周边看中国""周边国情研究""周边文化交流""青年论坛""学术动态""书评"等栏目。

欢迎国内外从事中国与周边国家关系研究、中国领土主权与海洋权益重大问题研究的学者和朋友们赐稿。

《中国周边外交研究》每年出版两辑。每年年度第一辑于3月1日截止收稿,第二辑于9月1日截止收稿。

投稿者务请注意以下事项:

一、来稿请提供电子版。严格遵守学术规范,引用的文献、观点和主要事实要注明来源。网上资料的引用应做到可核查。具体注释体例请参见"《中国周边外交研究》注释体例"。

二、学术论文每篇字数一般为1万—2万字;书评及学术动态一般在5000字以内。

三、来稿请提供中英文的题名、作者姓名、工作单位、内容提要(250—300字)、关键词(3—5个)。同时请提供作者简介、详细通信地址、邮编、电话号码、电子邮件地址，以便联系。

四、请勿一稿多投。来稿一经刊用，即付稿酬（含信息网络传播和数字发行稿酬），并赠送当期本刊两册。

五、本刊对采用的稿件有修改权，不同意修改者，请在来稿中申明。

六、本刊实行匿名评审制度，确保论文质量。

七、《中国周边外交研究》编辑部联系方式：电邮：ccrnc@fudan.edu.cn；联系人：张泽宇；电话：021—65642939；传真：021—65642939；地址：上海市邯郸路220号复旦大学文科楼307室复旦大学中国与周边国家关系研究中心；邮编：200433。

《中国周边外交研究》编辑部

2020年5月18日

# 《中国周边外交研究》稿件体例及注释规范

《中国周边外交研究》自第十一辑（2020年第一辑）起，稿件体例及注释规范根据《中华人民共和国新闻出版行业标准》（CY/T 121—2015）做了更新。

一、文稿请按题目、作者、内容提要（250 - 300字）、关键词（3 - 5个，用分号隔开，最后一个关键词后边不加标点符号）、基金项目（可选）、作者简介、正文之次序撰写。节次或内容编号请按一、（一）、1.、（1）……之顺序排列。文后请附英文题目和英文摘要。

二、正文或注释中出现的中文书籍、期刊、报纸之名称，请以书名号《》表示；文章篇名请以书名号《》表示。英文著作、期刊、报纸之名称，请以斜体表示；文章篇名请以双引号“”表示。古籍书名与篇名连用时，可用·将书名与篇名分开，如《论语·学而》。

三、正文或注释中出现的页码及出版年月日，请尽量以公元纪年并以阿拉伯数字表示。

四、所有引注均需详列来源。注释一律采用“页下脚注”格式，并请参考下列附例：

## （一）书籍

1. 中文

(1)专著

石源华:《中华民国外交史新著》第三卷，社会科学文献出版社，2013，第1094—1174页。

(2)编著

石泽主编《中国周边国家与合作组织》，人民出版社，2014，第39页。

(3)译著

亨利・基辛格:《大外交》，顾淑馨等译，海南出版社，2012，第146页。

译著作者不加国籍。

(4)文集中的文章

爱德华・卡尔:《现实主义对乌托邦主义的批判》，载秦亚青编《西方国际关系理论经典导读》，北京大学出版社，2009，第3—24页。

(5)前言、导言、序言、后记等

李鹏程:《当代文化哲学沉思》，人民出版社，1994，序言，第1页。

楼适夷:《读家书，想傅雷（代序）》，傅敏编:《傅雷家书》增补本，三联书店，1988，第2页。

黄仁宇:《为什么称为“中国大历史”？——中文版自序》,《中国大历史》，三联书店，1997，第2页。

前言、导言、序言、后记等如果没有单独的名称，放在出版时间之后、页码之前。

2. 西文

（1）专著

Robert G. Sutter, *Chinese Foreign Relations: Power and Policy since the Cold War* (Lanham, Maryland: Rowman & Littlefield Publishers, 2012), pp. 17-37.

页码字母p. 或者pp. 与阿拉伯数字之间空一个字符。

（2）主编、编类著作

Christopher M. Dent (ed.), *China, Japan and Regional Leadership in East Asia*, (Cheltenham, U.K.: Edward Elgar Publishing, 2008), p. 286.

其中，ed. 或者eds. 放在括号内。

（3）文集中的文章

David M. Ong, “Implications of Recent Southeast Asian State Practice for the International Law on Offshore Joint Development,” in Robert Beckman, Ian Townsend-Gault, Clive Schofield, Tara Davenport, and Leonardo Bernard eds., *Beyond Territorial Disputes in the South China Sea: Legal Frameworks for the Joint Development of Hydrocarbon Resources* (Cheltenham, U.K.: Edward Elgar Publishing, 2013), pp. 181-217.

其中，ed. 或者eds. 不放在括号内。

## （二）论文

1. 中文

（1）期刊论文

祁怀高:《新中国70年周边多边外交的历程、特点与挑战》,《世界经济与政治》2019年第6期，第43 － 64页。

（2）报纸和大众杂志中的文章

温家宝:《关于社会主义初级阶段的历史任务和我国对外政策的几个问题》,《人民日报》2007年2月27日第2版。

（3）学位论文

赵卫华:《权力扩散视角下的中越南海争端研究》，博士学位论文，复旦大学国际关系与公共事务学院，2016，第99页。

（4）会议论文、报告、演讲

刘若楠:《东南亚国家对特朗普政府地区安全政策的反应》，第九届复旦大学中国周边外交研讨会会议论文，上海，2019，第77 － 84页。

2. 西文

（1）期刊论文

Song Xue, "Why Joint Development Agreements Fail: Implications for the South China Sea Dispute," *Contemporary Southeast Asia* 41, no. 3 (December 2019): 418-446.

其中，41是卷volume( Vol. )；如果仅仅知道发表的月份，标注为月份和年，如 June 2014；如知道具体日期，应标明，如 June 4, 2014。

(2)报纸和大众杂志中的文章

Joseph S. Nye Jr., "Work With China, Don't Contain It," *New York Times*, January 26, 2013, p. 19.

(3)学位论文

Jiajie He, "Self-Determination and Post-imperial Nation Building: Why Mao's China and Nehru's India Diverged?" (PhD diss., American University, 2018).

(4)会议论文

Aaron Jed Rabena, "Sino-Philippine Joint Exploration in the South China Sea: Prospects and Challenges" (paper presented at the Shanghai Forum 2019 roundtable on Creative Thinking and Practical Policies of Joint Development in the South China

Sea, Shanghai, May 26, 2019).

## （三）档案文献

1. 中文

雷经天:《关于边区司法工作检查情形》(1943年9月3日)，陕西省档案馆藏陕甘宁边区高等法院档案，档案号：15/149。

2. 西文

James Oglethorpe to the Trustees, January 13, 1733, Phillipps Collection of Egmont Manuscripts, 14200: 13, University of Georgia Library.

## （四）互联网电子资源

1. 中文

国务院新闻办公室:《中国的和平发展》，2011年9月，中国国务院新闻办公室网站，http://www.scio.gov.cn/zfbps/ndhf/2011/Document/1000032/1000032_3.htm，访问日期：2020年5月2日。

2011年9月是该文件发布的日期，2020年5月2日是作者登录网站浏览文件的日期。

2. 西文

U.S. Department of Defense, *Indo-Pacific Strategy Report*, June 1, 2019, p. 36, accessed March 29, 2020, https://media.defense.gov/2019/Jul/01/2002152311/-1/-1/1/DEPARTMENT-OF-DEFENSE-INDO-PACIFICSTRATEGY-REPORT-2019.PDF.

## （五）转引文献

章太炎:《在长沙晨光学校演说》(1925年10月)，转引自汤志钧编《章太炎年谱长编》下册，中华书局，1979，第823页。

## （六）重复引用文献

文献初次引用要确保各项内容齐全，再次引用可以简化为“责任者、书名、页码”。

1. 中文

石源华：《中华民国外交史新著》第三卷，第1094—1174页。

2. 西文

Sutter, *Chinese Foreign Relations*, pp. 17-37.

《中国周边外交研究》编辑部

2021年9月